上海本土资源融入中职思想政治课程教学实践研究

吕智敏 编著

上海交通大学出版社
SHANGHAI JIAO TONG UNIVERSITY PRESS

内容提要

　　本书立足新时代思想政治教育改革背景,深入贯彻国家关于"大思政课"建设的重要指示精神,探索上海本土资源与中职思想政治课程教学的创新融合路径。本书通过文献综述、资源体系化梳理与分类设计,构建了涵盖经济、政治、文化、历史、科技等多领域的本土资源库,并创新性地将其划分为文字、图片、音像、实物四大载体类型,明确资源对应培养的学科核心素养,提供运用建议。

　　本书适用于专业课课程思政及班会课等德育场景,为中职学校落实立德树人根本任务提供多元支持,是新时代"大思政课"建设的创新性实践成果。

图书在版编目(CIP)数据

　　上海本土资源融入中职思想政治课程教学实践研究/
吕智敏编著. —上海:上海交通大学出版社,2025.8.
ISBN 978 - 7 - 313 - 33350 - 6

　　Ⅰ. G711

　　中国国家版本馆 CIP 数据核字第 20257N25Y6 号

上海本土资源融入中职思想政治课程教学实践研究

SHANGHAI BENTU ZIYUAN RONGRU ZHONGZHI SIXIANG ZHENGZHI KECHENG
JIAOXUE SHIJIAN YANJIU

编　　著:吕智敏	
出版发行:上海交通大学出版社	地　　址:上海市番禺路 951 号
邮政编码:200030	电　　话:021 - 64071208
印　　制:常熟市文化印刷有限公司	经　　销:全国新华书店
开　　本:710mm×1000mm　1/16	印　　张:17.75
字　　数:281 千字	
版　　次:2025 年 8 月第 1 版	印　　次:2025 年 8 月第 1 次印刷
书　　号:ISBN 978 - 7 - 313 - 33350 - 6	
定　　价:72.00 元	

前　言

2019 年 3 月 18 日，在学校思想政治理论课教师座谈会上，习近平总书记指出"办好思想政治理论课意义重大"。2024 年 5 月 11 日，新时代学校思政课建设推进会强调，思想政治教育要"贴近学生思想、学习和生活实际，让学生爱听爱学、听懂听会"。根据中央精神，上海为办好思想政治课部署了系列措施，如《上海市"大思政课"建设综合改革试验区实施方案》要求善用社会大课堂，打造网络云课堂，深化课程思政全课堂；充分挖掘上海丰富的红色教育资源，引导广大学生坚定听党话、跟党走。

中等职业教育阶段的思想政治课程以立德树人为根本任务，以培育学生思想政治学科核心素养为主导。2020 年教育部印发的《中等职业学校思想政治课程标准（2020 年版）》提出"应以课程标准和教材为依据，开发配套的课程资源""既要充分利用校内教学设施和实践基地等条件，广泛开发学校图书馆、实验室等校内资源，又要根据学校所属地域、专业、行业等特色，充分利用公共图书馆、博物馆、展览馆、科技馆、社区组织、爱国主义教育基地等校外资源"。

本土资源因其乡土性、生动性、生活化、直观性、便于获取和感知等特点，在中职思想政治课教学过程中具有独特的优势。上海作为中国共产党诞生地和我国改革开放排头兵，多年来形成了非常多的本土红色资源，也是我国经济、政治、文化、社会、生态建设等总体布局中诸多政策的先行者，这些特色鲜明、贴近地方的鲜活资源可以有效辅助上海本土中职教师开展思想政治课程教学。

本书是 2024 年上海市中等职业学校课程与教学改革研究课题（课题编号：2024K-43）"上海本土资源融入中职中国特色社会主义课程教学实践研究"的研究成果。

本书对应中职典型思想政治课相应统编教材整体结构梳理上海的经济、政治、文化、历史、科技等本土资源,根据不同的载体将资源分为文字资源、图片资源、音像资源、实物资源(如伟人遗物、故居、纪念性雕塑、革命遗址、纪念馆、博物馆等),明确资源对应培养的学科核心素养,提供运用建议。资源由上海市41 所中等职业学校、8 所高等职业院校的 147 位教师进行试点运用,反响良好。

本书通过有针对性的上海本土资源体系化的设计,为一线思想政治课教师开展中职思想政治课程教学提供诸多学生身边的经济、政治、文化、社会、生态建设案例与活动场所等,帮助学生从家门口、身边事的角度理解中国特色社会主义的发展历程,理解我国"五位一体"总体布局,进而能够达到从小处、近处、实处出发引导学生树立为实现中华民族伟大复兴而奋斗的目标。

本书凸显四大特性:一是资源挖掘的地域性,深度挖掘上海作为党的诞生地、改革开放前沿的红色资源与发展实践案例;二是资源开发的系统性,首次实现上海本土资源与中职思政教材的全方位匹配;三是应用场景的多元性,资源不仅服务于思政课堂教学,还可拓展至专业课程思政、班会德育等场景;四是实践反馈的迭代性,通过一线教学反馈持续优化资源设计,确保教学案例的鲜活性与适用性。

本书由吕智敏编著并统稿,参加编写的有上海科技管理学校周伟、姬瑞(第二单元)、上海市材料工程学校张亮、上海市贸易学校王金菊(第三单元、结语)、上海市环境学校石磊(第四单元)、上海市环境学校叶弦(第五单元)、上海食品科技学校曹金华(第六单元)。

在本书编写过程中,编者参阅了一些文献和网上资料,在此谨向这些资料的作者表示诚挚的谢意。同时,感谢参编人员所在学校领导的支持和上海市中等职业学校思想政治教学指导委员会、上海市中等职业教育思想政治学科知名专家的悉心指导和严格把关,对于书稿中存在的不足之处,恳请同仁和读者予以批评指正。

2025 年 8 月

目 录

第五单元　中国特色社会主义社会建设

第六单元　中国特色社会主义生态文明建设

中国特色社会主义的开创、坚持、捍卫、发展

第1课

社会主义在中国的确立与探索

教学资源导航图

```
第一框 夺取新民主主义革命伟大胜利
├─ 第一目 新的革命方向和中国共产党的诞生
│   ├─ 知识要点一 近代中国的社会性质 ──── 资源1【实物资源】中国共产党第一次全国代表大会会址、中国共产党第一次全国代表大会纪念馆
│   ├─ 知识要点二 各种救国方案拯救民族危亡的艰难探索 ──── 资源2【音像资源】上海正式开埠
│   ├─ 知识要点三 马克思列宁主义为中国革命指明了方向 ──── 资源3【文字资源】五四运动爆发后上海发生了什么？毛泽东这样评价
│   └─ 知识要点四 中国共产党诞生的历史条件、历史过程和历史意义 ──── 资源4【音像资源】习近平在瞻仰中共一大会址时强调 铭记党的奋斗历程 时刻不忘初心 担当党的崇高使命 矢志永远奋斗
│                                                              资源5【音像资源】中国共产党为何诞生在上海？
└─ 第二目 正确的革命道路和中华人民共和国的成立
    ├─ 知识要点一 新民主主义革命取得伟大胜利的历程 ──── 资源6【音像资源、实物资源】光荣之城：上海红色文化资源、场馆
    ├─ 知识要点二 新民主主义革命取得胜利的标志和原因
    └─ 知识要点三 中华人民共和国成立的意义 ──── 资源7【音像资源】"初心之城"的今昔
```

第二框　完成社会主义革命和推进社会主义建设
　　第一目　实现从新民主主义到社会主义的转变
　　　　知识要点一　中国革命分"两步走"的依据
　　　　知识要点二　从新民主主义向社会主义过渡的社会条件
　　　　　　资源8【文字资源、音像资源】上海："银元之战"和"米棉之战"
　　　　知识要点三　过渡时期的总路线及社会主义制度建立的意义
　　　　　　资源9【文字资源】徐汇70个瞬间｜徐汇区社会主义改造完成
　　第二目　社会主义建设的艰辛探索
　　　　知识要点一　探索符合中国国情的社会主义建设道路
　　　　知识要点二　国内主要矛盾的变化
　　　　　　资源10【文字资源、音像资源】"两弹一星"元勋与上海
　　　　知识要点三　社会主义革命和建设的巨大成就及其历史意义

第三框　创立和发展毛泽东思想
　　第一目　毛泽东思想的形成
　　　　知识要点一　马克思主义中国化的必要性
　　　　知识要点二　毛泽东思想的创立
　　　　　　资源11【音像资源、实物资源】上海毛泽东旧居陈列馆
　　　　知识要点三　毛泽东思想的丰富和发展
　　第二目　毛泽东思想的主要内容和历史地位
　　　　知识要点一　毛泽东思想的主要内容及其活的灵魂
　　　　　　资源12【文字资源】"初心足迹：毛泽东在上海"红色研学线路首发
　　　　知识要点二　毛泽东思想的历史地位和重要作用

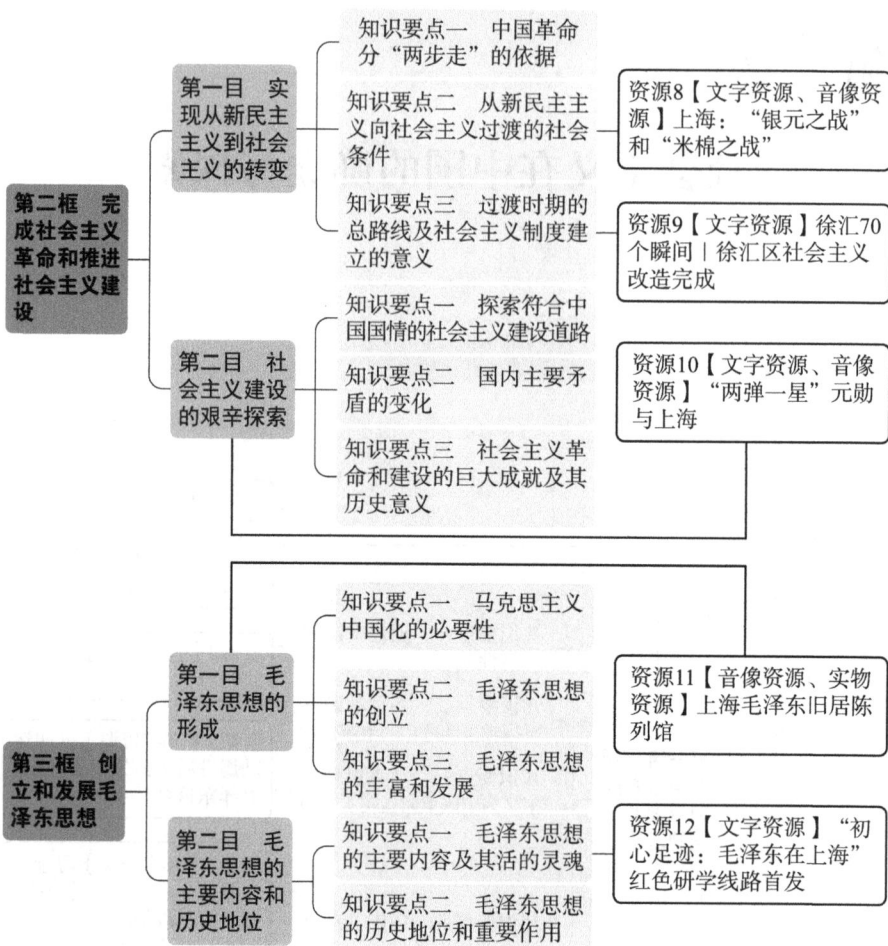

上海本土教学资源及运用建议

第一框　夺取新民主主义革命伟大胜利

第一目　新的革命方向和中国共产党的诞生

▶ 资源1【实物资源】中国共产党第一次全国代表大会会址、中国共产党第一次全国代表大会纪念馆

开馆时间：9：00—17：00（16：30停止入馆，周一闭馆，法定节假日除外）

场馆地址：中国共产党第一次全国代表大会会址（上海市黄浦区兴业路 76 号/主址），中国共产党第一次全国代表大会纪念馆（上海市黄浦区黄陂南路 374 号）

实地参观：免预约入馆。当馆内观众达到限流峰值时，将采取临时管控措施。开放日提供定时公益讲解，个性化导览、党性教育系列活动等在中共一大纪念馆官方微信公众号及微信小程序预约。

官方网站：https://www.zgyd1921.com/index.html

线上参观：

1. 中国共产党第一次全国代表大会会址：https://360.zgyd1921.com/project/8/

2. 中国共产党第一次全国代表大会纪念馆：https://360.zgyd1921.com/project/57/index1.html？content＝0＆＆startscene＝0＆startactions＝lookat(-143.76,78.42,146.14,0.87,0)

（建议用于第一框　第一目"新的革命方向和中国共产党的诞生"的教学）

培育核心素养

政治认同：通过实地或线上参观中国共产党第一次全国代表大会会址、中国共产党第一次全国代表大会纪念馆，梳理并了解近代以来中国人民为了实现民族复兴进行的各种探索，理解并认同中国共产党成立的重大历史意义。

运用建议

1. 课前参观。课前安排学生通过实地或线上的方式参观中国共产党第一次全国代表大会会址、中国共产党第一次全国代表大会纪念馆，根据两馆所展示的内容，梳理鸦片战争以来，太平天国运动、洋务运动、戊戌变法、义和团运动、辛亥革命、五四运动、中共一大的召开等中国人民为了拯救民族危亡、实现民族复兴进行的各种探索。结合资料查阅，将参观所获填入任务单1。

表1.1　任务单1

任务	参观中国共产党第一次全国代表大会会址、中国共产党第一次全国代表大会纪念馆，梳理第一次鸦片战争至中共一大召开期间，中国人民为了拯救民族危亡、实现民族复兴进行的各种探索

(续表)

姓名		参观方式	□实地　□线上	
探索	时间	影响		
太平天国运动				
洋务运动				
戊戌变法				
义和团运动				
辛亥革命				
五四运动				
中共一大召开				

2. 课中探讨。课中带领全体学生完成任务单,通过时间线的梳理,理解并认同中国共产党成立的重大历史意义。

⊙ 资源2 【音像资源】上海正式开埠

1843 年 6 月 26 日,中英两国在香港岛举行《南京条约》交换仪式,宣布条约正式生效。1843 年 11 月 17 日,上海正式开埠通商,并与广州、厦门、福州、宁波一起成为近代中国首批对外开放通商的口岸城市,上海被迫卷入资本主义市场,标志着中国从封建社会逐步沦为半殖民地半封建社会。《南京条约》又称《万年和约》,道光帝祈求条约能换来"万年和好,两国无争"。令人遗憾的是,仅仅几十年以后,"和好"的美梦就被八国联军的炮火打得粉碎。

> 音像资源网址:
> https://haokan.baidu.com/v?pd＝wisenatural&vid＝2362818050079168123

(来源:贵州卫视　历史上的今天|上海正式开埠 2023 - 11 - 17)

(建议用于第一框　第一目　知识要点一"近代中国的社会性质"的教学)

培育核心素养

政治认同:通过了解近代中国签订的第一个不平等条约《南京条约》开放以上海为代表的通商口岸对上海的影响,认识中国逐步沦为半殖民地半封建社会的内忧外患的处境,认同近代以后中国人民争取民族独立、人民解放的努力和斗争的必要性。

运用建议

建议一:课前观看,课中探讨。

1. 将视频作为课前预习资源提供给学生,安排学生结合视频,查阅资料,分组整理《南京条约》开放上海口岸给上海发展和人民生活带来的正面影响、负面影响。将查阅资料填入任务单 2。

表 1.2　任务单 2

任务	《南京条约》开放上海口岸给上海发展和人民生活带来的影响		
小组		组员	
影响			
正面影响			
负面影响			

2. 课中一个小组主体汇报,其他小组补充,完善任务单,共同探讨近代上海人民所处的内忧外患的境地以及生活在苦难和屈辱之中的境况。为下一部分进一步探讨开辟新民主主义革命道路做铺垫,认同近代以后中国人民争取民族独立、人民解放的努力和斗争的必要性。

建议二:新课导入,激活已知。将视频作为新课导入资源播放,引导学生结合初中所学历史知识和自己了解的上海,共同探讨《南京条约》开放上海口岸给上海发展和人民生活带来的正面影响、负面影响,了解近代上海人民所处的内忧外患的境地以及生活在苦难和屈辱之中的境况。为下一部分进一步探讨开辟新民主主义革命道路做铺垫,认同近代以后中国人民争取民族独立、人民解放的努力和斗争的必要性。

⊙ 资源③ 【文字资源】五四运动爆发后上海发生了什么? 毛泽东这样评价

1919 年 5 月 4 日,北京 3 000 余名学生在天安门集会,抗议巴黎和会把德国在中国山东的全部权利转交日本,提出"外争国权,内惩国贼"的口号,举行爱国示威游行,痛打了驻日公使章宗祥,火烧了签订"二十一条"的外交次长曹汝霖的住宅。北洋政府逮捕了 31 名学生，更激起各界人民的义愤。轰轰烈烈的五四运动爆发了。

后来，这场运动被定义为：一场以先进青年知识分子为先锋、广大人民群众参加的彻底反帝反封建的伟大爱国革命运动。

而这场运动真正成为全面爱国革命运动，则是在五四运动重心转移到上海之后。

文字资源网址：

https://baijiahao.baidu.com/s? id＝16325923338003957948&wfr＝spider&for＝pc

（作者：张骏）

（来源：解放日报|五四运动爆发后上海发生了什么？ 毛泽东这样评价 2019 - 05 - 04）

（建议用于第一框　第一目　知识要点三"马克思列宁主义为中国革命指明了方向"的教学）

培育核心素养

政治认同：通过了解五四运动爆发后上海所经历的事情，认识到在马克思列宁主义指引下，以上海人民为代表的中国人民通过罢课、罢市、罢工等方式，争取民族独立、人民解放的不屈不挠的斗争历史。

运用建议

建议一：课前预习，课中探讨。鉴于课堂教学时间有限，可以将文字材料作为课前预习资源提供给学生，让学生从上海本土的视角了解五四运动。课中讲至此部分内容时，教师可通过提问的方式，调动学生获取已提供材料内容的关键点，如教师可提问：工人阶级在五四运动中发挥了什么作用？ 为什么说马克思列宁主义为中国革命指明了方向？

建议二：课后阅读，加深理解。鉴于课堂教学时间有限，可以将文字材料作为课后阅读的补充资源提供给学生，让学生在阅读材料后完成作业的问题：为什么说马克思列宁主义为中国革命指明了方向？

⊙ 资源④【音像资源】习近平在瞻仰中共一大会址时强调　铭记党的奋斗历程　时刻不忘初心　担当党的崇高使命　矢志永远奋斗

党的十九大闭幕仅一周,中共中央总书记、国家主席、中央军委主席习近平带领中共中央政治局常委李克强、栗战书、汪洋、王沪宁、赵乐际、韩正,于2017年10月31日专程从北京前往上海和浙江嘉兴,瞻仰上海中共一大会址和浙江嘉兴南湖红船,回顾建党历史,重温入党誓词,宣示新一届党中央领导集体的坚定政治信念。习近平发表重要讲话强调,只有不忘初心、牢记使命、永远奋斗,才能让中国共产党永远年轻。只要全党全国各族人民团结一心、苦干实干,中华民族伟大复兴的巨轮就一定能够乘风破浪、胜利驶向光辉的彼岸。

> 音像资源网址:
> https://tv.cctv.com/2017/11/01/VIDEqwIk6d3OzHE0dl8n1JOr171101.shtml

（编辑:林涛）

（来源:CCTV1 新闻联播|习近平在瞻仰中共一大会址时强调　铭记党的奋斗历程　时刻不忘初心　担当党的崇高使命　矢志永远奋斗 2017−10−31）

（建议用于第一框　第一目　知识要点四"中国共产党诞生的历史条件、历史过程和历史意义"的教学）

培育核心素养

政治认同:通过了解党的十九大闭幕后习近平等国家领导人瞻仰中共一大会址所提到的中共一大的重要地位等内容,理解并认同中国共产党成立的历史条件、历史过程和重大历史意义。

运用建议

带领学生观看视频,重点分析视频中习近平总书记瞻仰中共一大会址时的路线、所提到的重要论述等,以党和国家领导人重走中共一大路为线,引导学生认识中国共产党的成立是"开天辟地的大事变"的背景、意义等。

⊙ 资源⑤【音像资源】中国共产党为何诞生在上海?

中国共产党走过了100多年的光辉历程,从最初的50多名党员,到如今已经拥有 9 100 多万名党员。那么 100 多年前,中国共产党为什么会诞生在上海呢?

> 音像资源网址:
>
> https://baijiahao. baidu. com/s? id＝17038590368860726160&wfr＝spi der&for＝pc

（记者:朱厚真　耿博阳　朱世一）

（来源:看看新闻 Knews|中国共产党为何诞生在上海? 三组数据告诉你原因 2021－06－29）

（建议用于第一框　第一目　知识要点四"中国共产党诞生的历史条件、历史过程和历史意义"的教学）

培育核心素养

政治认同:通过了解中国共产党为何诞生在上海,进一步理解中国共产党诞生的历史条件和基础。

运用建议

带领学生观看视频,从人口、新闻报纸和工人阶级基础三个方面的数据分析中国共产党为何诞生在上海,理解中国共产党诞生的历史条件和基础。

第一框　夺取新民主主义革命伟大胜利

第二目　正确的革命道路和中华人民共和国的成立

▶ 资源 6【音像资源、实物资源】光荣之城:上海红色文化资源、场馆

上海是党的诞生地、初心始发地、伟大建党精神孕育地。中共中央机关长期驻扎上海指导中国革命,为这座近代东亚大都会积淀了丰厚的红色文脉,塑造了新的英雄品格,进一步赋予上海无上的荣光。中共一大后到中华人民共和国成立前,在上海这片土地上,中国共产党领导广大人民群众开展艰苦卓绝的革命斗争,在 28 年的奋斗历程中,留下了很多红色文化资源、场馆,这些文化资源、场馆见证了新民主主义革命取得伟大胜利的历程。

表 1.3　上海红色文化资源及场馆

革命斗争	红色文化资源及场馆	场馆及标志性事件简介	参观方式	红途微视
大革命（1924 年 1 月—1927 年 7 月）	资源 6.1【实物资源】中共四大纪念馆	为了总结国共合作一年来的经验，加强对革命运动的领导，回答党所面临的许多新问题，1925 年 1 月 11 日至 22 日，中国共产党第四次全国代表大会在今虹口区东宝兴路 254 弄 28 支弄 8 号处召开。会址后毁于淞沪会战。党的四大最重要的贡献是第一次明确提出了无产阶级在民主革命中的领导权和工农联盟问题	地址：上海市虹口区四川北路 1468 号开放时间：9:00—16:30（16:00 停止入馆）周一闭馆（法定节假日除外）预约说明：场馆向全社会免费开放官方电话：021-60821097	音像资源网址：https://www.xuexi.cn/lgpage/detail/index.html?id=5190803610198678051&item_id=5190803610198678051（来源：学习强国　红色印记｜光明网）
	资源 6.2【实物资源】五卅惨案烈士流血处	1925 年 5 月 30 日上午，上海 2 000 余名学生为声援日商棉纺厂内的工人斗争，抗议日本纱厂资本家枪杀工人顾正红，在南京路举行示威、演讲。公共租界巡捕房逮捕演讲学生和听讲群众，激起民众愤慨。下午 3 时，各界群众聚集在老闸捕房门前要求释放被捕者。英国巡捕竟开枪射击，当场死伤数十人，鲜血洒在南京路上，酿成"五卅惨案"。五卅运动是中国共产党领导下的群众性反帝爱国运动，是中国共产党直接领导的以工人阶级为主力军的中国人民反帝革命运动，标志着大革命高潮的到来	地址：上海市黄浦区南京东路 772 号开放时间：长时预约说明：免预约	音像资源网址：https://www.xuexi.cn/lgpage/detail/index.html?id=15048124128149772443&item_id=15048124128149772443（来源：学习强国　红色记忆｜上海广播电视台）

（续表）

革命斗争	红色文化资源及场馆	场馆及标志性事件简介	参观方式	红途微视
	资源 6.3【实物资源】上海三山会馆	会馆是上海市唯一保存完好的上海工人三次武装起义遗址。1927 年 3 月 21 日，上海工人在中央特别委员会的领导下举行了第三次武装起义，同封建军阀进行了殊死斗争，谱写了工运史上光辉的一页。起义胜利后，上海总工会工人纠察队南市总部就设在这里。4 月 12 日，蒋介石发动反革命政变，调派反动军警在此收缴了工人纠察队的全部枪械，当时工人纠察队进行了激烈的抵抗。三山会馆内还陈列着上海工人三次武装起义的图片和文字史料	地址：上海市黄浦区中山南路1551 号开放时间：9：00—16：00（15：30 停止入馆）周一闭馆（法定节假日除外）预约说明：个人免费免预约入馆官方电话：021 - 63134675 * 818	音像资源网址：https://www.xuexi.cn/local/normalTemplate.html? itemId＝14 22673984556904 0337（来源：学习强国 党史故事｜上海学习平台）
土地革命战争（1927—1937 年）	资源 6.4【实物资源】上海市龙华烈士陵园（龙华烈士纪念馆）	陵园由广场仪式区、英烈祭奠区、遗址遗迹区、龙华烈士纪念馆四个区域组成。其中烈士祭奠区安息着 1 736 位烈士；遗址遗迹区是原国民党淞沪警备司令部旧址和龙华革命志士就义地，是无数革命先烈洒热血、践初心的见证地；龙华烈士纪念馆内集中展现了 257 位在上海为中国革命、解放、建设事业做出卓越贡献的英烈的事迹，深刻诠释着伟大建党精神的内涵。1927 年到	地址：上海市徐汇区龙华西路180 号开放时间：陵园6：30—17：30（17：00 停止入园）纪念馆 9：00—16：30（16：00 停止进馆）周一闭馆预约说明：免预约入馆官方电话：021 - 64685995	音像资源网址：https://www.xuexi.cn/lgpage/detail/index.html? id=132073211 42760779734&item_id=13 20732114276077 9734（来源：学习强国｜上海市徐汇区）

（续表）

革命斗争	红色文化资源及场馆	场馆及标志性事件简介	参观方式	红途微视
		1937 年,数以千计的革命志士曾被关押于此。公园东北为刑场。罗亦农、彭湃、陈延年、陈乔年、赵世炎、李求实、柔石、殷夫、胡也频、冯铿等革命志士就义于此		
	资源 6.5【实物资源】中共中央第一座秘密电台遗址	1928 年初夏,随着红军和根据地的发展壮大,单靠交通人员传递信息已无法满足通信联络的需要,设立无线电台成为当务之急。在共产国际为我党代培无线电通信人员的同时,中央决定在上海建立秘密电台	地址:上海市静安区延安西路 420 弄 9 号	╱
	资源 6.6【实物资源】中共淞浦特委机关旧址陈列馆	1928 年至 1929 年,此处为中共淞浦特委办公所在地,陈云、杭果人等老一辈无产阶级革命家在此开展革命斗争,领导农民运动。展馆介绍了中共淞浦特委组织机构及其领导下的奉贤庄行暴动、金山新街暴动等农民武装斗争	地址:上海市静安区山海关路 339 号开放时间:9:00—12:00(11:30 停止入馆)13:00—16:30(16:00 停止入馆)周一闭馆预约说明:免预约入馆官方电话:021 - 62094660	音像资源网址:https://www.xuexi.cn/lgpage/detail/index.html? id=60048043671826534&item_id=60048043671826534(来源:学习强国丨上海市静安区融媒体中心)
抗日战争(1931 年 9 月 18 日—1945 年 9 月 2 日)	资源 6.7【实物资源】上海淞沪抗战纪念馆	纪念馆是全国唯一反映两次淞沪战役(1932 年的一·二八淞沪抗战、1937 年的八一三淞沪会战)和上海 14 年抗日斗争历史的主题纪念馆。一·二八淞沪	地址:上海市宝山区友谊路 1 号开放时间:9:00—16:30(16:00 停止入馆)周一闭馆(法定节假日除外)	音像资源网址:https://www.xuexi.cn/lgpage/detail/index.html? id=2387842405027541822&item_id=2387

（续表）

革命斗争	红色文化资源及场馆	场馆及标志性事件简介	参观方式	红途微视
		抗战是中国14年抗战的重要起点之一。这场战役体现出来的团结一致、不畏强暴、敢于牺牲、追求正义的精神，激发了中华民族抵御外敌的意志和决心，是14年抗战中中国军队第一次与日军的全面对抗和较量，也是局部抗战阶段给予日军沉重打击的一次战役。它遏制了日军的嚣张气焰，为全面抗战争取了宝贵的备战时间。八一三淞沪会战中日双方共有约100万军队投入战斗，战役持续了三个月，使日军被迫转移战略主攻方向，粉碎了日本"三个月灭亡中国"的计划	预约说明：免预约入馆 官方电话：021-66786377	842405027541822（来源：学习强国｜上海市宝山区委宣传部）
	资源6.8【实物资源】远东反战大会旧址	1933年2月，民权保障同盟筹备召开远东反战大会，由宋庆龄担任上海筹备委员会主席，江苏省委宣传部长冯雪峰负责具体组织工作。当时，国民党当局极力阻挠破坏大会的召开。为了确保大会顺利举行，冯雪峰租下这幢新建成的房子。1933年9月30日，远东反战大会在此秘密召开。大会成立了中国反战大同盟，选举宋庆龄为主席	地址：上海市虹口区霍山路85号 开放时间：全天开放	音像资源网址：https://www.xuexi.cn/local/normalTemplate.html?itemId=10669031331204140220（来源：学习强国｜上海学习平台）

（续表）

革命斗争	红色文化资源及场馆	场馆及标志性事件简介	参观方式	红途微视
	资源 6.9【实物资源】上海四行仓库抗战纪念馆	上海四行仓库抗战纪念馆采用多种展示手段生动再现了 1937 年八一三淞沪抗战后期，国民革命军第 88 师 262 旅 524 团 1 营 420 余名官兵，由中校团附谢晋元率领，同年 10 月 26 日至 31 日，在孤立无援的情况下，奉命死守四行仓库，掩护大部队撤退，四昼夜抗击日军的英勇事迹	地址：上海市静安区光复路 21 号开放时间：9:00—16:30（16:00 停止入馆）周一闭馆（法定节假日除外）预约说明：免预约入馆官方电话：021-63808222	音像资源网址：https://www.xuexi.cn/local/normalTemplate.html?itemId=1570484630744860665（来源：学习强国|上海学习平台）
	资源 6.10【实物资源】新四军驻上海办事处旧址	1941 年 1 月，震惊中外的皖南事变发生。为了击退国民党发动的这次反共浪潮，中央军委决定重建新四军。1941 年 3 月，新四军驻上海办事处（简称新办）在甘世东路（今嘉善路）兴顺东里成立。1942 年底，新办完成了历史使命，加之环境日益险恶，党组织决定撤销该机构	地址：上海市徐汇区嘉善路 140 弄 15 号说明：只可外观，位于居民小区内	/
解放战争（1946 年 6 月 26 日—1950 年 6 月）	资源 6.11【实物资源】上海解放纪念馆	上海解放纪念馆以丰富的史料完整讲述了中共中央、中央军委运筹帷幄，中国人民解放军第三野战军不畏牺牲英勇作战，中共中央上海局、上海市委全力以赴里应外合，上海人民齐心协力解放上海，以及解放后各界群众在党和政府的领导下克服种种困难重建上海的恢宏历史	地址：上海市宝山区宝杨路 599 号开放时间：9:00—16:30（16:00 停止入馆）周一闭馆（法定节假日除外）预约说明：免预约入馆官方电话：021-66786377	音像资源网址：https://www.xuexi.cn/lgpage/detail/index.html?id=3003937302446624177&item_id=3003937302446624177（来源：学习强国　红色故事|上海学习平台）

(续表)

革命斗争	红色文化资源及场馆	场馆及标志性事件简介	参观方式	红途微视
	资源 6.12【实物资源】中国共产党代表团驻沪办事处纪念馆(周公馆)	中国共产党代表团驻沪办事处设立于 1946 年 6 月,是抗日战争胜利后国共谈判期间代表团在上海设立的办事机构。由于当时国民党的限制,办事处对外称周恩来将军寓所,简称周公馆。周恩来、董必武等曾多次在这里会见各界人士并举行中外记者招待会,阐述共产党对和平民主的一贯主张,揭露国民党政府假和谈、真内战的阴谋。周恩来、董必武等在周公馆进行的革命活动和斗争为党扩大和巩固革命统一战线、为中国人民的解放事业作出了重要贡献	地址:上海市黄浦区思南路 73 号开放时间:9:00—17:00(16:00 停止入馆)周一闭馆(国定节假日除外)预约说明:电话预约(仅限团队)官方电话:021-64730420	音像资源网址:https://www.xuexi.cn/lgpage/detail/index.html?id=3021230388706778977&item_id=3021230388706778977(来源:学习强国 革命遗址|上海学习平台)
	资源 6.13【实物资源】中共上海地下组织斗争史陈列馆暨刘长胜故居	愚园路 81 号这幢西班牙式建筑始建于 1916 年,解放战争时期是中共中央上海局、中共上海市委的秘密机关旧址之一,也是刘长胜同志 1946 年至 1949 年在沪从事地下革命斗争时的居住地。场馆展示了 1937 年至 1949 年间刘晓、刘长胜、张承宗等同志领导中共上海地下组织发展、斗争的历程	地址:上海市静安区愚园路 81 号开放时间:9:00—12:00(11:30 停止入馆)13:00—16:30(16:00 停止入馆)周一闭馆预约说明:免预约入馆官方电话:021-62155939	音像资源网址:https://www.xuexi.cn/lgpage/detail/index.html?id=14059911038464509693&item_id=14059911038464509693(来源:学习强国 革命遗址|上海学习平台)

（续表）

革命斗争	红色文化资源及场馆	场馆及标志性事件简介	参观方式	红途微视
	资源 6.14【实物资源】上海战役月浦攻坚战纪念碑	1949 年 5 月 13 日,解放军第 29 军 87 师及 85 师奉命向月浦发起进攻。我军将士置敌军坚固工事与海空优势于不顾,频频发起进攻,经过两昼夜鏖战,于 15 日拂晓攻占月浦老街。敌军多次反扑,出动飞机、坦克、军舰集中炮火轰击,月浦成为一片废墟,87 师官兵始终坚守阵地。23 日,在兄弟部队支援下,一举攻占月浦东南高地,打开了通往吴淞口的大门,为上海战役的全面胜利奠定了基础。2002 年 5 月 15 日,在月浦公园内建立了上海战役月浦攻坚战纪念碑	地址:上海市宝山区龙镇路 6 号（吴淞口西侧）开放时间:5:00—21:00预约说明:免费免预约	音像资源网址:https://www.xuexi.cn/local/normalTemplate.html?itemId=1828107557796199 9096（来源:学习强国|上海学习平台）

（建议用于第一框 第二目 知识要点一"新民主主义革命取得伟大胜利的历程"的教学）

培育核心素养

政治认同:通过实地探访上海的红色场馆,了解中国共产党领导广大人民群众完成新民主主义革命的历程。

运用建议

建议一:课前参观,课中探讨。

1. 课前将学生分为大革命、土地革命、抗日战争、解放战争上海红色场馆探访四个小组,教师以以上场馆为基础(可自主增加),指导各小组选择 1～2 个相应战争时期的红色场馆实地参观,完成场馆及标志性事件简介,将参观所获填入任务单 3。

表 1.4　任务单 3

任务	参观大革命、土地革命、抗日战争、解放战争时期上海红色场馆,完成场馆及标志性事件简介		
小组		组员	
革命斗争	红色文化资源及场馆	场馆及标志性事件简介	
□大革命 □土地革命 □抗日战争 □解放战争			

2. 课中带领全体学生按时间顺序汇总任务单,通过时间线的梳理,了解中国共产党领导广大人民群众完成新民主主义革命的历程。

建议二:课后参观,加深理解。鉴于课堂教学时间有限,可以以上述场馆为基础(教师可自主增加),指导学生课后分为四个小组,对大革命、土地革命、抗日战争、解放战争时期上海红色场馆进行探访,完成场馆及标志性事件简介,将参观所获填入以上任务单。进一步加深对中国共产党领导广大人民群众完成新民主主义革命的历程的理解。

▷ 资源⑦ 【音像资源】"初心之城"的今昔

1949 年 5 月 27 日,上海宣告解放,这座中国最大的城市终于回到人民的怀抱。1949 年 10 月 1 日,毛泽东向世界庄严宣告了中华人民共和国的成立,中国人民从此站起来了。上海这座"初心之城"70 多年来健步发展,用一座城讲述了大时代,也是中华人民共和国成立的历史意义的生动例证。

> 音像资源网址:
>
> https://app. xinhuanet. com/news/article. html? articleId=04a04423
> 6ea1b10780498b11e21f8748

(记者:孙青　潘旭　李海伟　郭敬丹　吴振东)

(来源:新华社|上海解放 75 周年:"初心之城"的今昔 2024 - 05 - 27)

(建议用于第一框　第二目　知识要点三"中华人民共和国成立的意义"的教学)

培育核心素养

政治认同:通过对上海 70 多年发展的分析,从一座城市的视角懂得中华人民共和国成立对于民族复兴和世界历史进程的重大意义,认同中国共产党领导是历史和人民的选择,拥护党的领导。

运用建议

带领学生观看视频,结合学生自身感受和视频中的数据,了解上海自解放后日新月异的发展,从而从一座城市的视角懂得中华人民共和国成立对于民族复兴和世界历史进程的重大意义。

第二框　完成社会主义革命和推进社会主义建设

第一目　实现从新民主主义到社会主义的转变

> **资源8** 【文字资源、音像资源】上海:"银元之战"和"米棉之战"

资源 8.1 【文字资源】上海:"银元之战"和"米棉之战"

中央人民政府成立时,财政经济极为困难。旧社会留下来的畸形发展的投机资本在新解放城市继续兴风作浪,加剧物价上涨。有人甚至扬言:解放军进得了上海,人民币进不了上海。为制止因投机资本操纵而加剧的市场混乱,党和人民政府采取必要的行政手段和有力的经济措施,成功组织了同投机资本做斗争的"银元之战"和"米棉之战"。

文字资源网址:
https://baijiahao. baidu. com/s? id = 16989718360050317169&wfr = spider&for=pc

(来源:看看新闻 Knews|上海:"银元之战"和"米棉之战" 2021 - 05 - 06)

资源 8.2 【音像资源】"银元之战""米棉之战"

音像资源网址:
https://tv. cctv. com/2019/09/27/VIDEZksgR6hN9vZGP19qPfyE190927. shtml

(来源:CCTV1 我们走在大路上|第二集　敢教日月换新天　"银元之战""米棉之

战"2019 - 09 - 27)

（建议用于第二框　第一目　知识要点二"从新民主主义向社会主义过渡的社会条件"的教学）

培育核心素养

政治认同：通过分析中华人民共和国成立后在上海等地开展的稳定物价和统一全国财经的具体做法，了解从新民主主义向社会主义过渡的社会条件和党带领全国人民实现从新民主主义到社会主义的转变历程。

运用建议

教师引导学生自主阅读材料或观看视频，让学生从经济的维度了解中华人民共和国成立后的艰难处境，分析在中国共产党的带领下，全国人民共同努力稳定物价、统一全国财经的具体做法，从而了解从新民主主义向社会主义过渡阶段我党的先进性和领导力。

▷ **资源⑨** 【文字资源】徐汇 70 个瞬间|徐汇区社会主义改造完成

1956 年 3 月，随着徐汇全区境内私营工商业、手工业和农业的公私合营与合作化改造相继完成，徐汇区的社会主义改造宣告完成。

> 文字资源网址：
>
> https://m. thepaper. cn/baijiahao_4428984

（供稿：徐汇区委组织部）

（来源：澎湃新闻客户端|徐汇 70 个瞬间|徐汇区社会主义改造完成 2019 - 09 - 13）

（建议用于第二框　第一目　知识要点三"过渡时期的总路线及社会主义制度建立的意义"的教学）

培育核心素养

政治认同：通过了解上海市徐汇区完成社会主义改造的相关资料，明确在过渡时期总路线的指引下，实行"一化"与"三改"并举的必要性，进而理解我国选择社会主义道路、确立社会主义制度的历史必然性，增进对伟大祖国和中国共产党的认同。

运用建议

1. 结合统编教材第6页"相关链接",课前安排学生分组收集上海完成"一化""三改"取得的具体成就,可用数字、照片、视频、文字等多种形式呈现。

2. 课中引导学生交流分享上海完成"一化""三改"取得的具体成就,引导学生感受上海基本完成社会主义改造的喜悦氛围,进而理解我国选择社会主义道路、确立社会主义制度的历史必然性,增进对伟大祖国和中国共产党的认同。

第二框 完成社会主义革命和推进社会主义建设

第二目 社会主义建设的艰辛探索

➤ 资源⑩【文字资源、音像资源】"两弹一星"元勋与上海

社会主义制度建立后,我国于20世纪60年代开展研制核弹(原子弹、氢弹)、导弹和人造卫星工程,促使我国的国防工业取得了重大进展。一大批科学家为"两弹一星"工程作出了卓越贡献,他们中的一部分与上海这座城市有着不解之缘,从这些人的身上,我们可以看到我国对社会主义建设的探索之艰辛和取得成就之不易。

表1.5 "两弹一星"元勋与上海

"两弹一星"元勋	主要贡献	元勋与上海	视频简介
资源10.1【文字资源】陈芳允	无线电电子学家,中国卫星测量、控制技术的奠基人之一,"两弹一星功勋奖章"获得者。研究提出卫星轨道参数,研制纳秒脉冲采样示波器,为"东方红1号"人造卫星的准确测量、控制和遥感卫星的成功回收作出了重要贡献	1931年,上海浦东中学读高中。1948年5月,回到上海,在中央研究院生理生化所任技正。1950年3月,中央研究院和北平研究院合并,改名为中国科学院,并在上海成立分院,陈芳允在生理生化研究所任技正。在此期间,陈	音像资源网址:https://tv.cctv.com/2024/06/08/VIDEFMvRuqSr1feQT1fTVvp9240608.shtml?spm=C55924871139.PGHhECZjcTkS.0.0(来源:CCTV4 中国脊梁)

"两弹一星"元勋	主要贡献	元勋与上海	视频简介
		芳允为神经生理学研究完成了一套电子仪器（包括电刺激器、直流放大器及显示设备等），这是国内在生物电子学方面研制的第一套设备	
资源 10.2【文字资源】黄纬禄	火箭与导弹控制技术专家，"两弹一星功勋奖章"获得者。中国科学院院士（1991），是我国固体战略导弹的奠基人，被誉为"巨浪之父""东风—21之父""航天老总"	1947年10月，在资源委员会无线电公司上海研究所任研究员。1949年5月至1952年9月，在上海华东工业部电信工业局电工研究所任研究员	音像资源网址：https://tv.cctv.com/2024/04/27/VIDEiDN1kUOvkDUXXdYTngxF240427.shtml？spm＝C55924871139.PGHhECZjcTkS.0.0（来源：CCTV4 中国脊梁）
资源 10.3【文字资源】钱学森	空气动力学家，"两弹一星功勋奖章"获得者。中国科学院院士（1957）、中国工程院院士（1994），在应用力学、工程控制论、系统工程等领域成就突出。1956年起草了《建立我国国防航空工业意见书》，是中国火箭导弹技术发展的重要实施方案。长期担任火箭导弹、航天器研制技术领导，为导弹和航天事业作出了杰出贡献	1911年12月11日，在上海市出生。1929年9月，考入上海国立交通大学机械工程学院攻读铁道机械工程专业，1934年7月，以学院第一名的成绩毕业。1934年，钱学森留美前前往上海海军制造飞机处等地进行为期一年的实地考察和进修	音像资源网址：https://tv.cctv.com/2023/06/10/VIDEs2jGbLqNGK2Hd1rsGIC5230610.shtml？spm＝C55924871139.PGHhECZjcTkS.0.0（来源：CCTV4 中国脊梁）
资源 10.4【文字资源】王希季	卫星和空间技术专家，"两弹一星功勋奖章"获得者，中国科学院院士（1993）。研制成功中国多种实用探空火箭，	1950年硕士毕业回国，先后在大连工学院、交通大学、上海科学技术大学任职。1958年11月，上海市委	音像资源网址：https://tv.cctv.com/2012/04/03/VIDE1355145537183535.shtml？spm＝C95797228340.P3XSH3djs

(续表)

"两弹一星"元勋	主要贡献	元勋与上海	视频简介
	主持完成中国第一种卫星运载火箭、第一种返回式遥感卫星的方案论证、设计,任返回式遥感卫星系列总设计师	决定调王希季到上海机电设计院(即1001卫星和运载火箭总体设计院)工作,担任技术负责人,仍兼任上海交通大学工程力学系副主任。 1960年2月19日,主持了中国第一枚自行设计研制的液体推进剂探空火箭发射,使中国"两弹一星"工程迈出了关键的一步。 1963年,上海机电设计院划归国防部五院(后来的七机部、航天部),王希季作为院总工程师承担了负责研制中国第一个卫星运载火箭的工作。 1965年以后,历任上海机电设计院、七机部总工程师,中国空间技术研究院副院长、科技委主任,中国返回式卫星系列总设计师	U2B.0.0 (来源:CCTV10"两弹一星"功勋科学家)
资源10.5 【文字资源】 吴自良	物理冶金学家,"两弹一星功勋奖章"获得者,中国科学院院士(1980)。领导完成特种电阻丝研制,主持研制分离铀同位素用的甲种分离膜,试制成功并投入使用,为原子能工业作出了重要贡献	1951年夏,应聘为中国科学院工学实验馆(原中国科学院上海冶金研究所,今中国科学院上海微系统与信息技术研究所)研究员,负责物理冶金方面的科研工作,先后担任物理冶金研究室主任、副所长、学术委员会主任等职。20世纪60年代,上海冶金所与原子能所、	音像资源网址: https://www.xuexi.cn/lgpage/detail/index.html?id=18128974196399626949&item_id=18128974196399626949 (来源:学习强国 新中国成立以来的英雄人物|中华航天博物馆)

"两弹一星"元勋	主要贡献	元勋与上海	视频简介
		复旦大学等单位的科研人员组成第十研究室联合攻关，吴自良兼任该室主任，主持研制分离铀同位素的核心部件甲种分离膜，于1964年试制成功并投入使用	
资源10.6【文字资源】杨嘉墀	航天技术和自动控制专家，中国科学院院士（1980）。领导参加研制"东方红一号"人造地球卫星姿态测量系统，提出返回式卫星姿态系统方案与技术设计思想，指导研制了原子弹爆炸检测技术和设备	1932年，随父母迁居上海，以优异的成绩考入上海中学。1937年9月，考入上海国立交通大学电机系，1941年6月毕业。1962年，参加由周恩来主持的《中国科学技术十二年发展规划》的制定与实施工作，提出了以控制计算机为中心的工业化试点项目，参与制订了上海发电厂等单位的自动化方案，推动了中国电子计算机在过程控制中的应用	音像资源网址：https://tv.cctv.com/2012/04/06/VIDE1355145540220583.shtml?spm=C95797228340.P3XSH3djsU2B.0.0（来源：CCTV10"两弹一星"功勋科学家）
资源10.7【文字资源】于敏	核物理学家，"两弹一星功勋奖章"获得者，中国科学院院士（1980）。解决了氢弹等热核武器系列基础问题，提出从原理到构型的完整设想；领导参与了核武器理论研究设计，解决了大量关键性理论问题，2014年获国家最高科学技术奖	1965年9月，于敏带领小分队前往上海华东计算机研究所开展研究，发现了热核材料自持燃烧的关键，解决了氢弹原理方案的重要课题。10月下旬，于敏开始从事核武器理论研究，提出了从原理到构型基本完整的设想，解决了大量关键性理论	音像资源网址：https://tv.cctv.com/2024/02/02/VIDEgv533hsO4w06Yd9Ljz6K240202.shtml?spm=C55924871139.PGHhECZjcTkS.0.0（来源：CCTV4 中国脊梁）

(续表)

"两弹一星"元勋	主要贡献	元勋与上海	视频简介
		问题。他还向在上海出差的全体同志作了"氢弹原理设想"的学术报告	

（建议用于第二框 第二目"社会主义建设的艰辛探索"的教学）

培育核心素养

政治认同：通过了解与上海有关的"两弹一星"元勋的主要贡献，结合相关资料分析，认识党对社会主义建设道路的艰辛探索，感悟社会主义革命和建设时期党和国家取得的巨大成就，认同并拥护社会主义制度。

运用建议

建议一：课前查阅，课中探讨。

1. 课前可将以上典型人物提供给学生，安排学生先行查阅与上海有关的"两弹一星"元勋在完成"两弹一星"工程中碰到的困难、取得的成就，可根据查阅情况增加典型人物。

2. 课中汇总呈现与上海有关的"两弹一星"元勋在完成"两弹一星"工程中碰到的困难、取得的成就，分析取得这些成就的主要原因，增进学生对社会主义制度的认同。

建议二：以人为线，课中探讨。结合统编教材第7页"阅读与思考"，选取与上海有关的"两弹一星"元勋，通过播放人物视频等方式，总结在完成"两弹一星"工程中元勋碰到的困难、取得的成就，带领学生分析取得这些成就的主要原因，增进学生对社会主义制度的认同。

第三框　创立和发展毛泽东思想

第一目　毛泽东思想的形成

▷ **资源11** 【音像资源、实物资源】上海毛泽东旧居陈列馆

开馆时间：9:00—12:00(11:30 停止入馆)

　　　　　13:00—16:30(16:00 停止入馆)周一闭馆

场馆地址：上海市静安区茂名北路 120 弄 5－9 号

预约说明：免预约入馆

场馆简介：1924 年 1 月，毛泽东在广州出席国民党第一次全国代表大会并当选为国民党中央候补执行委员，同年 2 月中旬来到上海；1924 年 6 月，毛泽东的夫人杨开慧与母亲携带孩子岸英、岸青也来到上海，全家寓居于上海毛泽东旧居陈列馆现址，是毛泽东在上海居住时间最长，也是毛泽东和杨开慧一起开展革命活动的一个住所。陈列馆里的珍贵史料、实物带人们走进伟人及家人的世界，讲述毛泽东和家人们诸多生活痕迹和故事。

> 音像资源网址：
>
> https://www.xuexi.cn/lgpage/detail/index.html?id=11806025176
> 140302818&item_id=11806025176140302818

（责任编辑：林佳）

（来源：学习强国　红色故事|上海市静安区 2020－06－03）

（建议用于第三框　第一目"毛泽东思想的形成"的教学）

培育核心素养

政治认同：通过实地参观、视频观看上海毛泽东旧居陈列馆，从基本陈列的珍贵史料、实物中了解毛泽东思想创立、丰富和发展的过程，理解马克思主义中国化的必要性，树立对马克思主义的信仰。

运用建议

建议一：课前参观，课中探讨。

1. 课前安排学生参观上海毛泽东旧居陈列馆,选择基本陈列中 1924 年毛泽东在上海(1924 年 2 月至年底毛泽东在上海期间的工作情况)、毛泽东在上海(毛泽东一生 57 次到上海的情况及与上海的渊源)、毛泽东温馨一家(蜡像、场景复原)三个部分中的典型史料或实物,对其进行介绍。

2. 课中三位学生代表以图文结合的方式分别介绍基本陈列三个部分中的典型史料或实物,共同探讨观后感,教师带领学生从史料或实物中体悟毛泽东思想创立、丰富和发展的过程。

建议二:观看视频,共同感悟。如课前学生精力有限、课堂时间有限,教师可通过课上播放上海毛泽东旧居陈列馆的介绍视频导入第三框第一目的教学,从视频中呈现的史料、实物中体悟毛泽东思想创立、丰富和发展的过程。

第三框　创立和发展毛泽东思想

第二目　毛泽东思想的主要内容和历史地位

> **资源12** 【文字资源】"初心足迹:毛泽东在上海"红色研学线路首发

2020 年 12 月 26 日,在毛泽东同志诞辰 127 周年当日,"初心足迹:毛泽东在上海"红色研学线路正式首发。活动现场,由静安区的全国和市级劳模代表、各界青年代表、上海大学博士硕士代表、党员导游代表等组成的研学首发团,带着研学任务单,正式开启了首批红色研学之旅。这份定制的研学任务单,对应红色之旅途经各点的不同学习主题:在毛泽东旧居学初心,固信仰;在锦江饭店小礼堂学务实,抓实干;在上海瑞金宾馆学作风,倡简朴;在上海毛泽东旧居陈列馆学家风,严律己;在中共三大后中央局机关历史纪念馆学规矩,正言行。

文字资源网址:

https://baijiahao. baidu. com/s? id＝16871408866922228477&wfr＝spider&for＝pc

---

(来源:澎湃新闻|"初心足迹:毛泽东在上海"红色研学线路首发 2020－12－26)

(建议用于第二框　第二目　知识要点一"毛泽东思想的主要内容及其活的灵魂"的教学)

培育核心素养

政治认同：通过亲走"初心足迹：毛泽东在上海"红色研学线路，感悟毛泽东思想的主要内容，坚持毛泽东思想的指导地位。

运用建议

课后研学，加深感悟。课后安排学生以班级为单位亲走"初心足迹：毛泽东在上海"红色研学线路，要求学生填写研学任务单4。根据红色之旅途经各点不同学习主题的学习，感悟毛泽东思想的主要内容。研学任务最好由思政教师或班主任带领，研学途中做好学生安全保障。

表1.6　任务单4

任务	"初心足迹：毛泽东在上海"红色研学		
班级		姓名	
研学点	学习主题	研学点与毛泽东思想的主要内容	
毛泽东旧居	学初心，固信仰		
锦江饭店小礼堂	学务实，抓实干		
上海瑞金宾馆	学作风，倡简朴		
上海毛泽东旧居陈列馆	学家风，严律己		
中共三大后中央局机关历史纪念馆	学规矩，正言行		

第2课

中国特色社会主义的开创和发展

教学资源导航图

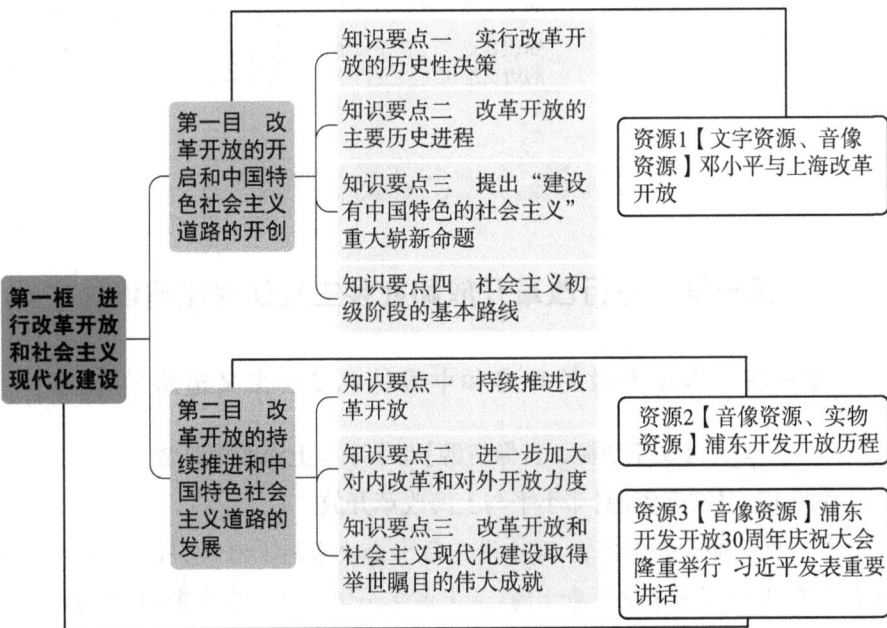

第一框 进行改革开放和社会主义现代化建设

第一目 改革开放的开启和中国特色社会主义道路的开创
- 知识要点一 实行改革开放的历史性决策
- 知识要点二 改革开放的主要历史进程
- 知识要点三 提出"建设有中国特色的社会主义"重大崭新命题
- 知识要点四 社会主义初级阶段的基本路线

资源1【文字资源、音像资源】邓小平与上海改革开放

第二目 改革开放的持续推进和中国特色社会主义道路的发展
- 知识要点一 持续推进改革开放
- 知识要点二 进一步加大对内改革和对外开放力度
- 知识要点三 改革开放和社会主义现代化建设取得举世瞩目的伟大成就

资源2【音像资源、实物资源】浦东开发开放历程

资源3【音像资源】浦东开发开放30周年庆祝大会隆重举行 习近平发表重要讲话

```
                                    ┌─ 知识要点一  邓小平理论
                                    │   的创立
                    ┌─ 第一目 邓 ───┼─ 知识要点二  邓小平理论 ──── 资源4【音像资源】邓小
                    │  小平理论     │   的主要内容及其指导意义      平视察改革开放后的上海
                    │               └─ 知识要点三  邓小平理论
                    │                   的历史地位
                    │               ┌─ 知识要点一 "三个代
                    │               │   表"重要思想的形成
   第二框 形        │  第二目"三    │   知识要点二  "三个代     资源5【文字资源】实践
   成中国特色 ──────┼─ 个代表"重 ───┼─ 表"重要思想的主要内 ──── "三个代表"重要思想
   社会主义理        │  要思想       │   容及其指导意义             上海加快城区建设
   论体系           │               └─ 知识要点三  "三个代
                    │                   表"重要思想的历史地位
                    │               ┌─ 知识要点一  科学发展观   资源6【音像资源】胡锦
                    │               │   的形成                   涛强调 总结和弘扬上海
                    └─ 第三目 科 ───┼─ 知识要点二  科学发展观 ── 世博会经验和精神 为科
                       学发展观      │   的基本内涵及其指导意义      学发展和社会和谐增加新
                                    └─ 知识要点三  科学发展观      优势
                                        的历史地位
```

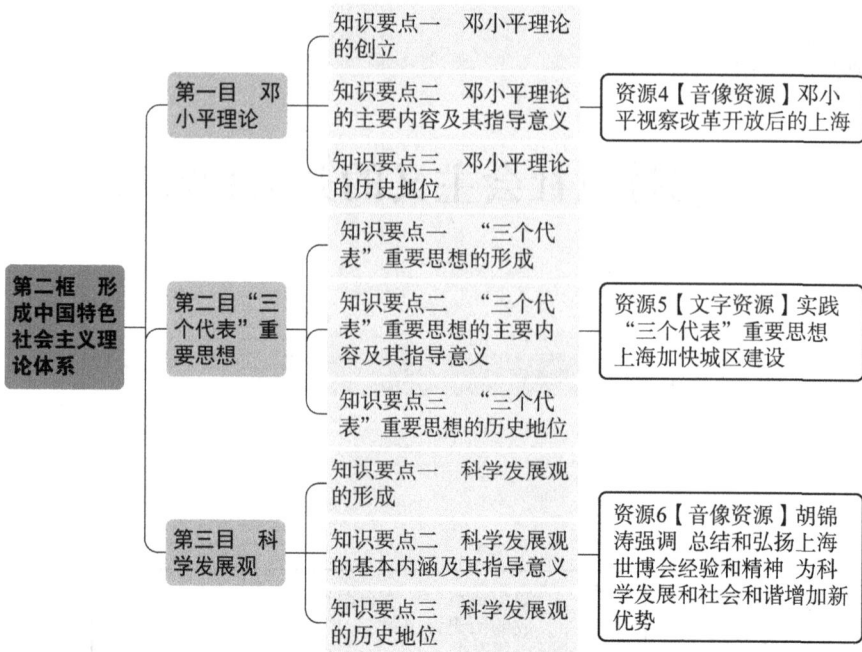

上海本土教学资源及运用建议

第一框　进行改革开放和社会主义现代化建设

第一目　改革开放的开启和中国特色社会主义道路的开创

▶ 资源1 【文字资源、音像资源】邓小平与上海改革开放

资源1.1 【文字资源】邓小平与上海改革开放

党的十一届三中全会后,邓小平先后十余次来到上海,他从世界发展的格局看中国,从中国未来发展看上海,从上海在全国的地位看浦东,对上海走在建设中国特色社会主义事业的前列发挥了关键作用。

> 文字资源网址:
>
> http://cpc.people.com.cn/n/2014/0815/c69113-25471869.html

(作者:徐建刚　朱晓明)

(来源:解放日报|邓小平与上海改革开放 2014－08－15)

资源 1.2　【音像资源】邓小平与上海改革开放

音像资源网址：

https://tv.cctv.com/2014/12/12/VIDE1418337204106246.shtml

（来源：CCTV9 邓小平遗物故事|鸭舌帽　上海为中国发展作出的贡献和牺牲 2014 -
12 - 12）

音像资源网址：

https://tv.cctv.com/2014/12/12/VIDE1418337565257943.shtml?
spm＝C55924871139.PiBcPr7RBv8W.0.0

（来源：CCTV9 邓小平遗物故事|鸭舌帽　上海市开发浦东的设想 2014 - 12 - 12）

音像资源网址：

https://tv.cctv.com/2014/12/12/VIDE1418337907065589.shtml

（来源：CCTV9 邓小平遗物故事|鸭舌帽　邓小平高度重视上海浦东开发区相关工
作 2014 - 12 - 12）

（建议用于第一框　第一目"改革开放的开启和中国特色社会主义道路的开创"的
教学）

培育核心素养

政治认同：通过分析党中央作出开发开放浦东的战略部署和开放过程中对
中国特色社会主义道路的探索，从浦东新区的视角理解实行改革开放历史性决
策的重大意义，了解党领导人民开创和发展中国特色社会主义道路的历程，认
同中国特色社会主义道路。

运用建议

课中带领学生仔细阅读、分析材料或观看视频，圈画重点，让学生在了解
1980—1992 年我国改革开放主要历史进程的基础上，通过材料的学习，补充了
解改革开放过程中浦东新区开发开放的进程，认同"建设有中国特色的社会主
义"这一重大崭新命题，进而认同中国特色社会主义道路。

第一框　进行改革开放和社会主义现代化建设

第二目　改革开放的持续推进和中国特色社会主义道路的发展

▶ 资源❷ 【音像资源、实物资源】浦东开发开放历程

表 2.1　浦东开放场馆资源

场馆资源	参观方式	红途微视
资源 2.1 【实物资源】浦东历史博物馆	地址：上海市浦东新区惠南镇文师街 18 号 开放时间：9：00—16：00（10 月至次年 4 月）；9：00—16：30（5 月至 9 月） 周一闭馆（法定节假日除外） 预约说明：免费免预约 官方电话：021 - 58027251；021 - 68030631	音像资源网址： https：//haokan. baidu. com/v? pd＝wisenatural&vid＝6868008892407124575 （来源：东方卫视　看东方|上海：探寻"何以浦东"浦东历史博物馆开馆 2023 - 02 - 17）
资源 2.2 【实物资源】浦东开发陈列馆	地址：上海市浦东新区浦东大道 141 号 开放时间：全年周一至周六 9：00—11：30，13：30—17：00 开放；周日全天不开放 官方电话：021 - 68502605	音像资源网址： https：//baijiahao. baidu. com/s? id＝1701325152905635955 （记者：缪心　黄逢佳　韩展　实习编辑：刘圣韬） （来源：看看新闻 Knews|上海浦东——在"起点"阅读改革开放的样本 2021 - 06 - 01）
资源 2.3 【实物资源】上海浦东展览馆	地址：上海市浦东新区合欢路 201 号 开放时间：周二至周日 9：00—16：30 预约说明：免费免预约 官方电话：021 - 68546930	音像资源网址： https：//www. xuexi. cn/local/normalTemplate. html? itemId＝1849705528646523352 （主讲人：王婷　上海市进才实验中学） （来源：学习强国　青春向党|上海学习平台）

资源 2.4 【音像资源】500 秒穿越 30 年！带你看懂浦东巨变

音像资源网址：

https://m. news. cctv. com/2020/11/10/ARTIJuJj1Y46jLFcZTj2zx

yh201110. shtml

（编辑：尹惠仙）

（来源：央视新闻｜首发！500 秒穿越 30 年！2020 - 11 - 10）

（建议用于第一框　第二目"改革开放的持续推进和中国特色社会主义道路的发展"的教学）

培育核心素养

政治认同：通过课前调研分享，结合场馆实地参观或观看视频，从亲人的直观感受和视频中体会浦东开发开放的历程和改革开放持续推进对城市发展及人民生活改善的重要意义，感受改革开放和社会主义现代化建设取得的伟大成就，坚定中国特色社会主义道路自信。

运用建议

1. 课前调研，将发展具象化。请学生结合课前对自己祖父母/外祖父母辈、父母辈等回忆的浦东开发开放以来他们衣、食、住、用、行等方面发生的变化的了解，感受改革开放对城市发展和人民生活改善的重要意义，填写任务单 1，并在课堂上进行阐述。

表 2.2　任务单 1

任务	浦东开发开放以来祖父母/外祖父母辈、父母辈衣、食、住、用、行等方面的变化		
姓名			
维度	祖父母或外祖父母	父母	我的感受
衣			
食			
住			
用			
行			

2. 结合视频和实地参观,整体感知。播放以上视频之一或课前学生实地参观浦东历史博物馆、浦东开发陈列馆、上海浦东展览馆之一获取的参观照片、视频资料,在摄影镜头下的浦东变迁中对改革开放给一个地区带来的发展变化有整体感知,感受改革开放和社会主义现代化建设取得的伟大成就,坚定中国特色社会主义道路自信。

> **资源3** 【音像资源】浦东开发开放 30 周年庆祝大会隆重举行　习近平发表重要讲话

浦东开发开放 30 周年庆祝大会于 2020 年 11 月 12 日上午在上海市举行。中共中央总书记、国家主席、中央军委主席习近平在会上发表重要讲话强调,要抓住机遇、乘势而上,全面贯彻党的十九大和十九届二中、三中、四中、五中全会精神,科学把握新发展阶段,坚决贯彻新发展理念,服务构建新发展格局,坚持稳中求进工作总基调,勇于挑最重的担子、啃最硬的骨头,努力成为更高水平改革开放的开路先锋、全面建设社会主义现代化国家的排头兵、彰显"四个自信"的实践范例,更好向世界展示中国理念、中国精神、中国道路。

> 音像资源网址:
> https://tv.cctv.com/2020/11/12/VIDEx19caHKTjnhIKERx8ZNV201112.shtml

(来源:CCTV1 晚间新闻|浦东开发开放 30 周年庆祝大会隆重举行　习近平发表重要讲话 2020 - 11 - 12)

(建议用于第一框"进行改革开放和社会主义现代化建设"的教学)

培育核心素养

政治认同:通过观看浦东开发开放 30 周年庆祝大会上习近平发表重要讲话的视频资料,进一步感受浦东这个改革开放和社会主义现代化建设最生动的实践写照,坚定中国特色社会主义道路自信。

职业精神:通过调研所学专业涉及的行业改革开放以来的发展历程和取得的成就,从行业视角进一步坚定中国特色社会主义道路自信,增强职业认同感。

运用建议

1. 课后观看,再悟成就。鉴于课堂时间有限,可课后借助学习通等线上平台上传本资源,学生完成视频观看,了解浦东开发开放 30 周年所取得的成就、我党对浦东开发开放 30 周年所取得成就的整体评价、对浦东未来发展提出的要求等,进而进一步对第一框整体内容形成具象感知。

2. 调研行业,坚定自信。在观看视频的基础上,结合自己所学专业,分组完成课后调研作业,选择专业涉及的行业,了解该行业改革开放以来的发展历程及取得的阶段性成就,进一步坚定中国特色社会主义道路自信,填写任务单 2。

表 2.3 任务单 2

任务	_____行业改革开放以来的发展历程及取得的成就		
小组		组员	
发展阶段	发展历程及取得的成就		
第一阶段 ———			
第二阶段 ———			
第三阶段 ———			
第 N 阶段 ———			
调研感受			

第二框 形成中国特色社会主义理论体系

第一目 邓小平理论

> **资源 4** 【音像资源】邓小平视察改革开放后的上海

1991 年 1 月 27 日,邓小平的专列再次出发前往上海。这一次,邓小平特别提出要到几个企业去看一看。而且邓小平一路看一路讲,讲的话与众不同。

> 音像资源网址：
> https://tv.cctv.com/2014/12/12/VIDE1418338630830690.shtml

（来源：CCTV9 邓小平遗物故事|鸭舌帽 邓小平视察改革开放后的上海 2014-12-12）

（建议用于第二框 第一目 知识要点二"邓小平理论的主要内容及其指导意义"的教学）

培育核心素养

政治认同：通过追寻邓小平视察改革开放后的上海的足迹，理解邓小平理论的主要内容及其指导意义在上海城市建设中的具体体现。

运用建议

观看视频，感悟邓小平理论。播放视频，追随邓小平 1991 年视察改革开放后的上海大众、外滩等地，理解邓小平讲话中提到的"发展经济，不开放是很难搞起来的。改革开放还要讲，我们的党还要讲几十年""什么事情总要有人试第一个，才能开拓新路""希望上海人民思想更开放一点，胆子更大一点，步子更快一点"等，从上海大众和外滩的发展中，理解邓小平理论的主要内容及其指导意义在上海城市建设中的具体体现。

第二框 形成中国特色社会主义理论体系

第二目 "三个代表"重要思想

▶ **资源 5** 【文字资源】实践"三个代表"重要思想 上海加快城区建设

创新、发展，是实践"三个代表"重要思想的关键和根本。

10 年前（1992 年），松江还是一个以农业为主，经济相对落后的地区。如今（2002 年），这里耸起上海第一座市级工业园区。在 8 公里长的"国际企业长廊"中，落户 38 家世界 500 强企业。这里还诞生了上海首家国家级旅游度假区、第一家国家级出口加工区、第一所新型的没有围墙的大学城。在出口加工区,一次通关时间只需4小时。在占地8600亩的大学城中,已入驻上海外国语大学、上海对外经贸大学、上海华东师范大学等高等院校。总投资120亿元的市郊首条轻轨线路,也将铺设在松江区域内。一个个"第一",构筑起松江一个又一个发展新高地。

贯彻"三个代表"重要思想,本质就在坚持执政为民,把人民的根本利益作为一切工作的出发点和归宿。

2001年年初,黄浦区举办了一个"十年规划展示厅",一位70多岁的老人在参观后,在留言簿上写道:"盼阳光、盼雨露,盼什么时候能住进新居,可惜我等不到了……"读到这样的肺腑之言,区委一班人流下了热泪。在中心组学习会上,大家谈到,不断发展先进生产力和先进文化,归根到底是不断实现最广大人民的根本利益。因此,百姓的呼声,就是区委、区政府工作的首要出发点。仅仅一年多时间,黄浦区已拆除旧房60多万平方米,1.5万户居民喜别陋室。

毗邻杭州湾的金山区,是一个农业大区。如何让全区人走上共同富裕之路,成了中心组在学习中经常讨论的问题。2000年9月,他们在全区实施"家家富工程",帮助农民调整产业结构,在农民自愿的前提下,采取政府财政扶持的方法,配置钢管塑料大棚,发展花卉、瓜果、蔬菜、苗木等经济产物,并且提供销售服务。一年下来,农民的亩产均净收入2150元,是过去516元的4倍之多。同时,随着经营规模的扩大,股份合作制农场在金山兴起。一些40至60岁的农民,在空闲时到农场打工,又增加了不少收入。今天,"家家富工程"已成为一项"民心工程",成为金山区实践"三个代表"重要思想的有效载体。

(记者:赵兰英　冯源)

(来源:新华网|实践"三个代表"重要思想　上海加快城区建设 2002-11-03【摘取部分】)

(建议用于第二框　第二目　知识要点二"'三个代表'重要思想的主要内容及其指导意义"的教学)

培育核心素养

政治认同:通过了解上海各区贯彻落实"三个代表"重要思想的具体做法及取得的成效,理解"三个代表"重要思想的主要内容及其指导意义在上海城市建设中的具体体现。

运用建议

阅读材料,感悟"三个代表"重要思想。带领学生阅读材料,从松江区、黄浦区和金山区教育、住房、农业等领域的发展中,理解"三个代表"重要思想的主要内容及其指导意义在上海城市建设中的具体体现。

第二框　形成中国特色社会主义理论体系

第三目　科学发展观

▶ 资源❻ 【音像资源】胡锦涛强调　总结和弘扬上海世博会经验和精神　为科学发展和社会和谐增加新优势

中共中央政治局 2010 年 12 月 3 日下午就从上海世博会看世界发展的新趋势新理念问题进行第二十四次集体学习。中共中央总书记胡锦涛在主持学习时强调,上海世博会给我们留下了丰厚物质成果和宝贵精神财富。我们要紧密结合贯彻落实党的十七届五中全会精神,认真总结上海世博会经验,弘扬上海世博会精神,努力把上海世博会成果转化为推动科学发展、促进社会和谐的新优势。

> 音像资源网址:
>
> http://news.cntv.cn/program/xwlb/20101204/107740.shtml

（责任编辑:孙冰岩）

（来源:CCTV1 新闻联播|胡锦涛强调　总结和弘扬上海世博会经验和精神　为科学发展和社会和谐增加新优势 2010 - 12 - 04）

（建议用于第二框　第三目　知识要点二"科学发展观的基本内涵及其指导意义"的教学）

培育核心素养

政治认同:通过了解上海世博会筹备、举办过程中坚持的以人为本,全面、协调、可持续的发展观,以及促进经济社会协调发展和人的全面发展等理念,理解科学发展观的主要内容及其指导意义在上海城市发展中的具体体现。

运用建议

1. 课前调研，了解上海世博会。课前通过访谈自己父母、祖父母或其他身边人，网上查阅资料等形式，简单了解上海世博会，为课堂结合科学发展观分析上海世博会做好前期准备。

2. 观看视频，感悟科学发展观。播放视频，结合家人参与、参观 2010 年上海世博会的体验，感受上海世博会所展示的具有引领未来作用的发展理念，深化对以人为本、全面协调可持续发展的认识，理解科学发展观的主要内容及其指导意义在上海城市发展中的具体体现。

第3课

中国特色社会主义进入新时代

教学资源导航图

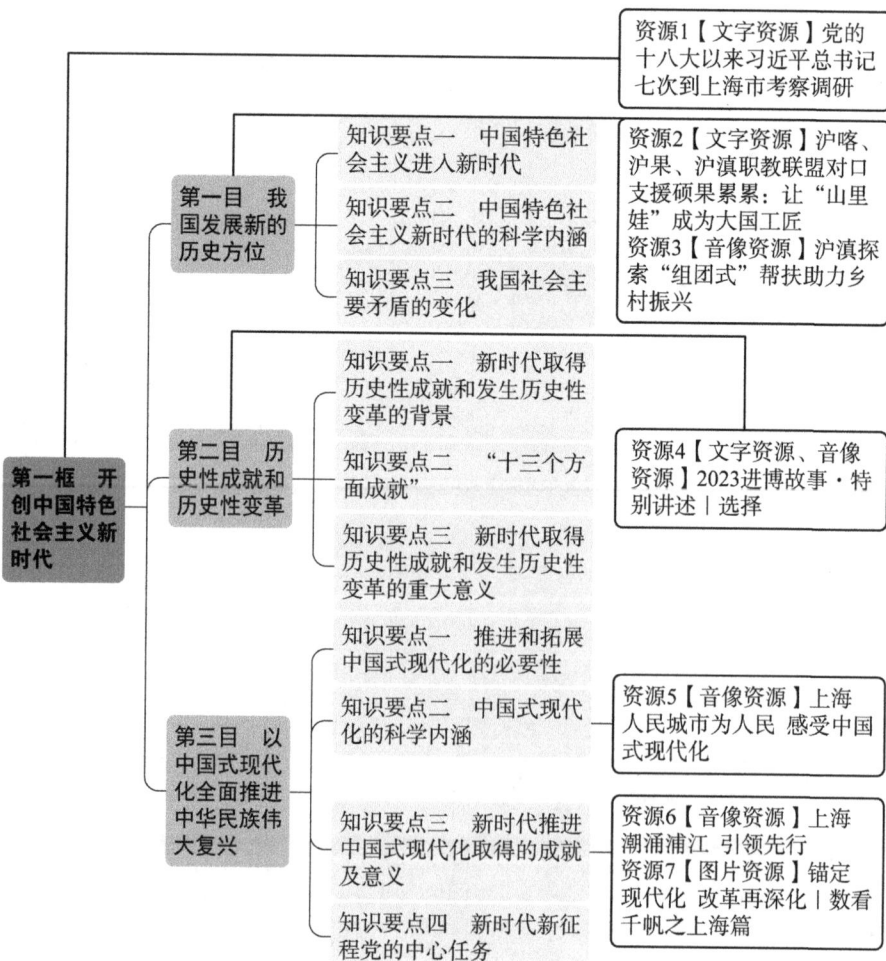

第一框　开创中国特色社会主义新时代

第一目　我国发展新的历史方位
- 知识要点一　中国特色社会主义进入新时代
- 知识要点二　中国特色社会主义新时代的科学内涵
- 知识要点三　我国社会主要矛盾的变化

资源1【文字资源】党的十八大以来习近平总书记七次到上海市考察调研

资源2【文字资源】沪喀、沪果、沪滇职教联盟对口支援硕果累累：让"山里娃"成为大国工匠
资源3【音像资源】沪滇探索"组团式"帮扶助力乡村振兴

第二目　历史性成就和历史性变革
- 知识要点一　新时代取得历史性成就和发生历史性变革的背景
- 知识要点二　"十三个方面成就"
- 知识要点三　新时代取得历史性成就和发生历史性变革的重大意义

资源4【文字资源、音像资源】2023进博故事·特别讲述｜选择

第三目　以中国式现代化全面推进中华民族伟大复兴
- 知识要点一　推进和拓展中国式现代化的必要性
- 知识要点二　中国式现代化的科学内涵
- 知识要点三　新时代推进中国式现代化取得的成就及意义
- 知识要点四　新时代新征程党的中心任务

资源5【音像资源】上海人民城市为人民　感受中国式现代化

资源6【音像资源】上海潮涌浦江　引领先行
资源7【图片资源】锚定现代化　改革再深化｜数看千帆之上海篇

```
                              ┌─ 知识要点一　习近平新时        ┌──────────────────────┐
                              │   代中国特色社会主义思想   ────┤ 资源8【音像资源】新时│
                              │   的创立                        │ 代·我在中国          │
                 ┌─ 第一目　系 ┤                               └──────────────────────┘
                 │  统科学的理 ├─ 知识要点二　习近平新时
                 │  论体系     │   代中国特色社会主义思想
                 │             │   的主要内容
  第二框　创      │             │
  立习近平新      │             └─ 知识要点三　"六个必须
  时代中国特  ────┤                 坚持"
  色社会主义      │
  思想           │             ┌─ 知识要点一　习近平新时        ┌──────────────────────┐
                 │  第二目　民 │   代中国特色社会主义思想   ────┤ 资源9【音像资源】大家│
                 └─ 族复兴的行 ┤   的历史地位                    │ 聊巨变              │
                    动指南     │                               └──────────────────────┘
                              └─ 知识要点二　"两个确立"
                                  的决定性意义
```

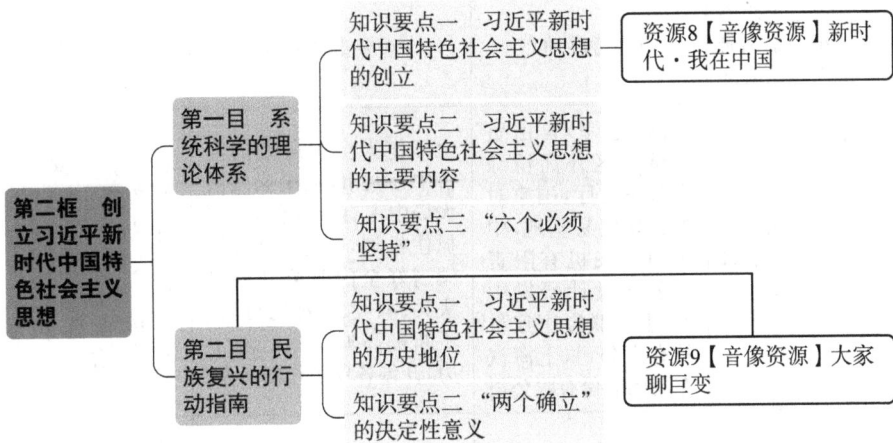

上海本土教学资源及运用建议

第一框　开创中国特色社会主义新时代

▶ **资源 ①** 【文字资源】党的十八大以来习近平总书记七次到上海市考察调研

上海是我国最大的经济中心城市,也是改革开放的前沿阵地。上海的发展,习近平总书记一直牵挂在心。

2007 年 3 月至 10 月,习近平时任上海市委书记。在上海工作期间,习近平下基层、做调研,抓党建、谋创新,为上海发展明确目标、指引方向。党的十八大以来,习近平总书记先后七次到上海考察,全国两会期间多次参加上海代表团审议,为上海发展把舵领航。

他曾深情地说:"我曾经在上海工作过,切身感受到开放之于上海、上海开放之于中国的重要性。""改革开放以来,中国发生了翻天覆地的变化,上海就是一个生动例证。"

表 3.1　党的十八大以来习近平总书记七次到上海市考察调研

序号	习近平总书记考察调研上海的时间	重点考察地点	重要讲话精神	资料来源
1	2014 年 5 月 23 日至 24 日	中国（上海）自由贸易试验区外高桥综合服务大厅，国家对外文化贸易基地，中国商用飞机有限责任公司设计研发中心，上海联影医疗科技有限公司，上海汽车集团股份有限公司	上海作为全国最大的经济中心城市，在国家发展大局中占有重要位置，要抓住机遇，锐意进取，继续当好全国改革开放排头兵、科学发展先行者，不断提高城市核心竞争力，开创各项工作新局面	共产党员网｜习近平在上海考察时强调　当好全国改革开放排头兵　不断提高城市核心竞争力 2014 - 05 - 24
2	2017 年 10 月 31 日	中共一大会址	上海党的一大会址、嘉兴南湖红船是我们党梦想起航的地方。我们党从这里诞生，从这里出征，从这里走向全国执政。这里是我们党的根脉	CCTV1 新闻联播｜习近平在瞻仰中共一大会址时强调　铭记党的奋斗历程　时刻不忘初心　担当党的崇高使命　矢志永远奋斗 2017 - 10 - 31
3	2018 年 11 月 6 日至 7 日	首届中国国际进口博览会，上海中心大厦、陆家嘴金融城党建服务中心，虹口区市民驿站嘉兴路街道第一分站，浦东新区城市运行综合管理中心，张江科学城展示厅	坚持以习近平新时代中国特色社会主义思想为指导，坚决贯彻落实党中央决策部署，坚定改革开放再出发的信心和决心，坚持稳中求进工作总基调，全面贯彻新发展理念，坚持以供给侧结构性改革为主线，加快建设现代化经济体系，打好三大攻坚战，加快提升城市能级和核心竞争力，更好为全国改革发展大局服务。希望上海继续当好全国改革开放排头兵、创新发展先行者，勇于挑最重的担子、啃最难啃的骨头，发挥开路先锋、示范引领、突破攻坚的作用，为全国改革发展作出更大贡献	新华社｜习近平在上海考察 2018 - 11 - 07

（续表）

序号	习近平总书记考察调研上海的时间	重点考察地点	重要讲话精神	资料来源
4	2019 年 11 月 2 日至 3 日	杨浦区滨江公共空间杨树浦水厂滨江段,长宁区虹桥街道古北市民中心	要深入学习贯彻党的十九届四中全会精神,坚持稳中求进工作总基调,全面贯彻新发展理念,加快改革开放步伐,加快建设现代化经济体系,加大推进三大攻坚战力度,扎实推进长三角一体化发展,妥善应对国内外各种风险挑战,勇挑最重担子、敢啃最难啃的骨头,着力提升城市能级和核心竞争力,不断提高社会主义现代化国际大都市治理能力和治理水平	新华网|习近平在上海考察时强调 深入学习贯彻党的十九届四中全会精神 提高社会主义现代化国际大都市治理能力和水平 2019－11－03
5	2020 年 11 月 12 日	浦东开发开放 30 周年庆祝大会	要抓住机遇、乘势而上,全面贯彻党的十九大和十九届二中、三中、四中、五中全会精神,科学把握新发展阶段,坚决贯彻新发展理念,服务构建新发展格局,坚持稳中求进工作总基调,勇于挑最重的担子、啃最硬的骨头,努力成为更高水平改革开放的开路先锋、全面建设社会主义现代化国家的排头兵,彰显"四个自信"的实践范例,更好向世界展示中国理念、中国精神、中国道路	新华社|浦东开发开放 30 周年庆祝大会隆重举行 习近平发表重要讲话 2020－11－12
6	2023 年 11 月 28 日至 12 月 2 日	上海期货交易所,浦东新区张江科学城,闵行区新时代城市建设者管理者之家	上海要完整、准确、全面贯彻新发展理念,围绕推动高质量发展、构建新发展格局,聚焦建设国际经济中心、金融中心、贸易中心、航运中心、科技创新中心的重要使命,以科	新华社|习近平在上海考察时强调 聚焦建设"五个中心"重要使命 加快建成社会主义现代化国际大都市　返

（续表）

序号	习近平总书记考察调研上海的时间	重点考察地点	重要讲话精神	资料来源
			技创新为引领，以改革开放为动力，以国家重大战略为牵引，以城市治理现代化为保障，勇于开拓、积极作为，加快建成具有世界影响力的社会主义现代化国际大都市，在推进中国式现代化中充分发挥龙头带动和示范引领作用	京途中在江苏盐城考察 2023 - 12 - 03
7	2025 年 4 月 29 日	上海"模速空间"大模型创新生态社区调研	上海承担着建设国际科技创新中心的历史使命，要抢抓机遇，以服务国家战略为牵引，不断增强科技创新资源功能和高端产业引领功能，加快建成具有全球影响力的科技创新高地	新华社丨习近平在上海考察时强调：加快建成具有全球影响力的科技创新高地 2025 - 04 - 29

（建议用于第一框"开创中国特色社会主义新时代"的教学）

培育核心素养

政治认同：通过系统梳理党的十八大以来习近平总书记七次到上海市考察调研的重点考察地点、发表的重要讲话精神，跟随习近平总书记的足迹了解新时代上海的发展，感悟新时代党和国家取得的成就，初步理解新时代新征程党的中心任务，初步树立为中华民族伟大复兴而奋斗的远大志向。

运用建议

1. 课前查阅，了解足迹。课前安排学生查阅党的十八大以来习近平总书记七次到上海市考察调研的重点考察地点、发表的重要讲话精神，将查阅内容填入任务单 1。

表 3.2　任务单 1

任务	党的十八大以来习近平总书记七次到上海市考察调研梳理		
班级		姓名	
序号	习近平总书记考察调研上海的时间	重点考察地点	重要讲话精神
1			
2			
3			
4			
5			
6			
7			

2. 分享导入，初步感悟。课中随机抽取分享的调研梳理结果，导入新课，在分享的同时引导学生跟随习近平总书记的足迹让学生了解新时代上海的发展，感悟新时代党和国家取得的成就，初步理解新时代新征程党的中心任务，初步树立为中华民族伟大复兴而奋斗的远大志向。顺利过渡到第一框第一目的教学。

第一目　我国发展新的历史方位

▷ 资源 2 【文字资源】沪喀、沪果、沪滇职教联盟对口支援硕果累累：让"山里娃"成为大国工匠

在第二届全国职业技能大赛上，上海建设管理职业技术学院学生蒋晨琪斩获花艺项目全国金牌。她的教练，是同样毕业于这所学校的 90 后花艺项目全国金牌获得者蒋孟良。2015 年，蒋孟良从西双版纳来到上海市城市建设工程学校读书，通过在校期间的学习熏陶和技能磨炼，靠着自己的天赋和勤奋，蒋孟良获得 2017 年中国国际技能大赛花艺项目金牌。他积极进取，不断努力，又先后成为世赛花艺项目国家集训基地的教练、全国技术能手和共青团第 19 次全

国代表大会代表。"沪滇合作办学,让我有机会来到上海,看到了更大的世界。"蒋孟良感慨地说。

在上海,通过沪喀、沪果、沪滇职教联盟,从边远地区来到上海读书、就业、成才的故事正在不断上演。

文字资源网址:

https://baijiahao. baidu. com/s? id = 1786502044196840140&wfr = spider&for=pc

(作者:李欣雨　赵晓伟)

(来源:文汇报|沪喀、沪果、沪滇职教联盟对口支援硕果累累:让"山里娃"成为大国工匠 2023 - 12 - 28)

(建议用于第一框　第一目"我国发展新的历史方位"的教学)

培育核心素养

政治认同:通过了解近年来沪喀、沪果、沪滇职教联盟对口支援情况,结合对自己学校参与对口支援情况的了解,从教育的角度理解中国特色社会主义新时代是什么样的时代,理解我国社会主要矛盾变化的体现及其内涵。

运用建议

1. 阅读材料,理解内涵。课中带领学生阅读材料,思考沪喀、沪果、沪滇职教联盟对口支援体现的我们所处的新时代是决胜全面建成小康社会、进而全面建设社会主义现代化强国的时代,是全国各族人民团结奋斗、不断创造美好生活、逐步实现全体人民共同富裕的时代,是全体中华儿女勠力同心、奋力实现中华民族伟大复兴中国梦的时代。

2. 了解支援地,理解矛盾。通过调研、查阅资料等对比上海与喀什、果洛、云南等地的发展差异,理解我国发展不平衡、不充分的现状及其与人民日益增长的美好生活需要的矛盾,进而正确认识我国社会主要矛盾的变化。将对比情况填入任务单2。

表 3.3　任务单 2

任务	上海与喀什、果洛、云南等地的发展差异			
班级			姓名	
2024 年	上海	喀什	果洛	云南
人均 GDP				
人均收入				
税收总额				
人民对美好生活的向往				

> **资源❸** 【音像资源】沪滇探索"组团式"帮扶助力乡村振兴

边远山区有更多的孩子走出大山,追逐梦想;人们在家门口即可享受高质量医疗服务;立足地方资源禀赋和市场需求发展产业,助力乡村群众增收……

这与沪滇"组团式"帮扶密不可分。在乡村振兴重点帮扶县数量最多的云南省,沪滇携手探索"组团式"帮扶,组建教育、医疗及科技人才团队,把学校、医院"搬"进大山,并着力"造血"培育产业、培养人才,增强发展内生动力,续写山乡巨变的新时代篇章。

音像资源网址:

https://app. xinhuanet. com/news/article. html? articleId=9430d0d5
3dd5983363c4ace3b93f98ae

(记者:陈欣波　熊轩昂)

(来源:新华网客户端|沪滇探索"组团式"帮扶助力乡村振兴 2024－07－22)

(建议用于第一框　第一目"我国发展新的历史方位"的教学)

培育核心素养

政治认同:通过了解近年来沪滇探索"组团式"帮扶助力乡村振兴的情况,理解中国特色社会主义新时代是什么样的时代,理解我国社会主要矛盾变化的体现及其内涵。

运用建议

1. 观看视频,理解内涵。课中播放视频,思考沪滇探索"组团式"帮扶助力乡村振兴体现的我们所处的新时代是全面建设社会主义现代化强国的时代,是全国各族人民团结奋斗、不断创造美好生活、逐步实现全体人民共同富裕的时代,是全体中华儿女勠力同心、奋力实现中华民族伟大复兴中国梦的时代。

2. 了解沪滇,理解矛盾。通过调研、查阅资料等对比上海与云南的发展差异,理解我国发展不平衡、不充分的现状及其与人民日益增长的美好生活需要的矛盾,进而正确认识我国社会主要矛盾的变化。将对比情况填入任务单3。

表3.4　任务单3

任务	上海与云南的发展差异		
班级		姓名	
2024 年	上海		云南
人均 GDP			
人均收入			
税收总额			
人民对美好生活的向往			

第一框　开创中国特色社会主义新时代

第二目　历史性成就和历史性变革

▶ 资源④ 【文字资源、音像资源】2023进博故事·特别讲述|选择

中国国际进口博览会由中华人民共和国商务部和上海市人民政府主办,中国国际进口博览局、国家会展中心(上海)承办,为世界上第一个以进口为主题的国家级展会。"新时代,共享未来"的主题口号彰显了进口博览会将打造全球包容、开放合作、互惠发展的新型国际公共平台,让世界共享新时代中国发展成果,推动经济全球化朝着更加开放、包容、普惠、平衡、共赢的方向发展。自2018 年 11 月 5 日举办首届中国国际进口博览会以来,商务部和上海市人民政

府已经共同主办七届进博会。进博七载,一个个生动的故事和一串串数字,是新时代党和国家带领人民取得历史性成就和发生历史性变革的生动写照。

表 3.5　历届进博会意向成交额

	首届	第二届	第三届	第四届	第五届	第六届	第七届
按一年计累计意向成交额(亿美元)	578.3	711.3	726.2	707.2	735.2	784.1	800.1
代表性首发——新产品、新技术、新服务(项)	—	—	411	422	438	442	450

(来源:中国国际进口博览会官网|往届回顾)

音像资源网址:

https://www.ciie.org/zbh/cn/19us/ciie/review/#t6

(来源:中国国际进口博览会官网|2023进博故事·特别讲述|选择)

(建议用于第一框　第二目"历史性成就和历史性变革"的教学)

培育核心素养

政治认同:通过分析历届进博会的数据、观看进博视频,从进博会视角了解新时代党和国家取得的成就、变革及意义,增进对伟大祖国、中国共产党、中国特色社会主义的认同。

运用建议

1. 课前查找数据,初步了解进博。安排学生课前查阅资料,了解七届进博会的累计意向成交额,世界 500 强和行业龙头企业参展商,代表性首发新产品、新技术、新服务等数据,初步了解进博会。也可在课堂直接呈现相关数据。

2. 课中观看视频,体会进博成就。播放 2023 进博故事视频,从最先进的技术到最新鲜的水果中,从多家参与企业的切身感受中,体会进博会所取得的成就。

3. 从进博看中国,提升政治认同。进一步分析进博会所体现的党和国家在经济建设、全面深化改革等方面的理念,增进对伟大祖国、中国共产党、中国特色社会主义的认同。

第一框　开创中国特色社会主义新时代

第三目　以中国式现代化全面推进中华民族伟大复兴

> **资源 5** 【音像资源】上海　人民城市为人民　感受中国式现代化

习近平总书记2023年考察上海时指出,上海要聚焦建设国际经济中心、金融中心、贸易中心、航运中心、科技创新中心的重要使命,以科技创新为引领,以改革开放为动力,以国家重大战略为牵引,以城市治理现代化为保障,加快建成具有世界影响力的社会主义现代化国际大都市,在推进中国式现代化中充分发挥龙头带动和示范引领作用。习近平总书记的重要讲话进一步彰显了上海在推进中国式现代化中所肩负的特殊职责和使命。

> 音像资源网址:
>
> https://tv.cctv.com/2024/07/14/VIDEJWWbxJcIoRUAQCdi7zPI24 0714.shtml

(来源:CCTV13 全面深化改革　中国式现代化　万千气象|上海　人民城市为人民　感受中国式现代化 2024－07－14)

(建议用于第一框　第三目　知识要点二"中国式现代化的科学内涵"的教学)

培育核心素养

政治认同:通过上海践行人民城市为人民的理念给广大人民群众带来的切身感受,了解中国式现代化的科学内涵。

运用建议

1. 观看视频,归纳分类。课上观看视频,对视频中采访呈现的中国式现代化在上海城市建设、人民生活中的体现进行归纳分类,了解其背后所体现的中国式现代化的科学内涵。

2. 联系自身,分享体会。根据视频归纳的分类,结合学生自己的切身体会,说一说学生自己身边中国式现代化的体现。将归纳分类和自身体会填入任务单 4。

表 3.6　任务单 4

任务	从上海看中国式现代化		
班级		姓名	
分类	人民的感受(视频)	体现的中国式现代化的科学内涵	我的感受

> ⊙ 资源 6　【音像资源】上海　潮涌浦江　引领先行

作为我国最大的经济中心城市和改革开放的前沿阵地,上海正聚焦建设国际经济、金融、贸易、航运和科技创新五个中心重要使命,加快建成具有世界影响力的社会主义现代化国际大都市,这是党中央赋予上海的重要使命。党的十八大以来,习近平总书记先后七次到上海考察,全国两会期间多次参加上海代表团审议,为上海发展把舵领航,希望上海勇于挑最重的担子、啃最难啃的骨头,在推进中国式现代化中充分发挥龙头带动和示范引领作用。

> 音像资源网址:
>
> https://tv.cctv.com/2024/07/14/VIDELGfUXUfSj5YNB8S0Z1za240714.shtml

(来源:CCTV13 全面深化改革　中国式现代化　万千气象|上海　潮涌浦江　引领先行 2024－07－14)

(建议用于第一框　第三目　知识要点三"新时代推进中国式现代化取得的成就及

意义"的教学）

培育核心素养

政治认同:通过了解上海在中国式现代化中充分发挥引领和带头作用所取得的成就,感悟新时代推进中国式现代化取得的成就及意义。

运用建议

观看视频,从数字感悟成就及意义。课上观看视频,在任务单5中填写上海在潮涌浦江、引领先行的过程中取得的系列成就,从数字中感悟上海推进中国式现代化的意义。

表3.7　任务单5

任务	从数字中感悟上海的中国式现代化		
班级		姓名	
分类	"数字"成就		我的感受
吃改革饭			
走开放路			
打创新牌			
建人民之城			

▶ **资源 7** 【图片资源】锚定现代化　改革再深化|数看千帆之上海篇

奋力谋发展,探路中国式现代化。上海正奋笔绘制进一步全面深化改革

"实景画",以排头兵的姿态和先行者的担当,凝聚推动改革向前进的澎湃力量,向着新时代新征程大踏步前行。一组数据,带你了解:

1. 上海浦东第一轮综合改革试点任务落地近 50%,相关试点任务落地67 条。

2. 2023 年,上海集成电路、生物医药、人工智能三大先导产业规模达到1.6 万亿元。

3. 截至 2024 年 3 月,长三角地区上市企业对区域内异地投资企业数达5 738 家。

4. 截至 2024 年 6 月底,上海跨国公司地区总部累计认定达到 985 家。

5. 2024 年上半年,上海港共完成集装箱吞吐量 2 551 万标准箱,流量型经济加快恢复。

6. 2024 年上半年,上海国际旅游入境人数达 302.27 万人次,同比增长143.5%。

图片资源网址:

https://baijiahao. baidu. com/s? id = 1807534350829446620&wfr = spider&for=pc

(记者:周琳　杨有宗)

(来源:新华社|锚定现代化　改革再深化|数看千帆之上海篇 2024 - 08 - 16)

(建议用于第一框　第三目　知识要点三"新时代推进中国式现代化取得的成就及意义"的教学)

培育核心素养

政治认同:通过数字中呈现的上海锚定现代化、深化改革进程中所取得的成就,感悟新时代推进中国式现代化取得的成就及意义。

运用建议

呈现组图,从中感悟成就及意义。课上呈现组图,从中了解上海锚定现代化、深化改革进程中所取得的成就,从数字中感悟上海推进中国式现代化的意义。

第二框　创立习近平新时代中国特色社会主义思想

第一目　系统科学的理论体系

▶ **资源⑧** 【音像资源】新时代·我在中国

　　党的十八大以来,以习近平同志为主要代表的中国共产党人,坚持把马克思主义基本原理同中国具体实际相结合、同中华优秀传统文化相结合,科学回答了新时代坚持和发展什么样的中国特色社会主义、怎样坚持和发展中国特色社会主义等重大时代课题,创立了习近平新时代中国特色社会主义思想。

　　习近平总书记在中国共产党第二十次全国代表大会上的报告中指出,坚持和发展马克思主义,必须同中华优秀传统文化相结合。只有植根本国、本民族历史文化沃土,马克思主义真理之树才能根深叶茂。

　　中华优秀传统文化不仅在中国人身上生根发芽,在一些在华外籍友人身上也有生动的体现。他们在中国生活学习工作、拥抱中国文化、实现人生价值,他们亲历中国之变,记录中国之美,融入中国发展,传播中国文化。从他们身上,我们可以看到新时代中国飞速发展与百姓生活变迁,看到中国人民热情好客、友善包容的精神风貌,看到中华优秀传统文化独特的亲和力、感召力。

　　资源8.1　【音像资源】新加坡"热心肠"许菱娜:上海是家

　　音像资源网址:

　　http://v.people.cn/n1/2023/1219/c447943-40142368.html

（责任编辑:焦典　申宁）

　　资源8.2　【音像资源】汉斯:中国的发展模式值得非洲国家学习

　　音像资源网址:

　　http://v.people.cn/n1/2023/1220/c447943-40143243.html

（责任编辑:焦典　申宁）

资源 8.3　【音像资源】土桥彻：上海是第二故乡

音像资源网址：

http://v. people. cn/n1/2023/1223/c458377-40145301. html

（责任编辑：焦典　申宁）

资源 8.4　【音像资源】意大利长笛演奏家：音乐连接我与上海

音像资源网址：

http://v. people. cn/n1/2024/0223/c458377-40182401. html

（责任编辑：焦典　申宁）

资源 8.5　【音像资源】哥斯达黎加音乐人：在上海追逐音乐梦想

音像资源网址：

http://v. people. cn/n1/2024/0428/c458377-40225921. html

（责任编辑：秦榕　申宁）

（来源：人民网　人民视频|新时代·我在中国）

（建议用于第二框　第一目　知识要点一"习近平新时代中国特色社会主义思想的创立"的教学）

培育核心素养

政治认同：通过视频展示的小切口、洋视角展现中国人民热情好客、友善包容的精神风貌，呈现中华优秀传统文化独特的亲和力、感召力，明确马克思主义基本原理与中华优秀传统文化相融通、与中国人民价值观念相贯通的结合点，深化对"两个结合"的认识。

运用建议

1. 观看视频，理解蕴意。课中从以上五个视频中选择部分视频播放，让学生思考其中的蕴意。

2. 结合实例，感悟深意。学生分享观后感悟，结合视频实例加深理解和认同"坚持把马克思主义基本原理同中国具体实际相结合、同中华优秀传统文化相结合"的重要性,明确习近平新时代中国特色社会主义思想是在坚持"两个结合"中创立的最新理论成果。

第二框　创立习近平新时代中国特色社会主义思想

第二目　民族复兴的行动指南

▶ **资源9** 【音像资源】大家聊巨变

党的二十大报告指出,我们必须坚持解放思想、实事求是、与时俱进、求真务实,一切从实际出发,着眼解决新时代改革开放和社会主义现代化建设的实际问题,不断回答中国之问、世界之问、人民之问、时代之问。

十年巨变,每一朵浪花都有说不尽的精彩。城市面貌焕然一新,幸福的生活奔涌而来。牢记总书记殷殷嘱托,上海大力弘扬伟大建党精神,以排头兵的姿态和先行者的担当,深入践行人民城市理念,在创造新时代发展新奇迹的征程上破浪前行。新时代10年的伟大变革中,上海建设"人民城市"的动人画卷,从红色传承、共同富裕、绿色生态、城市治理、新城发展、宜居宜业、风貌保护、创新引领等方面,探索提出回答中国之问、世界之问、人民之问、时代之问的上海智慧和上海方案。

资源9.1　【音像资源】熊月之:巨变之源

音像资源网址:

https://www.whb.cn/videoDetail/489324

（责任编辑:王蔚）

资源9.2　【音像资源】权衡:共富在上海

音像资源网址:

https://www.whb.cn/videoDetail/489486

（责任编辑:王蔚）

资源9.3　【音像资源】诸大建:蝶变崇明岛

音像资源网址:

https：//www. whb. cn/videoDetail/489663

（责任编辑：王蔚）

资源 9.4　【音像资源】孙建平：守护生命线

音像资源网址：

https：//www. whb. cn/videoDetail/489822

（责任编辑：王蔚）

资源 9.5　【音像资源】陆铭：节点新城

音像资源网址：

https：//www. whb. cn/videoDetail/489972

（责任编辑：王蔚）

资源 9.6　【音像资源】张兆安：幸福水岸

音像资源网址：

https：//www. whb. cn/videoDetail/490196

（责任编辑：王蔚）

资源 9.7　【音像资源】伍江：梧桐树下小美好

音像资源网址：

https：//www. whb. cn/videoDetail/490378

（责任编辑：王蔚）

资源 9.8　【音像资源】杨建文：科学之门向未来

音像资源网址：

https：//www. whb. cn/videoDetail/490544

（责任编辑：王蔚）

（来源：中共上海市委宣传部、中共上海市委对外宣传办公室、文汇报社、上海市社
会科学界联合会、上海社会科学院｜大家聊巨变 2022 - 10）

（建议用于第二框　第二目"民族复兴的行动指南"的教学）

培育核心素养

政治认同：通过分析视频上海建设"人民城市"过程中在红色传承、共同富裕、绿色生态、城市治理、新城发展、宜居宜业、风貌保护、创新引领等方面的探索，了解回答中国之问、世界之问、人民之问、时代之问的上海智慧和上海方案，思考习近平新时代中国特色社会主义思想的理论品格。

运用建议

1. 观看视频。教师将以上视频资料课前提供给学生，学生选择自己感兴趣的2～3个视频观看，并思考其如何体现了上海回答中国之问、世界之问、人民之问、时代之问的智慧和方案，将思考内容填入任务单6。

表3.8　任务单6

任务	从"大家聊巨变"感悟回答中国之问、世界之问、人民之问、时代之问的上海智慧和上海方案		
班级		姓名	
观看的视频	回答中国之问、世界之问、人民之问、时代之问的上海智慧和上海方案		

2. 分享交流。教师组织学生在课中分享交流观看视频的心得体会，引导学生理解习近平新时代中国特色社会主义思想开辟了马克思主义中国化时代化新境界。

中国特色社会主义经济建设

第**4**课

社会主义基本经济制度

📍 教学资源导航图

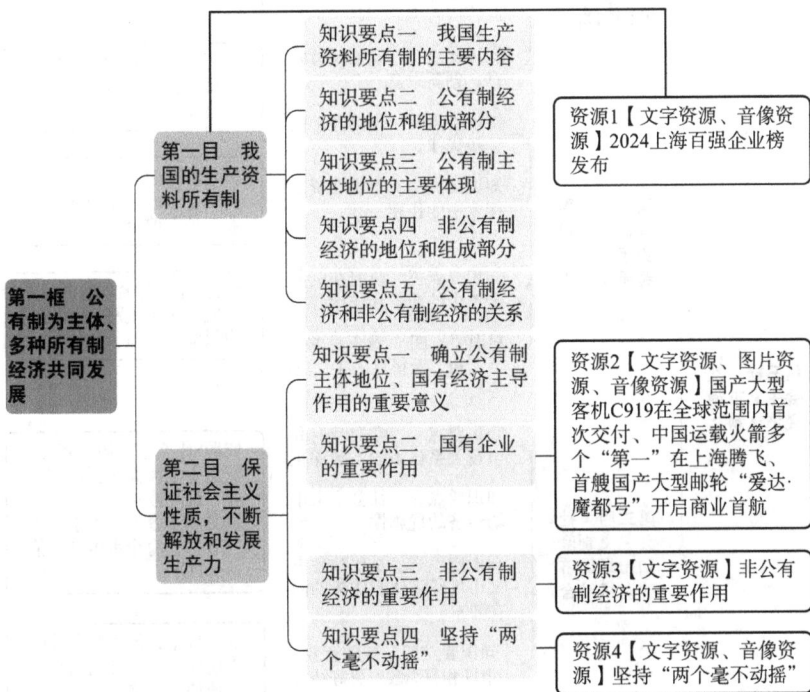

```
                          ┌─ 知识要点一  我国生产
                          │   资料所有制的主要内容
                          │
                          ├─ 知识要点二  公有制经
                          │   济的地位和组成部分      ┌────────────────────┐
           第一目  我      │                         │ 资源1【文字资源、音像资 │
           国的生产资 ─────┼─ 知识要点三  公有制主    │ 源】2024上海百强企业榜 │
           料所有制       │   体地位的主要体现        │ 发布                │
                          │                         └────────────────────┘
                          ├─ 知识要点四  非公有制
  第一框  公              │   经济的地位和组成部分
  有制为主体、 ───────────┤
  多种所有制              └─ 知识要点五  公有制经
  经济共同发                 济和非公有制经济的关系
  展
                          ┌─ 知识要点一  确立公有制   ┌────────────────────┐
                          │   主体地位、国有经济主导   │ 资源2【文字资源、图片资 │
                          │   作用的重要意义          │ 源、音像资源】国产大型 │
                          │                         │ 客机C919在全球范围内首 │
           第二目  保      ├─ 知识要点二  国有企业    │ 次交付、中国运载火箭多 │
           证社会主义 ─────┤   的重要作用            │ 个"第一"在上海腾飞、 │
           性质，不断       │                         │ 首艘国产大型邮轮"爱达·│
           解放和发展       │                         │ 魔都号"开启商业首航   │
           生产力          │                         └────────────────────┘
                          ├─ 知识要点三  非公有制    ┌────────────────────┐
                          │   经济的重要作用          │ 资源3【文字资源】非公有 │
                          │                         │ 制经济的重要作用       │
                          │                         └────────────────────┘
                          └─ 知识要点四  坚持"两    ┌────────────────────┐
                              个毫不动摇"            │ 资源4【文字资源、音像资 │
                                                   │ 源】坚持"两个毫不动摇" │
                                                   └────────────────────┘
```

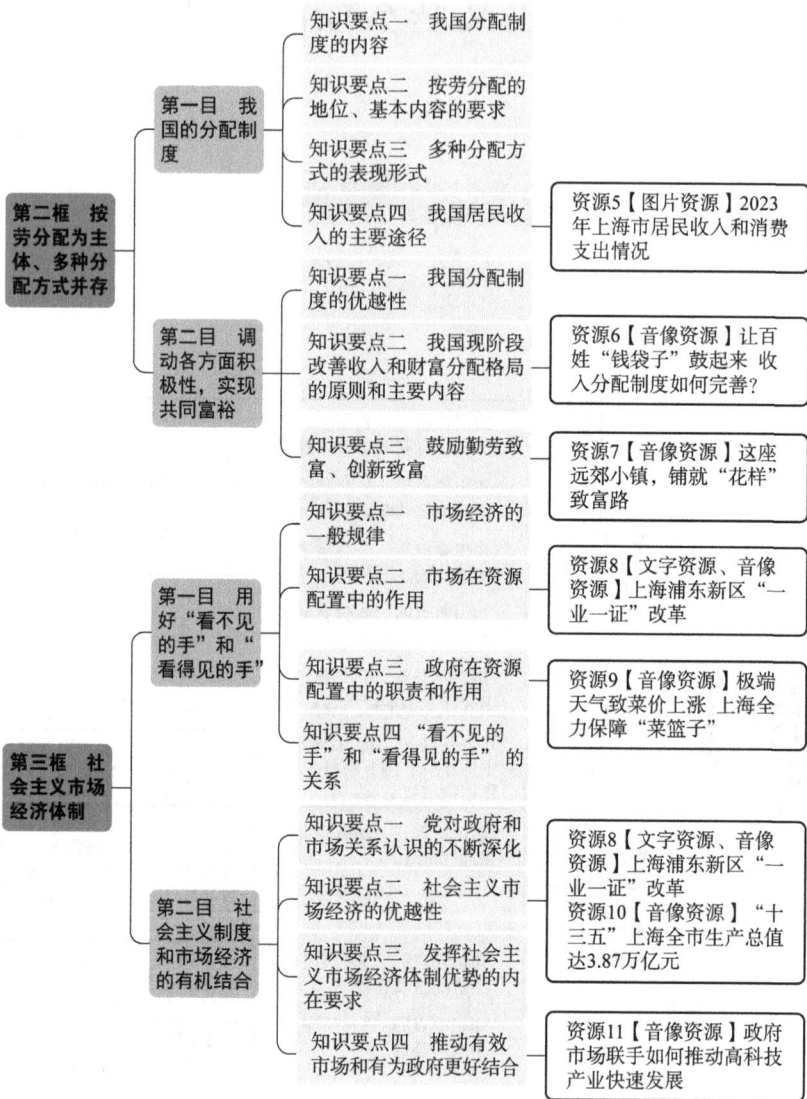

上海本土教学资源及运用建议

第一框　公有制为主体、多种所有制经济共同发展

第一目　我国的生产资料所有制

▶ 资源❶ 【文字资源、音像资源】2024 上海百强企业榜发布

资源 1.1　【文字资源】20 年间营收增加 7 倍,2024 上海百强企业榜单发布

2024 年 9 月 3 日,上海市企业联合会、上海市企业家协会、上海市经济团体联合会和解放日报社联合召开了 2024 上海百强企业新闻发布会,并发布了 2024 上海企业 100 强等 8 个百强榜单。系列榜单以企业营业收入为排名标准,展现上海头部企业的经营规模变化。

主办方在会上表示,在 2023 年多重影响因素叠加的复杂局面下,上海百强企业仍然实现了经营规模扩张来之不易。同时,新兴产业和民营企业都呈现出较快增长态势,成为拉动上海百强企业经营指标增长的重要动力。

(作者:吴丹璐)

表 4.1　2024 上海企业 100 强前 15 强

排名	企业名称	2023 年营业收入（万元）	企业所在地	企业简介
1	中国宝武钢铁集团有限公司	111 297 172	浦东	中国宝武钢铁集团有限公司(简称"中国宝武"或"宝武")是中央直接管理的国有重要骨干企业,总部位于上海。2020 年,中国宝武被国务院国资委纳入中央企业创建世界一流示范企业;2022 年,获批成为国有资本投资公司并启动新型低碳冶金现代产业链"链长"建设工作。2023 年,中国宝武资产规模达 1.36 万亿元,实现钢产量 1.3 亿吨、营业总收入 1.11 万亿元。中国宝武在 2024 年公布的《财富》世界 500 强排行榜位列第 44,继续位居全球钢铁企业首位。官网:https://www.baowugroup.com/home

（续表）

排名	企业名称	2023 年营业收入（万元）	企业所在地	企业简介
2	上海汽车集团股份有限公司	74 470 513	静安	上海汽车集团股份有限公司（简称"上汽集团"）是国内规模领先的汽车上市公司，2023 年上汽集团实现整车销售 502 万辆，连续 18 年保持全国第一。新能源汽车全年销售 112.3 万辆，海外销量达 120.8 万辆，在 2022 年率先站上"双百万辆"台阶后，再创历史新高。2024 年 8 月，上汽集团以 2023 年度合并报表 1 052 亿美元的营业收入名列《财富》世界 500 强第 93 位，在此次上榜的中国汽车企业中继续领跑。官网：https://www.saicmotor.com
3	交通银行股份有限公司	51 032 900	浦东	交通银行始建于 1908 年，是中国历史最悠久的银行之一。1987 年 4 月 1 日，该行重新组建后正式对外营业，成为中国第一家全国性国有股份制商业银行，总部设在上海。2005 年 6 月在香港联交所挂牌上市，2007 年 5 月在上交所挂牌上市，2023 年入选全球系统重要性银行。按一级资本排名，交通银行居全球银行第 9 位。官网：http://www.bankcomm.com/BankCommSite/default.shtml
4	中国建筑第八工程局有限公司	50 124 669	浦东	中国建筑第八工程局有限公司始建于 1952 年，企业发展经历了兵改工、工改兵的过程。1983 年 9 月，由基建工程兵 00229 部队集体整编为中国建筑第八工程局，总部设于山东省济南市。1998 年 9 月，为响应国家加快浦东开发的号召，局总部由山东济南迁至上海浦东。企业现有员工 5 万余人，下设六大分局、26 家二级公司。主要经济技术指标名列中建排头。官网：https://8bur.cscec.com
5	上海万科企业有限公司	42 974 579	闵行	上海万科企业有限公司成立于 1996 年 12 月 31 日，公司经营范围包括房地产开发经营、商品房销售、物业管理、非等级甲类建筑装潢施工、建材经销、建筑技术、建筑材料的研究开发等。

(续表)

排名	企业名称	2023 年营业收入（万元）	企业所在地	企业简介
6	中国远洋海运集团有限公司	38 178 011	浦东	中国远洋海运集团有限公司由中国远洋运输(集团)总公司与中国海运(集团)总公司重组而成，总部设在上海，是中央直接管理的特大型国有企业。截至 2024 年 12 月 31 日，中国远洋海运集团经营船队综合运力 1.3 亿载重吨/1 535 艘，排名世界第一。其中，集装箱船队规模 338.8 万 TEU/542 艘，居世界前列；干散货船队运力 4 982.6 万载重吨/468 艘，油、气船队运力 3 280 万载重吨/251 艘，杂货特种船队 788.3 万载重吨/207 艘，均居世界第一。官网：https://www.coscoshipping.com
7	绿地控股集团股份有限公司	36 024 502	黄浦	绿地控股集团有限公司是一家全球经营的特大型企业集团，创立于 1992 年 7 月 18 日，总部设立于中国上海，在中国 A 股整体上市(600606)，并控股多家香港上市公司。官网：https://www.ldjt.com.cn
8	上海浦东发展银行股份有限公司	36 017 900	黄浦	上海浦东发展银行股份有限公司是 1992 年 8 月 28 日经中国人民银行批准筹建、1993 年 1 月 9 日开业、1999 年在上海证券交易所挂牌上市(600000)的全国性股份制商业银行，总行设在上海。官网：https://www.spdb.com.cn
9	中国太平洋保险(集团)股份有限公司	32 394 541	浦东	中国太平洋保险(集团)股份有限公司是在 1991 年 5 月 13 日成立的中国太平洋保险公司基础上组建而成的保险集团公司，是国内领先的综合性保险集团，并在上海、香港、伦敦三地上市。控股情况显示，香港中央结算(代理人)有限公司持有该公司 28.82%的股份。官网：http://www.cpic.com.cn
10	苏商建设集团有限公司	32 044 451	浦东	苏商建设集团有限公司是严介和先生在上海创办的国际大型基建集团公司，拥有国家公路、市政、水利、建筑等多个总承包一级资质及若干专业承包一级资质、特级资质，是中国领先的技术型、创新型、智慧型基建企业。2024 年，集团位列世界 500 强第 340 位。官网：http://www.ss-ceo.com/index.shtml

（续表）

排名	企业名称	2023年营业收入（万元）	企业所在地	企业简介
11	上海建工集团股份有限公司	30 462 765	浦东	上海建工是上海国资中较早实现整体上市的企业。前身为创立于1953年的上海市人民政府建筑工程局，秉承人民军队的"执行力"基因、近代建筑营造商的"诚信"基因，以及上海郊县匠人的"工匠"基因。1994年整体改制为以上海建工（集团）总公司为资产母公司的集团型企业。1998年发起设立上海建工股份有限公司，并在上海证券交易所挂牌上市。2010年和2011年，经过两轮资产重组完成整体上市。 官网：https://www.scg.com.cn/portal/index/index.htm
12	美团公司	27 674 495	杨浦	美团是一家科技零售公司，以"零售＋科技"的战略践行"帮大家吃得更好，生活更好"的公司使命。自2010年3月成立以来，美团持续推动服务零售和商品零售在需求侧和供给侧的数字化升级，和广大合作伙伴一起努力为消费者提供品质服务。2018年9月20日，美团在港交所挂牌上市。 官网：http://www.meituan.com
13	上海医药集团股份有限公司	26 029 509	黄浦	上海医药集团股份有限公司是沪港两地上市的大型医药产业集团。公司注册资本37.03亿元，主营业务覆盖医药工业与商业，2023年营业收入达2603亿元，位列《财富》世界500强与全球制药企业50强，综合实力位列中国医药企业第二，入选上证180指数、沪深300指数成分股、摩根士丹利中国指数。 官网：https://www.sphchina.com/index
14	益海嘉里金龙鱼食品集团股份有限公司	25 152 374	浦东	益海嘉里金龙鱼食品集团股份有限公司是中国重要的农产品和食品加工企业，创始人为著名爱国华侨郭鹤年先生和他的侄子郭孔丰先生。截至目前，益海嘉里拥有员工超3万人，在全国拥有80个已投产生产基地、100多家生产型企业，并新建多个生产基地，主要涉足油籽压榨、食用油精炼、专用油脂、油脂科技、水稻循环经济、玉米深加工、小麦深加工、大豆深加工、食品原辅料、中央厨房、粮油科技研发等产业。 官网：https://www.yihaikerry.net.cn

（续表）

排名	企业名称	2023年营业收入（万元）	企业所在地	企业简介
15	拼多多控股公司	24 763 921	长宁	拼多多创立于2015年4月,是上海本土成长的互联网民营企业。生于移动年代,拼多多以农产品零售平台起家,深耕农业,开创了以"拼"为特色的农产品零售新模式,逐步发展成为以农副产品为鲜明特色的全品类综合性电商平台,是全球具备规模的纯移动电商平台。官网:https://www.pinduoduo.com

（来源:上观新闻|20年间营收增加7倍,2024上海百强企业榜单发布 2024-09-04【摘取部分】、各公司官网）

资源1.2 【音像资源】2024上海百强企业榜发布

音像资源网址:

https://haokan.baidu.com/v? pd=wisenatural&vid=7852129364058175896

（来源:东方卫视　看东方|2024上海百强企业榜发布 2024-09-04）

（建议用于第一框　第一目"我国的生产资料所有制"的教学）

培育核心素养

政治认同:通过调研2024年上海市百强企业排名前15位的企业,了解我国生产资料所有制的主要内容,理解公有制经济和非公有制经济的地位、主要形式及其关系,理解公有制主体地位的主要表现,感悟我国生产资料所有制的优越性。

运用建议

1. 课前调研,课中探讨。课前将视频作为预习资源提供给学生,安排学生结合视频,通过查阅公司官网及相关新闻报道、实地调研等形式,分组整理百强企业中排名前15位的企业类型、经济所有制形式,以及企业在推动当地经济发展和保障就业方面的作用(教师可指定各小组具体调研哪些企业),并完成任务单1。

表4.2　任务单1

任务	2024上海百强企业排名前15位企业的经济所有制形式		
小组		组员	
调研企业名称	企业所属经济所有制形式	判断依据	企业发挥的作用

2. 温故知新,夯实基础。引导学生复习旧知,回顾初中所学知识,回答问题:我国的生产资料所有制是什么?

3. 交流总结,加深理解。教师组织学生对2024上海百强企业排名前15位企业的性质进行分类,判断其生产资料所有制形式,引导学生了解我国生产资料所有制的特点,认识到公有制经济和非公有制经济之间相辅相成、相得益彰的关系。

第一框　公有制为主体、多种所有制经济共同发展

第二目　保证社会主义性质,不断解放和发展生产力

⊙ 资源❷ 【文字资源、图片资源、音像资源】国产大型客机 C919 在全球范围内首次交付、中国运载火箭多个"第一"在上海腾飞、首艘国产大型邮轮"爱达·魔都号"开启商业首航

2022年9月30日,习近平总书记在北京人民大会堂会见了C919大型客机项目团队代表。

C919大型客机是我国首次按照国际通行适航标准自行研制、具有自主知识产权的喷气式干线客机,于2007年立项,2017年首飞。2022年9月完成全部适航审定工作后获中国民用航空局颁发的型号合格证,12月9日,C919首

架飞机交付航司。

2023 年 5 月 28 日, C919 完成首次商业飞行, 首发用户为中国东方航空。2024 年 2 月 17 日, 全球首架 C919 大型客机从上海起飞参加第九届新加坡国际航空航天与防务展。截至 2 月 29 日, C919 大型客机订单(量)达 1 201 架, 中国东航为 C919 大型客机的全球最大用户。东航已接收并运营 5 架 C919, 开通 3 条国内商业航线。东航 C919 机队累计商业飞行时间超 3 272 小时, 执行商业航班 1 131 班, 承运旅客超 14.5 万人次。

2024 年 5 月 28 日, C919 商运一周年, 累计安全运行超 6 000 小时, 东航第六架 C919 客机正式入列。6 月 1 日, 东航使用 C919 大飞机执飞香港—上海商业包机航班, 这是 C919 首次中国内地以外商业飞行。

资源 2.1　【音像资源】国产大型客机 C919 在全球范围内首次交付　中国大飞机梦想成为现实

音像资源网址：

https://tv.cctv.com/2022/12/09/VIDEOXa0Fz3PMzQuaSmKng00221209.shtml

(来源：CCTV13 朝闻天下|国产大型客机 C919 在全球范围内首次交付　中国大飞机　梦想成为现实 2022 - 12 - 09)

资源 2.2　【音像资源】国产大飞机　对我们来说意味着什么

音像资源网址：

https://news.cctv.com/2022/10/03/VIDEfTeiL73cLokgyFde2Xae221003.shtml

(来源：中央广播电视总台央视新闻　时政微解读|国产大飞机　对我们来说意味着什么 2022 - 10 - 03)

资源 2.3　【文字资源、图片资源】中国运载火箭多个"第一"在上海腾飞

在上海, 有这样一群具有科学精神和科学思想的航天人, 通过自行研制、自主创新, 开拓出了我国早期的飞天路; 从雏形航天器探空火箭的发射到风暴一号升空, 从备份箭到双"金牌"主力型号的诞生, 再到新一代运载火箭"一箭二十星"创中国纪录, 一代代航天人创造出引领时代的一代代运载火箭, 一个个"中国第一"在这里诞生。上海航天已经成为我国运载火箭研制不可或缺的重要基地。

> 文字、图片资源网址:
>
> https://sheitc.sh.gov.cn/dsxxjyzl/20211022/2904c81616f540c2ba36c
> be7716fc2dc.html

(来源:上海市经济和信息化委员会官网　红色故事|以史为鉴、开创未来——中国运载火箭多个"第一"在上海腾飞 2021-10-22)

资源 2.4　【音像资源】出海！首艘国产大型邮轮"爱达·魔都号"开启商业首航

> 音像资源网址:
>
> https://tv.cctv.com/2024/01/02/VIDEacmtGZDE8naHcWqPGMJw
> 240102.shtml

(来源:CCTV2 正点财经|出海！首艘国产大型邮轮"爱达·魔都号"开启商业首航2024-01-02)

(建议用于第一框　第二目　知识要点二"国有企业的重要作用"的教学)

培育核心素养

政治认同:通过展示我国经济社会发展中一些重大项目的建设成就,探讨这些工作主要由哪类性质企业完成,进而感悟现阶段我国国有企业的地位和作用。

运用建议

1. 课前了解,引发兴趣。课前组织学生分组介绍 C919 大型客机、长征六号甲运载火箭、国产首艘大型邮轮"爱达·魔都号"等重大项目建设背后的故事。教师可引导学生从人力、物力、财力的投入,遇到的困难、取得的重大突破和意义等角度进行介绍,使学生获得真实且感性的认识,增强自豪感,激发爱国热情。

2. 创设情境,加深感悟。课上教师可以展示与这些重大项目相关的视频或者文字资料,创设探讨情境,引导学生回答问题:这些重大项目从投入的人力、物力、财力和对国家的作用来看有何共同点? 投资这些重大项目的主体是什么性质的企业? 引导学生进一步明确在关系到国民经济命脉的重要行业和关键领域,国有经济必须占支配地位,为理解国有企业的地位和作用做好铺垫。让学生切实感受到我国生产资料所有制的优越性。

> **资源3**　【文字资源】非公有制经济的重要作用

资源3.1　【文字资源】总书记提及的这扇"窗",越开越大

一款机器人,四肢修长、敏捷避障、上下坡稳健……今年 3 月 4 日,这款中国团队自主创新的通用人形机器人 GR-1 在沙特阿拉伯首都利雅得亮相素有"数字达沃斯"之称的全球科技盛会 LEAP 2024 科技展,吸引了众多参会者的围观和咨询。

2023 年 11 月 28 日,习近平总书记在上海考察调研时,曾端详这款拥有高度仿生的躯干构型和拟人化的运动控制的人形机器人。

机器人诞生自扎根浦东的民营企业——上海傅利叶智能科技有限公司。2015 年创业之初,该公司仅有 2 人,随着样品、产品一件件出炉,团队逐渐扩展,陆续推出了上肢康复机器人、下肢外骨骼机器人等 30 多款产品。现在公司已经有 600 余名员工,产品出口全球 40 多个国家和地区。

从浦东走向世界的企业还有很多。这片曾经的"烂泥渡",如今已崛起为中国改革开放的一扇重要"窗口"。

> 文字资源网址:
> https://baijiahao. baidu. com/s? id = 18065135618839655456&wfr = spider&for=pc

(记者:马作鹏　肖聪聪)

(来源:人民网|总书记提及的这扇"窗",越开越大 2024-08-05)

资源3.2　【文字资源】大上海,为民营经济高质量发展提供大舞台

从散发着烟火气的街边小店,到产业链供应链上的关键一环;从高新技术、专精特新企业百舸争流,到生物医药、集成电路等三大先导产业成果涌现,民营经济在上海一直是举足轻重的存在。今年以来,上海先后召开民营经济高质量发展大会,出台促进民间投资 20 条,支持民营企业成为体现上海经济活力、创

新能力的"骨干力量"。

在 2023 年的经济复苏中，民营经济的表现备受瞩目。作为中国经济中心，民营经济在上海高质量发展中发挥着不可或缺的作用。统计数据显示，2023 年上半年，上海民营经济实现进出口总额 6 409.79 亿元，同比增长 20.7%，高于全市平均 9.3 个百分点；民营规模以上服务业实现营业收入 9 992.69 亿元，同比增长 6.1%，高于全市平均 2.7 个百分点；上半年在沪注册登记的新设民营市场主体 24.98 万户，同比增长 90.9%，占全市新设市场主体比重达 95.7%。

文字资源网址：

http://sh. xinhuanet. com/20230925/eaf0518990bf43609d81f77ee0e06838/c. html

（责任编辑：许超）

（来源：新华网｜大上海，为民营经济高质量发展提供大舞台 2023-09-25）

（建议用于第一框　第二目　知识要点三"非公有制经济的重要作用"的教学）

培育核心素养

政治认同：通过查阅总书记在上海看到的人形机器人制造公司上海傅利叶智能科技有限公司的成长历程和上海为民营经济高质量发展提供舞台的相关新闻报道，了解民营经济是非公有制经济的主要经济组织形式，明白非公有制经济的重要作用。

运用建议

1. 结合案例，理论联系实际。总书记在上海看到的人形机器人由上海傅利叶智能科技有限公司研制，学生调研或教师展示该公司在经济发展、改善民生方面所作的贡献及其成长历程，帮助学生正确理解民营经济的重要作用。

2. 学生结合以上资料，填写任务单 2。

表 4.3　任务单 2

任务	填写上海民营企业 2022 年成绩单		
班级		姓名	
维度		金额	占全市比重
2022 年民营经济增加值			
2022 年民营企业纳税			
2022 年上海新认定的高新技术企业中民营企业占比		—	
2022 年上海新认定的专精特新企业和专精特新"小巨人"企业中民营企业占比		—	
主要应用领域			

3. 结合资料分小组讨论上海民营经济发展呈现的特点有哪些。

4. 呈现数据，以事实佐证观点。教师可查询并展示近年来民营经济发展的相关数据，以真实数据展现民营经济的重要作用，进而引导学生明白非公有制经济的重要作用。

▷ 资源 4 【文字资源、音像资源】坚持"两个毫不动摇"

资源 4.1 【音像资源】上海　发布 20 条新政　大力支持民营经济和民间投资发展

上海市政府在 2023 年 5 月 30 日发布 20 条政策措施进一步加大力度支持民间投资发展。新政策主要包括落实统一的市场准入制度、支持民间投资参与重大项目、优化民间投资环境、为民间投资项目减环节减时间和提效率、降低企业用地成本、落实税费优惠政策、引导民间投资高质量发展等内容。

音像资源网址：

https://tv.cctv.com/2023/05/31/VIDEHUFD54x22nobRjk9hJcJ230531.shtml

（来源：CCTV13 朝闻天下｜上海　发布 20 条新政　大力支持民营经济和民间投资发展 2023 - 05 - 31）

资源 4.2 【文字资源】上海市国民经济和社会发展第十四个五年规划和二〇三五年远景目标纲要

十六、全面深化改革,充分激活高质量发展动力

坚持社会主义市场经济体制改革方向,使市场在资源配置中起决定性作用,更好发挥政府作用,加快建成高标准市场体系,健全公平竞争制度,提升政府治理能力现代化水平,加强重大制度创新的充分联动和衔接配套,营造长期稳定可预期制度环境。

16.2 激发市场主体创新创业活力

毫不动摇巩固和发展公有制经济,毫不动摇鼓励、支持引导非公有制经济发展,促进国有企业与各类所有制企业相互融合、协同发展,营造各类主体平等使用资源要素、公开公平公正参与竞争、同等受到法律保护的市场环境,持续建设稳定的政策环境、高效的融资环境,加快建设世界一流企业。

16.2.1 推进国资国企改革纵深发展。坚持有进有退、有所为有所不为,以市场化、专业化、国际化为导向,深化国有资本战略性结构布局,进一步盘活国有资产存量,深化混合所有制改革,切实增强国有经济竞争力、创新力、抗风险能力。加强国有资本对创新体系建设投入布局,加快形成市场主体融通、全链条集成的创新链协同体系。加大以公众公司为主的混改推进力度,推动竞争类企业全部实现整体上市或核心业务资产上市,功能类和公共服务类企业加快符合条件的竞争性业务上市发展。以搞活国有企业运行机制为导向,更大力度引入社会资本,深化国有企业股权多元化,通过股权投资、资产证券化和员工持股等方式,加快建立市场化的经营机制。加快完善国有企业现代企业治理结构,增强外部股东、合资者、合作者及独立董事对公司的制约和监督。全面落实董事会行使重大决策、选人用人、考核评价、薪酬评价等职权。深化国有企业领导人员薪酬制度改革,扩大员工持股试点范围,探索国有金融上市公司股权激励试点。健全管资本为主的国资监管体制,建立健全国资国企监事会制度,深化"国资委负责国有资产监管+平台负责国有资本投资运营+国有企业依法自主经营"的国资监管体制。强化分类监管,根据企业不同类别分类定责、分类授权、分类考核。落实授权经营,改革国有资本授权经营体制,进一步明确出资监管职责边界。鼓励支持中央企业改革发展,支持央企在沪设立第二总部或设立国际业务总部。

16.2.2 大力支持民营经济发展壮大。推进相关政策由差异化、选择性向普惠化、功能性转变,打破制约民营经济发展的各类障碍和隐性壁垒,完善中小企业发展的政策体系,营造公平竞争环境。全面放开民间投资领域,支持民间资本进入法律法规未明确禁止的领域,更多参与政府主导的基础设施、公用事业、科技创新等重大项目建设和运营。鼓励民营资本参与国有企业混合所有制改革,通过多种方式参与国有企业重大投资项目、成果转化项目和资产整合项目,加强国有企业对民营企业发展带动作用和重要影响力。大力培育更多龙头企业和骨干企业,积极开展民企总部认定和骨干企业激励政策。促进中小微企业专业化、精细化、特色化发展,进一步吸引集聚和扶持各类中小微民营企业。加大对优秀民营企业家、民企优秀技能人才的培育和引进力度,积极培育新生代企业家。完善精准有效的政策供给,积极发展政府支持的融资担保机构。

（来源:上海市国民经济和社会发展第十四个五年规划和二〇三五年远景目标纲要|2021年1月27日上海市第十五届人民代表大会第五次会议批准【摘取部分】）

（建议用于第一框 第二目 知识要点四"坚持'两个毫不动摇'"的教学）

培育核心素养

政治认同:通过观看视频、查阅相关资料,认识到公有制经济和非公有制经济都是社会主义市场经济的重要组成部分,理解并感悟坚持"两个毫不动摇"的措施促进了我国经济的发展,从而树立对中国特色社会主义制度的制度自信、理论自信。

运用建议

1. 在学生已经掌握了国有企业和民营企业重要作用的基础上,引导学生得出结论——公有制经济和非公有制经济都是社会主义市场经济的重要组成部分,引出要坚持"两个毫不动摇"。

2. 请学生阅读相关资料,谈谈在巩固和发展公有制经济,在鼓励、支持、引导非公有制经济方面,上海市政府的哪些措施写进了上海市"十四五"规划。使学生理解并感悟坚持"两个毫不动摇"的措施促进了上海经济的发展。

第二框　按劳分配为主体、多种分配方式并存

第一目　我国的分配制度

⊙ 资源❺【图片资源】2023年上海市居民收入和消费支出情况

> 图片资源网址：
>
> https://www.thepaper.cn/newsDetail_forward_26181251

（责任编辑：郑浩）

（来源：浦江头条|2023年上海市居民收入和消费支出情况 2024-01-29）

（建议用于第二框　第一目　知识要点四"我国居民收入的主要途径"的教学）

培育核心素养

政治认同：通过查看图片，了解我国居民收入的主要途径，感悟我国的多种分配方式，认同我国的分配制度。

运用建议

课中向学生展示一组图片，介绍上海2023年居民收入情况，了解其他收入途径的具体收入金额，通过数字、图表，使学生了解各种收入途径，增加学生对居民收入来源的了解。

第二框　按劳分配为主体、多种分配方式并存

第二目　调动各方面积极性，实现共同富裕

⊙ 资源❻【音像资源】让百姓"钱袋子"鼓起来　收入分配制度如何完善？

2023年两会前期的一项社会调查显示，居民收入是大家最为关心的经济

议题之一,随着经济的高速发展,如何深化收入分配制度改革、优化收入分配格局也备受关注。

> 音像资源网址:
>
> https://haokan.baidu.com/v?pd=wisenatural&vid=15082954547459306931

（来源:东方卫视 两会议政录|让百姓"钱袋子"鼓起来 收入分配制度如何完善? 2023-03-06）

（建议用于第二框 第二目 知识要点二"我国现阶段改善收入和财富分配格局的原则和主要内容"的教学）

培育核心素养

政治认同:通过观看视频,了解改善收入和财富分配格局的方式,从而认同我国的分配制度。

运用建议

播放视频,请学生总结视频中的专家提到了哪些建议,从而了解为改善收入和财富分配格局,国家都采取了哪些措施,感受我国分配制度的优越性。完成任务单3。

表4.4 任务单3

任务	让百姓"钱袋子"鼓起来 收入分配制度如何完善?		
班级		姓名	
措施1			
措施2			
措施3			

◎ 资源⑦ 【音像资源】这座远郊小镇,铺就"花样"致富路

俗话说,千年难长黄杨木,百年难遇天然枝。种黄杨树,是一项细致活,更是一项耐心活。正如我们新时代的乡村振兴,也是一项久久为功的系统工程。上海市崇明区港沿镇用自己的劳动铺就了"花样"致富路。

音像资源网址：

http://www.sh.news.cn/20231106/c0d888fadea9424dac1dbae9c8e28387/c.html

（记者：张梦洁　史依灵）

（来源：新华网　解码街镇│这座远郊小镇，铺就"花样"致富路 2023 - 11 - 06）

（建议用于第二框　第二目　知识要点三"鼓励勤劳致富、创新致富"的教学）

培育核心素养

政治认同：通过观看视频案例，认同勤劳致富、创新致富的道路，弘扬劳动精神，树立通过辛勤劳动、诚实劳动和创造性劳动致富的观念。

职业精神：通过结合专业思考自身如何勤劳致富、创新致富，认同所学专业，并寻找自身的专业发展方向。

运用建议

1. 播放视频，提出问题。崇明区港沿镇是如何开展致富路的？收获如何？为了提高收入，村民们还做了哪些努力？引导学生树立正确的劳动观。

2. 基于专业，如何致富。结合视频中崇明区港沿镇的做法，思考如何从自己所学的专业出发，勤劳致富、创新致富。

第三框　社会主义市场经济体制

第一目　用好"看不见的手"和"看得见的手"

▶ **资源 8**【文字资源、音像资源】上海浦东新区"一业一证"改革

资源8.1【文字资源】如何理解使市场在资源配置中起决定性作用，更好发挥政府作用？

95∶5！这是 2019 年 7 月上海浦东新区启动"一业一证"改革带来的最直观的对比。过去开一家便利店，要填 9 张表、办 5 个证，办理时限达 95 个工作日，而今只需 1 张表、1 个证，5 个工作日就能搞定。"一业一证"改革，推动审批

管理服务从"以政府部门供给为中心"向"以市场主体需求为中心"转变,大幅降低行业准入成本,有效激发市场活力。这是我们党推进市场经济体制改革,自觉管好"看得见的手"、处理好与"看不见的手"关系的生动见证。习近平总书记指出,坚持社会主义市场经济改革方向,核心问题是处理好政府和市场的关系,使市场在资源配置中起决定性作用,更好发挥政府作用,这是我们党在理论和实践上的又一重大推进。

(来源:共产党员网　学习问答|52.如何理解使市场在资源配置中起决定性作用,更好发挥政府作用? 2021 - 08 - 23【摘取部分】)

资源 8.2 【音像资源】首部浦东法规聚焦"一业一证"改革　助力提升营商环境

《上海市浦东新区深化"一业一证"改革规定》是首部以浦东新区命名的法规,他是我国立法体系中全新的成员,在上海的地方立法史上、在浦东的改革发展史上都具有重要的里程碑意义。这部开创先河的浦东新区法规 001 号为何聚焦"一业一证"改革,又是如何助力改革深化的呢?

> 音像资源网址:
>
> https://haokan. baidu. com/v? pd=wisenatural&vid=9361708867855064020

(来源:浦东电视台　浦东新闻|首部浦东法规聚焦"一业一证"改革　助力提升营商环境 2022 - 09 - 06)

(建议用于第三框　第一目　知识要点二"市场在资源配置中的作用"和第二目知识要点二"社会主义市场经济的优越性"的教学)

培育核心素养

政治认同:通过阅读学习问答、观看视频,从浦东新区启动"一业一证"改革带来的最直观的对比,感悟在社会主义市场经济中,市场在资源配置中的作用。认识到党在推进市场经济体制改革中的努力,进而感悟社会主义市场经济体制的优越性,认同社会主义市场经济体制。

运用建议

1. 课前将材料分发给学生,让学生结合资料,查阅浦东"一业一证"故事相关新闻,了解其实施背景、实施成效及受益者心声。

2. 课中让三位学生代表分别从浦东"一业一证"故事实施背景、实施成效及受益者心声三个方面介绍调研情况,引导学生认识到上海浦东新区在市场准入领域实行"多张证"变"一张证",优化营商环境、激发市场活力的制度创新,感悟市场在资源配置中的作用。

3. 以浦东新区"一业一证"改革的案例作为讨论情境,引导学生探讨政府和市场在其中发挥的作用,认识两者的关系,从而感悟社会主义市场经济体制的优越性,认同社会主义市场经济体制。

> 资源⑨ 【音像资源】极端天气致菜价上涨 上海全力保障"菜篮子"

一些市民反映,近期上海的蔬菜价格涨幅较大。记者走访市场和田间了解到,全国多地迎来高温和强降雨,影响了蔬菜的产量。当前上海正在着手积极调运外省市产地叶菜进场的同时,抓紧本地菜的采摘和补种,最大限度保障蔬菜量升价稳。

音像资源网址:

https://haokan.baidu.com/v? pd=wisenatural&vid=1805454018019
9237918

(来源:东方卫视 看东方|极端天气致菜价上涨 上海全力保障"菜篮子"2024 - 08 - 15)

(建议用于第三框 第一目 知识要点三"政府在资源配置中的职责和作用"的教学)

培育核心素养

政治认同:通过探究,知道市场调节不是万能的,认同社会主义市场经济既要发挥市场的作用,也要发挥政府的作用。

运用建议

组织学生观看视频,结合暑期买菜的体会,谈谈政府如何切实维护广大消费者和经营者的合法权益,从而引导学生感悟政府在资源配置中的职责和作用。

第三框　社会主义市场经济体制

第二目　社会主义制度和市场经济的有机结合

▶ **资源⑩** 【音像资源】"十三五"上海全市生产总值达3.87万亿元

音像资源网址：

https://baijiahao.baidu.com/s? id＝1689731888362459107&wfr＝spider&for＝pc

（来源：看看新闻Knews|"十三五"上海全市生产总值达3.87万亿元2021－01－24）

（建议用于第三框　第二目　知识要点二"社会主义市场经济的优越性"的教学）

培育核心素养

政治认同:通过了解"十三五"上海全市生产总值等相关数据,感悟社会主义市场经济的优越性。

运用建议

1. 查询史料,记录建设足迹。课前,请学生查阅上海市"十三五"规划的时代背景、重要任务及重大成就,完成任务单4。

表4.5　任务单4

任务	查阅上海市"十三五"规划的时代背景、重要任务及重大成就		
班级		姓名	
时代背景			
重要任务			
重大成就			

2. 分享交流,感悟优越性。组织学生通过演示文稿、微视频、图片展览等多种方式,分享自己收集到的资料,说说自己对社会主义制度优越性的认识。

3. 总结讲解,提出议题。教师总结数据,引导学生思考:我国为什么编制发展规划,导出本知识点教学内容。引导学生感悟社会主义市场经济制度的优越性。

> **资源⑪** 【音像资源】政府市场联手如何推动高科技产业快速发展

音像资源网址:

https://v.qq.com/x/cover/mzc0020093117v7/s00311j5kp2.html?
ptag=11976

(来源:东方卫视 这就是中国|市场原教旨主义行不通(节选)2019-08-19)
(建议用于第三框 第二目 知识要点四"推动有效市场和有为政府更好结合"的
教学)

培育核心素养

政治认同:通过观看视频了解政府与市场联手推动高科技产业快速发展的
做法,领悟有效市场和有为政府更好结合是构建高水平社会主义市场经济体制
的内在要求,认同社会主义市场经济体制。

运用建议

课上播放视频,学生学习感悟。课堂播放《这就是中国》节目的视频节选,
引导学生结合视频中上海卫星工程研究所工作人员与张维为等专家的对话,理
解构建高水平社会主义市场经济体制需要让有效市场和有为政府更好结合。

第**5**课

推动高质量发展

教学资源导航图

```
第一框 建设社会主义现代化国家的战略导向
├── 第一目 立足新发展阶段
│    ├── 知识要点一 判断发展阶段的意义
│    ├── 知识要点二 我国进入新发展阶段的标志 ──┐
│    └── 知识要点三 新发展阶段的内涵和重要意义   │ 资源1【音像资源】中国（上海）自由贸易试验区临港新片区
├── 第二目 贯彻新发展理念
│    ├── 知识要点一 发展理念的重要性 ── 资源2【音像资源、实物资源】中国宝武钢铁集团有限公司
│    ├── 知识要点二 新发展理念的主要内涵、重要意义和内在逻辑 ── 资源2【音像资源、实物资源】中国宝武钢铁集团有限公司
│    ├── 知识要点三 习近平经济思想的基本内容
│    └── 知识要点四 贯彻新发展理念的立场与重要目标
└── 第三目 构建新发展格局
     ├── 知识要点一 新发展格局的形成背景和内涵 ── 资源3【音像资源】中共中央 国务院关于支持浦东新区高水平改革开放打造社会主义现代化建设引领区的意见
     ├── 知识要点二 构建新发展格局的客观必然性 ── 资源3【音像资源】中共中央 国务院关于支持浦东新区高水平改革开放打造社会主义现代化建设引领区的意见
     ├── 知识要点三 构建新发展格局的主要举措 ── 资源4【音像资源】上海：构建新发展格局
     └── 知识要点四 新发展格局的特征 ── 资源5【音像资源】外资零售巨头加码投资 上海发力"首发经济"
```

知识要点一 党的十八大以来，我国经济发展的基本特征

知识要点二 高质量发展的内涵 ── 资源6【文字资源、音像资源】上海三大先导产业、六大重点产业、"五个新城"建设

第一目 供给侧结构性改革

知识要点三 现阶段我国经济发展面临的问题及治本良方

知识要点四 深化供给侧结构性改革的总要求 ── 资源7【文字资源、实物资源】上海振华重工（集团）股份有限公司

第二框 实现高质量发展

知识要点一 建设现代化经济体系的重要性

第二目 建设现代化经济体系

知识要点二 现代化经济体系的内涵

知识要点三 建设现代化经济体系的举措 ── 资源8【音像资源】上海：推进新型工业化、长三角一体化

第三目 建设创新型国家

知识要点一 建设创新型国家的必要性

知识要点二 建设创新型国家的举措 ── 资源9【音像资源、实物资源】上海张江高科技园区
资源10【文字资源、音像资源】匠人匠心

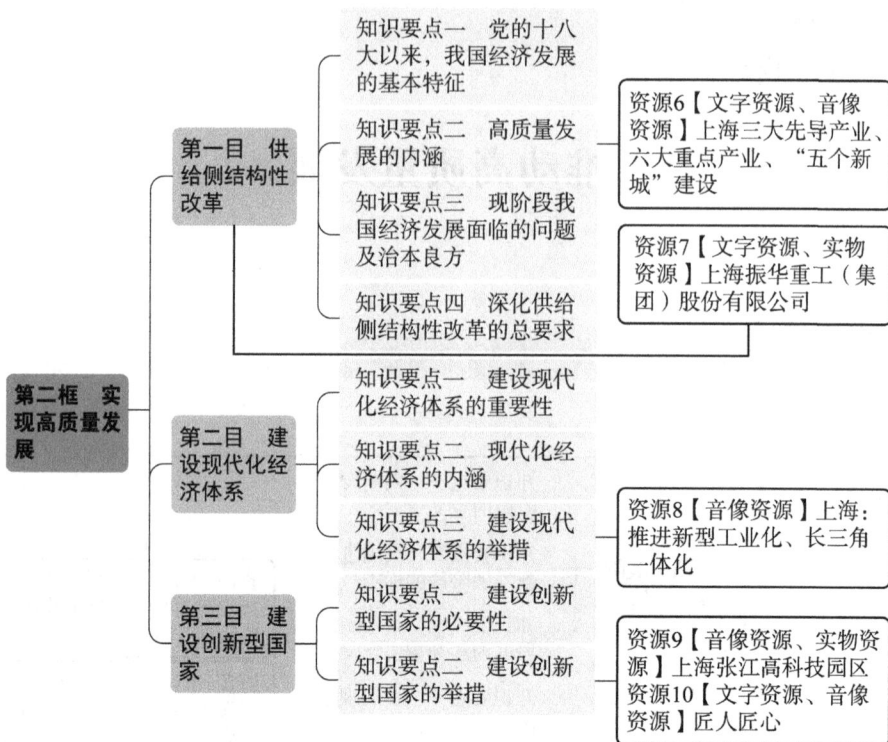

上海本土教学资源及运用建议

第一框　建设社会主义现代化国家的战略导向

第一目　立足新发展阶段

▷ 资源 1 【音像资源】中国(上海)自由贸易试验区临港新片区

2018 年，在首届进博会期间，党中央交付给上海三项新的重大任务，即增设上海自贸试验区临港新片区、在上交所设立科创板并试点注册制、实施长三角一体化的发展战略。

设立中国(上海)自由贸易试验区临港新片区，是以习近平同志为核心的党中央总揽全局、科学决策作出的进一步扩大开放重大战略部署，是新时代彰显

中国坚持全方位开放鲜明态度、主动引领经济全球化健康发展的重要举措,也是我国步入新发展阶段后上海城市发展的新风向标。

资源1.1　【音像资源】中国(上海)自由贸易试验区临港新片区成立五周年

> 音像资源网址:
>
> https://tv. cctv. com/2024/08/20/VIDEIDcaSaBycNE5SZHXKAcf24 0820. shtml

(来源:CCTV13 朝闻天下│中国(上海)自由贸易试验区临港新片区成立五周年 2024－08－20)

资源1.2　【音像资源】上海临港新片区初步形成制度型开放体系

> 音像资源网址:
>
> https://tv. cctv. com/2024/08/20/VIDE5vEUXO4TN7D1iwBj9moy24 0820. shtml

(编辑:杨书杰　责任编辑:刘亮)

(来源:CCTV13 新闻联播│上海临港新片区初步形成制度型开放体系 2024－08－20)

资源1.3　【音像资源】上海发布临港新片区新一轮支持政策文件

> 音像资源网址:
>
> https://ydyl. cctv. com/2024/08/28/VIDE8mi8kjK15S5cAFbjnV5o24 0828. shtml

(来源:CCTV13 新闻联播│上海发布临港新片区新一轮支持政策文件 2024－ 08－28)

(建议用于第一框　第一目"立足新发展阶段"的教学)

培育核心素养

政治认同:通过查阅上海临港新城的发展,了解上海在新发展阶段如何明确中心任务、创新制度、制定路线方针来进一步深化高水平改革开放,推进高质量发展。认同我国社会主义建设进入历史新阶段,树立为全面建设社会主义现代化国家而奋斗的远大志向。

运用建议

1. 课前观看。将介绍临港新城的视频作为课前预习资源提供给学生,安排学生结合视频,查阅资料,了解临港新城改革发展的情况,并填入任务单 1。教师也可以组织学生去临港新城调研,感受临港新城的新发展。

表 5.1　任务单 1

任务	临港新城的新发展		
班级		姓名	
公共服务			
制度创新			
企业发展			

2. 课中探讨。课中一个小组主体汇报,其他小组补充,完善任务单,共同探讨上海各区的新发展,初步了解步入新发展阶段我国的发展政策、重点及一系列表现等,为进一步学习贯彻新发展理念做铺垫。认同新发展阶段是党带领全国人民迎来从站起来、富起来到强起来历史性跨越的新阶段。

第一框　建设社会主义现代化国家的战略导向

第二目　贯彻新发展理念

▶ **资源2** 【音像资源、实物资源】中国宝武钢铁集团有限公司

资源 2.1 【实物资源】中国宝武钢铁集团有限公司

中国宝武钢铁集团有限公司是中央直接管理的国有重要骨干企业,总部位于上海。2020 年,中国宝武被国务院国资委纳入中央企业创建世界一流示范企业;2022 年,获批成为国有资本投资公司并启动新型低碳冶金现代产业链"链长"建设工作。2023 年,中国宝武资产规模达 1.36 万亿元,实现钢产量 1.3 亿吨、营业总收入 1.11 万亿元。中国宝武在 2024 年公布的《财富》世界 500 强排行榜位列第 44,继续位居全球钢铁企业第一。

中国宝武集团下属宝钢股份公司位于上海宝山区,该企业有专门的部门负

责对外宣传和协调。教师可联系宝钢股份公司,带学生前往调研。

地址:上海市宝山区富锦路885号

传真:86－21－26646999

官方网站:https://www.baosteel.com

资源2.2　【音像资源】全球最大钢企的超级工厂,到底有多"钢"?

音像资源网址:

http://www.news.cn/fortune/2023-06/15/c_1129696781.html

(记者:周琳　孙青　王辰阳)

(来源:新华社|全球最大钢企的超级工厂,到底有多"钢"? 2023－06－15)

(建议用于第一框　第二目　知识要点一"发展理念的重要性"和知识要点二"新发展理念的主要内涵、重要意义和内在逻辑"的教学)

培育核心素养

政治认同:通过调研或网上查阅资料了解中国宝武,理解新发展理念的内涵和内在逻辑、原则与目标,认同新发展理念是一个系统的理论体系,创新、协调、绿色、开放、共享五大发展理念是具有内在联系的集合体,自觉践行新发展理念。

运用建议

1. 课前调研。将中国宝武的发展视频作为课前预习资源提供给学生,安排学生以小组为单位,结合视频,查阅资料,或编写调研提纲,教师联系中国宝武,带学生前往调研。学生将查阅、调研所获填入任务单2。

表5.2　任务单2

任务	中国宝武钢铁集团有限公司贯彻新发展理念的做法		
小组		组员	
维度	主要做法		
创新			
协调			

（续表）

维度	主要做法
绿色	
开放	
共享	

2. 课中探讨。课中一个小组主体汇报，其他小组补充，完善任务单，共同探讨中国宝武贯彻创新、协调、绿色、开放、共享的新发展理念的具体措施，从中理解新发展理念的内涵和内在逻辑、原则与目标，自觉践行新发展理念。

第一框　建设社会主义现代化国家的战略导向

第三目　构建新发展格局

▷ **资源❸** 【音像资源】中共中央　国务院关于支持浦东新区高水平改革开放打造社会主义现代化建设引领区的意见

《中共中央　国务院关于支持浦东新区高水平改革开放打造社会主义现代化建设引领区的意见》于 2021 年 7 月 15 日发布，赋予浦东新区改革开放新的重大任务。

意见指出，以习近平新时代中国特色社会主义思想为指导，深入贯彻党的十九大和十九届二中、三中、四中、五中全会精神，坚持稳中求进工作总基调，科学把握新发展阶段，坚定不移贯彻新发展理念，服务和融入新发展格局，支持浦东勇于挑最重的担子、啃最硬的骨头，努力成为更高水平改革开放的开路先锋、全面建设社会主义现代化国家的排头兵、彰显"四个自信"的实践范例，更好向世界展示中国理念、中国精神、中国道路。

意见强调，推动浦东高水平改革开放，为更好利用国内国际两个市场两种资源提供重要通道，构建国内大循环的中心节点和国内国际双循环的战略链接，在长三角一体化发展中更好发挥龙头辐射作用，打造全面建设社会主义现代化国家窗口。意见明确了支持浦东新区高水平改革开放、打造社会主义现代化建设引领区的战略定位，即更高水平改革开放的开路先锋、自主创新发展的时代标杆、全球资源配置的功能高地、扩大国内需求的典范引领、现代城市治理的示范样板。

音像资源网址：

https://tv.cctv.com/2021/07/15/VIDEMLPgUeISIIzOqMGmXPBe210715.shtml

（编辑：刘洁　责任编辑：刘亮）

（来源：CCTV13 新闻联播|《中共中央　国务院关于支持浦东新区高水平改革开放打造社会主义现代化建设引领区的意见》发布 2021－07－15）

（建议用于第一框　第三目　知识要点一"新发展格局的形成背景和内涵"和知识要点二"构建新发展格局的客观必然性"的教学）

培育核心素养

政治认同：通过观看视频，了解《中共中央　国务院关于支持浦东新区高水平改革开放打造社会主义现代化建设引领区的意见》的颁发背景和主要精神，从中了解我国新发展格局的形成背景、内涵和特征，理解构建新发展格局的客观必然性。

运用建议

观看视频，课中探讨。带领学生了解《中共中央　国务院关于支持浦东新区高水平改革开放打造社会主义现代化建设引领区的意见》的颁发背景和主要精神，如"支持浦东勇于挑最重的担子、啃最硬的骨头""推动浦东高水平改革开放，为更好利用国内国际两个市场两种资源提供重要通道，构建国内大循环的中心节点和国内国际双循环的战略链接，在长三角一体化发展中更好发挥龙头辐射作用，打造全面建设社会主义现代化国家窗口"等，引导学生思考我国所处的外部环境以及构建新发展格局的客观必然性。

⊙ 资源4　**【音像资源】上海：构建新发展格局**

资源4.1　**【音像资源】上海：加快南北转型　为构建新发展格局提供坚实支撑**

上海为加快南北转型发展出台实施意见，明确到 2025 年，南北地区要基本成为产城融合发展、新兴产业集聚、生态宜居宜业的现代化转型样板,地区生产总值、年均增长率高于全市平均水平。

音像资源网址:

https://haokan.baidu.com/v? pd=wisenatural&vid=13231545517328707548

(来源:东方卫视　东方新闻|上海:加快南北转型　为构建新发展格局提供坚实支撑 2022－08－10)

资源 4.2　【音像资源】上海浦东:服务和融入新发展格局　勇当高质量发展领跑者

当前,在开放的时代大潮中,勇立潮头的浦东又扛起打造社会主义现代化建设引领区新的时代重任。

音像资源网址:

https://haokan.baidu.com/v? pd=wisenatural&vid=17385516525035687380

(来源:东方卫视　东方新闻|上海浦东:服务和融入新发展格局　勇当高质量发展领跑者 2021－11－18)

(建议用于第一框　第三目　知识要点三"构建新发展格局的主要举措"的教学)

培育核心素养

政治认同:通过观看视频,总结构建新发展格局的主要举措。

运用建议

观看视频,课中探讨。带领学生观看以上两个视频或者其中任一视频,从加快南北转型、浦东地区的发展中,总结构建新发展格局的主要举措。

▷ 资源⑤　【音像资源】外资零售巨头加码投资　上海发力"首发经济"

在上海,良好的消费环境和营商环境让更多外资企业把首发、首秀、首展活动选择在这里进行。

音像资源网址：

https://tv.cctv.com/2024/03/24/VIDEHooe2PYy5Xb02X4HRwBr2
40324.shtml

（来源：CCTV2 天下财经|外资零售巨头加码投资　上海发力"首发经济" 2024 -
03 - 24）

（建议用于第一框　第三目　知识要点四"新发展格局的特征"的教学）

培育核心素养

政治认同：通过观看视频，结合生活中了解到的上海外资企业，理解并认同
新发展格局不是封闭的国内循环，而是开放的国内国际双循环。

运用建议

观看视频，课中探讨。带领学生观看以上视频，结合生活中了解到的上海
外资企业，从外资企业落户上海的案例中，理解并认同新发展格局不是封闭的
国内循环，而是开放的国内国际双循环。

第二框　实现高质量发展

第一目　供给侧结构性改革

⊙ **资源⑥** 【文字资源、音像资源】上海三大先导产业、六大重点产业、
"五个新城"建设

资源 6.1　【文字资源】去年上海三大先导产业规模达 1.6 万亿元，六大重点
产业加快出产值

2024 年 5 月 22 日上午，"高质量发展调研行"上海主题采访情况介绍会
举行。

葛东波表示，上海正聚焦建设"五个中心"、强化"四大功能"重要使命，以推
进新型工业化为引擎培育发展新质生产力，以高质量发展为首要任务加快构建
现代化产业体系，努力打造高端制造业增长极。

文字资源网址：

https://baijiahao.baidu.com/s?id=17997209291208425888&wfr=spider&for=pc

（澎湃新闻高级记者：李佳蔚　记者：张呈君）

（来源：澎湃新闻|去年上海三大先导产业规模达 1.6 万亿元，六大重点产业加快出产值 2024－05－22）

资源6.2 【音像资源】上海五个新城：全面发力　功能提升　《"未来之城"发展报告》今起推出

上海在"十四五"规划当中提出了中心辐射、两翼齐飞、新城发力、南北转型的空间新格局。嘉定、青浦、松江、奉贤、南汇五个新城成为塑造上海多中心、多层级、多节点的网络型城市的重要战略空间。目前，五个新城已经进入全面发力、功能提升的关键阶段。

音像资源网址：

https://haokan.baidu.com/v?pd=wisenatural&vid=941458485381127497

（来源：东方卫视　东方新闻|上海五个新城：全面发力　功能提升　《"未来之城"发展报告》今起推出 2024－04－13）

（建议用于第二框　第一目　知识要点二"高质量发展的内涵"的教学）

培育核心素养

政治认同：通过了解上海三大先导产业、六大重点产业、"五个新城"建设的出发点、着力点和未来发展方向，了解高质量发展的内涵。

运用建议

阅读资料、观看视频，了解上海三大先导产业、六大重点产业、"五个新城"建设的出发点、着力点和未来发展方向，从上海的新时代发展方向和布局中了解高质量发展是能够很好满足人民日益增长的美好生活需要的发展，是体现新发展理念的发展。

> **资源 7** 【文字资源、实物资源】上海振华重工(集团)股份有限公司

资源 7.1　【实物资源】上海振华重工(集团)股份有限公司

上海振华重工(集团)股份有限公司是重型装备制造行业的知名企业,国有控股 A、B 股上市公司,控股公司为世界 500 强之一的中国交通建设集团有限公司。振华重工成立于 1992 年,是世界上最大的重型装备制造商之一。公司总部位于上海,目前在上海和江苏拥有 6 个生产基地,在全球设有多家海外分支机构,拥有约 20 艘 6 万～10 万吨级整机运输船,可将大型产品整机运往全世界。当前,公司产品已进入全球 107 个国家和地区。

近年来,振华重工坚持"聚焦主业、专注专业,推动相关有限多元化发展"的思路,"以钢为纲",进一步优化业务布局。持续巩固港机、海工、船运等传统优势业务,不断加快发展"大、重、特"型钢结构、海上风电、智慧停车等成长业务,倍增发展服务创新及后市场服务业务,适度发展投资金融业务,努力探索新业务。

地址:中国上海浦东新区东方路 3261 号

总机:021-58396666

官方网站:https://cn.zpmc.com

(来源:振华重工官网)

资源 7.2　【文字资源】质量发展调研行|从地表到空天——上海高质量发展锚定"未来"

全新一代自动化集装箱码头即将运营,第二艘国产大型邮轮工程总进度已超 22％,CJ2000 发动机为 C929 客机提供强大的国产动力……从地表到空天,上海的高质量发展正锚定"未来"这一关键词,在相关产业中发展新质生产力。

文字资源网址:

https://baijiahao.baidu.com/s? id ＝ 18002818740439923768&wfr ＝ spider&for＝pc

(记者:桑彤　曹槟　张曦)

(来源:新华社　质量发展调研行|从地表到空天——上海高质量发展锚定"未来" 2024－05－28)

资源7.3 【文字资源】"大国重器"智造升级

抢占智能商机

蓝天白云之下,一座座颜色各异的岸边集装箱起重机巍然屹立,构成了东海口长兴岛的一道独特风景线。

集装箱起重机被誉为"全球贸易之臂",不同的码头运营公司定制的岸桥产品也是多姿多彩。作为岸桥产品连续23年保持全球市场份额第一的港机制造商,上海振华重工(集团)股份有限公司已接近"只要世界上有集装箱港口的地方,就要有振华生产的起重机作业"的目标。接下来,如何更上层楼?

> 文字资源网址:
> http://m.ce.cn/yw/gd/202105/09/t20210509_36542729.shtml

(记者:周雷 崔国强)

(来源:经济日报—中国经济网|"大国重器"智造升级 2021-05-09)

(建议用于第二框 第一目"供给侧结构性改革"的教学)

培育核心素养

政治认同:通过查阅振华重工官网、阅读振华重工相关新闻报道等,从一个企业的发展了解高质量发展的内涵,了解供给和需求的关系以及供给侧管理和需求侧管理的目标和手段,理解我国深化供给侧结构性改革的意义和总要求,认同改革的必要性和重要意义。

运用建议

1. 课前查阅资料,了解振华重工。课前安排学生查阅振华重工官网、阅读振华重工相关新闻报道等,了解高质量发展阶段振华重工面临的问题、采取的改革措施。填写任务单3。

表5.3 任务单3

任务	振华重工面临的问题、采取的改革措施		
班级		姓名	
面临的问题			
采取的改革措施			

2. 课堂具体分析,理解供给侧结构性改革。带领学生分析高质量发展阶段振华重工面临的问题、采取的改革措施,将改革措施按照供给侧、需求侧进行分类,了解供给和需求的关系以及供给侧管理和需求侧管理的目标和手段,理解我国深化供给侧结构性改革的意义和总要求,认同改革的必要性和重要意义。

第二框　实现高质量发展

第二目　建设现代化经济体系

> **资源8**　【音像资源】上海:推进新型工业化、长三角一体化

资源8.1　【音像资源】上海:聚焦实体经济　推进新型工业化

上海市坚持把发展经济的着力点放在实体经济上,加快制造业数字化转型,培育发展工业互联网,深入推进新型工业化。

> 音像资源网址:
>
> https://haokan. baidu. com/v? pd＝wisenatural＆vid＝1022360356402
> 7263438

(来源:东方卫视　看东方|上海:聚焦实体经济　推进新型工业化 2023 - 04 - 17)

资源8.2　【音像资源】长三角一体化　引领作用显著增强

日前,国家统计局发布新中国 75 年经济社会发展成就系列报告,报告指出,2018 年以来沪苏浙皖三省一市积极推动长三角一体化发展取得新突破,长三角地区科创共建成效显现,公共服务保障提升引领作用显著增强。

> 音像资源网址:
>
> https://tv. cctv. com/2024/09/18/VIDExdw8ENNg0GxvINv9J0Ud24
> 0918. shtml

(来源:CCTV13 朝闻天下|新中国 75 年经济社会发展成就系列报告　长三角一体化　引领作用显著增强 2024 - 09 - 18)

（建议用于第二框 第二目 知识要点三"建设现代化经济体系的举措"的教学）

培育核心素养

政治认同：通过观看视频，了解上海聚焦实体经济、推进新型工业化，在长三角一体化发展中发挥的作用和一体化取得的成就，理解我国建设现代化经济体系的举措。

运用建议

观看视频，从上海聚焦实体经济、推进新型工业化以及在长三角一体化发展中发挥的作用和一体化取得的成就两个方面，引导学生全面理解我国建设现代化经济体系的举措。

第二框 实现高质量发展

第三目 建设创新型国家

▷ 资源9 【音像资源、实物资源】上海张江高科技园区

资源9.1 【实物资源】上海张江高科技园区

上海张江高科技园区自 1992 年成立以来，一直被国际同行称为"The Silicon and Medicine Valley in China"而享誉世界，园区构筑了生物医药创新链、集成电路产业链和软件产业链的框架。园区建有国家上海生物医药科技产业基地、国家信息产业基地、国家集成电路产业基地、国家半导体照明产业基地、国家 863 信息安全成果产业化（东部）基地、国家软件产业基地、国家软件出口基地、国家文化产业示范基地、国家网游动漫产业发展基地等多个国家级基地。在科技创新方面，园区拥有多模式、多类型的孵化器，建有国家火炬创业园、国家留学人员创业园，一批新经济企业实现了大踏步的飞跃，张江正向着世界级高科技园区的愿景目标阔步前进。

官网：https://www.pudong.gov.cn/zjkxc/

上海市张江科学城建设管理办公室 中国（上海）自由贸易试验区管理委

员会张江管理局

联系地址:上海市浦东新区张东路 1158 号 3 号楼

联系电话:33833000

办公时间:周一至周五(9:00—17:00)

资源 9.2　【音像资源】空中看上海:张江科学城　科创策源地

音像资源网址:

https://tv. cctv. com/2021/05/21/VIDEUoImL4SisIbyqcWnsWZq210521. shtml

(来源:CCTV13 今日中国|空中看上海:张江科学城　科创策源地 2021 - 05 - 21)

资源 9.3　【音像资源】上海张江高科技园区:科学之城　梦想之地

音像资源网址:

https://www. xuexi. cn/lgpage/detail/index. html? id=6455125132229988834&item_id=6455125132229988834

(责任编辑:于丰源)

(来源:学习强国|上海张江高科技园区:科学之城　梦想之地 2020 - 11 - 11)

(建议用于第二框　第三目　知识要点二"建设创新型国家的举措"的教学)

培育核心素养

政治认同:通过实地调研、网上查阅资料、观看视频、结合自身了解等方式,从张江高科技园区的发展中理解并认同我国推动创新发展的战略举措。

运用建议

1. 课前参观。课前安排学生观看张江高科技园区的介绍视频,或安排学生实地参观或线上了解张江高科技园区,了解张江高科技园区的改革创新情况。填写任务单 4。

表5.4 任务单4

任务	张江高科技园区的创新发展举措		
姓名		参观方式	□实地　□线上
创新发展举措			

2. 课中探讨。结合学生任务单填写情况,将张江高科技园区的创新发展举措分为实施创新驱动发展战略、人才强国战略、科教兴国战略三类,理解并认同我国推动创新发展的战略举措。

▶ 资源⑩ 【文字资源、音像资源】匠人匠心

2016年,上海市总工会在全国率先提出工匠培养选树千人计划,每年培养选树100名工匠人才,用10年时间选树1000名"上海工匠"。截至2024年初,已累计培养选树"上海工匠"783名、区局(产业、行业)工匠3000多名,王曙群等8位高技能人才被推选为"大国工匠"。

资源10.1 【文字资源】顾士杰:从排水学徒工成长为"上海工匠"

顾士杰,上海市城市排水有限公司机修安装分公司副经理。他是上海市五一劳动奖章获得者,被授予"上海工匠"称号,以他名字命名的"顾士杰创新工作室"曾获上海市"技能大师工作室""技师创新工作室"称号。从电试班学徒工到高级工程师,他始终坚持扎根技术一线。

> 文字资源网址:
>
> https://m.thepaper.cn/baijiahao_4964023

(来源:澎湃新闻|最美水务(海洋)人微访谈10期|顾士杰:从排水学徒工成长为"上海工匠"2019-11-14)

资源10.2 【音像资源】匠人匠心·王曙群

他从一名技校毕业生成长为一名航天工程领军人物,他带领团队披荆斩棘,在太空中书写了一个个中国传奇。

> 音像资源网址:
>
> https://tv.cctv.com/2021/10/06/VIDEmBkMw9QjUo7pUC4tibbj211006.shtml

（来源:CCTV10 人物·故事|匠人匠心·王曙群 2021－10－06）

资源 10.3　【音像资源】上海工匠　徐澳门

上海的汽车制造业在全国乃至全球范围内都具有重要的地位和影响力,这座城市孕育出了很多汽车领域的工匠,徐澳门就是其中之一。

音像资源网址:

https://haokan. baidu. com/v? pd＝wisenatural&vid＝12086451832577171463

（来源:东方卫视　上海工匠|上海工匠　徐澳门 2024－05－05）

（建议用于第二框　第三目　知识要点二"建设创新型国家的举措"的教学）

培育核心素养

政治认同:通过了解顾士杰、王曙群、徐澳门等"上海工匠"的成长经历和成就,认同人才强国战略在建设创新型国家中的重要作用。

职业精神:通过学习"上海工匠"案例,以工匠为榜样,在学习和生活中自觉践行劳模精神和工匠精神,向工匠学习,勇于创新。

运用建议

建议一:教师可以邀请"上海工匠"到校做讲座,引导学生调研"上海工匠"、劳模的创新行为和创新成果,引导学生向"上海工匠"、劳模学创新。

建议二:教师安排学生了解以上材料中提供的"上海工匠"案例,在班级范围内分享,引导学生向"上海工匠"、劳模学创新。

第6课

推动形成全面对外开放新局面

教学资源导航图

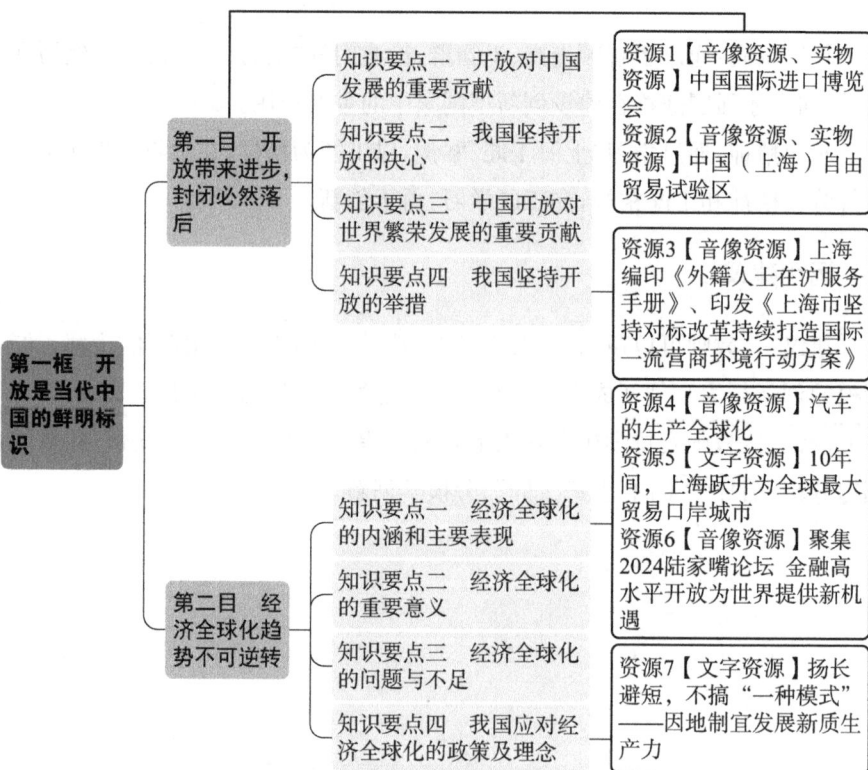

第一框 开放是当代中国的鲜明标识

第一目 开放带来进步，封闭必然落后

- 知识要点一　开放对中国发展的重要贡献
- 知识要点二　我国坚持开放的决心
- 知识要点三　中国开放对世界繁荣发展的重要贡献
- 知识要点四　我国坚持开放的举措

资源1【音像资源、实物资源】中国国际进口博览会

资源2【音像资源、实物资源】中国（上海）自由贸易试验区

资源3【音像资源】上海编印《外籍人士在沪服务手册》、印发《上海市坚持对标改革持续打造国际一流营商环境行动方案》

第二目 经济全球化趋势不可逆转

- 知识要点一　经济全球化的内涵和主要表现
- 知识要点二　经济全球化的重要意义
- 知识要点三　经济全球化的问题与不足
- 知识要点四　我国应对经济全球化的政策及理念

资源4【音像资源】汽车的生产全球化

资源5【文字资源】10年间，上海跃升为全球最大贸易口岸城市

资源6【音像资源】聚焦2024陆家嘴论坛 金融高水平开放为世界提供新机遇

资源7【文字资源】扬长避短，不搞"一种模式"——因地制宜发展新质生产力

```
                                    ┌─ 知识要点一  "一带一路"
                                    │   倡议的提出和目标
                                    │
                    ┌─ 第一目       ├─ 知识要点二  "一带一路"      ┌─ 资源8【音像资源】上海
                    │  "一带一      │   倡议的内涵               │   与"一带一路"
                    │   路"倡议     │
                    │               ├─ 知识要点三  "一带一路"
 第二框  实          │               │   倡议的成就
 现更高水平 ─────────┤               │
 的开放              │               └─ 知识要点四  正确认识
                    │                   "一带一路"倡议
                    │
                    └─ 第二目  积    ┌─ 知识要点一  我国倡导的     ┌─ 资源9【音像资源】上海
                       极参与全球    │   全球经济治理观            │   合作组织
                       经济治理      │
                                    └─ 知识要点二  我国积极参
                                        与全球经济治理的重要举措
```

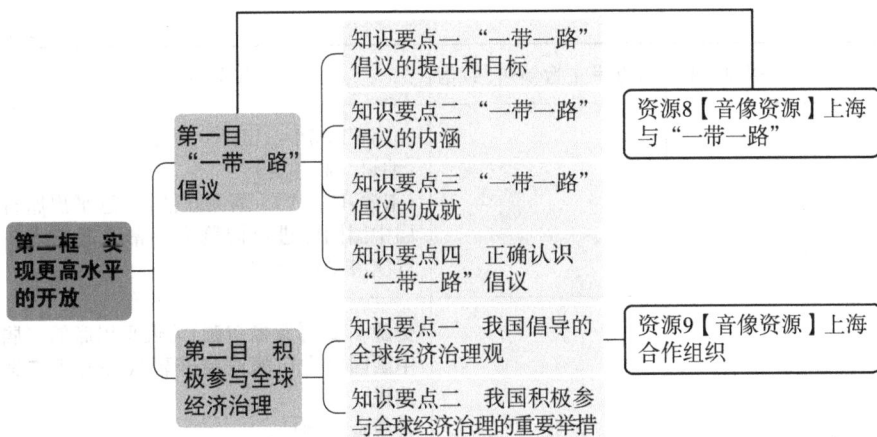

上海本土教学资源及运用建议

第一框　开放是当代中国的鲜明标识

第一目　开放带来进步，封闭必然落后

▶ 资源 1 【音像资源、实物资源】中国国际进口博览会

2018 年 11 月，世界上第一个以进口为主题的国家级展会——中国国际进口博览会在上海惊艳亮相。全球 172 个国家、地区和国际组织参会，3 600 多家企业参展。展览总面积达 30 万平方米，超过 40 万名境内外采购商到会洽谈采购。举办中国国际进口博览会，是中国着眼于推动新一轮高水平对外开放作出的重大决策，是中国主动向世界开放市场的重大举措。截至 2024 年 11 月，中国国际进口博览会已成功举办七届。

表6.1　习近平在历届进博会的主旨演讲/致信

届次	举办时间	习近平主旨演讲/致信	相关资源
首届	2018 年 11 月 5—10 日	共建创新包容的开放型世界经济	**资源 1.1** 【音像资源】习近平出席首届中国国际进口博览会开幕式并发表主旨演讲 音像资源网址： https://tv.cctv.com/2018/11/05/VIDEo

届次	举办时间	习近平主旨演讲/致信	相关资源
			2q85WFmPD24bI4NF3q0181105. shtml （编辑　赵延灵） （来源：CCTV13 新闻联播|习近平出席首届中国国际进口博览会开幕式并发表主旨演讲 2018 - 11 - 05）
第二届	2019 年 11月 5—10 日	开放合作　命运与共	**资源 1.2　【音像资源】习近平出席第二届中国国际进口博览会开幕式并发表主旨演讲** 音像资源网址： https://tv. cctv. com/2019/11/05/VIDEsvASgZPmFmcVMBMOXytl191105. shtml （来源：CCTV13 新闻直播间|习近平出席第二届中国国际进口博览会开幕式并发表主旨演讲 2019 - 11 - 05）
第三届	2020 年 11月 5—10 日	中国将坚定不移全面扩大开放，愿同世界分享市场机遇，让中国市场成为世界的市场、共享的市场、大家的市场，推动世界经济复苏	**资源 1.3　【音像资源】习近平在第三届中国国际进口博览会开幕式上发表主旨演讲** 音像资源网址： https://tv. cctv. com/2020/11/04/VIDEGa6CeAN4OCEkWKtsCd2i201104. shtml （来源：CCTV1 晚间新闻|习近平在第三届中国国际进口博览会开幕式上发表主旨演讲 2020 - 11 - 04）
第四届	2021 年 11月 5—10 日	让开放的春风温暖世界	**资源 1.4　【音像资源】第四届中国国际进口博览会暨虹桥国际经济论坛开幕式** 音像资源网址： https://tv. cctv. com/2021/11/04/VIDEo8BmNzw3mOqq0RWxzBwN211104. shtml （来源：CCTV13 特别报道|第四届中国国际进口博览会暨虹桥国际经济论坛开幕式 2021 - 11 - 10）
第五届	2022 年 11月 5—10 日	共创开放繁荣的美好未来	**资源 1.5　【音像资源】习近平在第五届中国国际进口博览会开幕式上发表致辞** 音像资源网址： https://tv. cctv. com/2022/11/05/VIDEXbDV7IPmFMbermS9lFNO221105. shtml

（续表）

届次	举办时间	习近平主旨演讲/致信	相关资源
			（编辑:甄涛　责任编辑:刘亮） （来源:CCTV13 新闻联播丨习近平在第五届中国国际进口博览会开幕式上发表致辞 2022 - 11 - 05）
第六届	2023 年 11 月 5—10 日	中国将始终是世界发展的重要机遇,将坚定推进高水平开放,持续推动经济全球化朝着更加开放、包容、普惠、平衡、共赢的方向发展	**资源 1. 6　【音像资源】习近平向第六届中国国际进口博览会致信** 音像资源网址: https://tv. cctv. com/2023/11/05/VIDEeh SSLTPDfHDMuqrnGGgr231105. shtml （编辑:郭倩　责任编辑:刘亮） （来源:CCTV13 新闻联播丨习近平向第六届中国国际进口博览会致信 2023 - 11 - 05）

资源 1. 7　【实物资源】国际会展中心(上海)

地址:上海市青浦区崧泽大道 333 号

线上资源:中国国际进口博览会　https://www. ciie. org

（建议用于第一框　第一目"开放带来进步,封闭必然落后"的教学）

培育核心素养

政治认同:通过对历届进口博览会的了解,懂得开放带来进步、封闭必然落后的道理,领悟对外开放的重要性,理解我国推动对外开放工作的举措,拥护我国对外开放基本国策。

运用建议

1. 课前预习。将以上习近平进博会主旨演讲、致信视频作为课前预习资源提供给学生,安排学生结合视频,查阅资料,填写任务单 1。教师也可带学生前往国际会展中心实地调研、感受。

表 6.2　任务单 1

任务	我了解的中国国际进口博览会		
小组		组员	
届次	举办时间	习近平主旨演讲/致信	我的感悟
首届			
第二届			
第三届			
第四届			
第五届			
第六届			

2. 课中一个小组主体汇报,其他小组补充,完善任务单,共同探讨中国国际进口博览会为世界繁荣与发展作出的贡献,懂得开放带来进步、封闭必然落后的道理,领悟对外开放的重要性,理解我国推动对外开放工作的举措,拥护我国对外开放基本国策。

◆资源② 【音像资源、实物资源】中国(上海)自由贸易试验区

资源 2.1　【音像资源】上海自贸试验区　推进高水平制度型开放

国务院印发《全面对接国际高标准经贸规则推进中国(上海)自由贸易试验区高水平制度型开放总体方案》,主动全面对接高标准规则,为全面深化改革、扩大开放探索新路径、积累新经验。

音像资源网址:

https://tv.cctv.com/2023/12/08/VIDE4s6AMwveMkppnC8wSnLU 231208.shtml

(来源:CCTV1 晚间新闻|上海自贸试验区　推进高水平制度开放 2023−12−08)

资源 2.2　【实物资源】中国(上海)自由贸易试验区

地址:保税区片区、陆家嘴片区、金桥片区、张江片区、世博片区

区内办事地点:

浦东新区政务服务中心

受理地址:上海市浦东新区合欢路 2 号

咨询电话:021 - 68542222

浦东新区政务服务中心分中心

　　受理地址:上海市浦东新区惠南镇城南路 1366 号

　　咨询电话:021 - 68004500

中国(上海)自由贸易试验区保税区域政务服务中心

　　受理地址:上海市浦东新区基隆路 9 号一楼

　　咨询电话:58695566

中国(上海)自由贸易试验区保税区域机场政务服务中心

　　地址:上海市浦东新区祝桥镇闻居路 1333 号 B2 区一楼服务大厅

　　咨询电话:20285751

金桥政务服务中心

　　受理地址:上海市浦东新区新金桥路 27 号 14 号楼 1 楼

　　咨询电话:68800000 * 199

张江科学城政务服务中心

　　受理地址:上海市浦东新区张江张东路 1158 号 3 号楼 3 楼

　　咨询电话:33833156

陆家嘴金融城政务服务中心

　　咨询地址:上海市浦东新区塘桥新路 87 号 1 号楼 1 楼

　　咨询电话:60893776、60893789、60893790

世博政务服务中心

　　咨询地址:上海市浦东新区邹平路 161 号

　　咨询电话:68588982、68588929

线上资源:中国(上海)自由贸易试验区管理委员会

https://www. pudong. gov. cn/china-shftz/

　　　　　　　(建议用于第一框　第一目"开放带来进步,封闭必然落后"的教学)

培育核心素养

政治认同:通过对中国(上海)自由贸易试验区建设和推进的了解,懂得开放带来进步、封闭必然落后的道理,领悟对外开放的重要性,理解我国推动对外开放工作的举措,拥护我国对外开放基本国策。

运用建议

1. 课前预习。将自由贸易试验区介绍视频作为课前预习资源提供给学生，安排学生结合视频，分组在线查阅资料，填写任务单2。教师也可带学生前往自贸区实地调研、感受。

表6.3 任务单2

任务	我了解的中国（上海）自由贸易试验区		
小组		组员	
区域范围			
战略意义			
相关制度文件			
取得的成绩			

2. 课中一个小组主体汇报，其他小组补充，完善任务单，共同探讨上海自由贸易试验区在进一步扩大开放、促进贸易便利等方面的尝试，懂得开放带来进步、封闭必然落后的道理，领悟对外开放的重要性，理解我国推动对外开放工作的举措，拥护我国对外开放基本国策。

▶ 资源3 【音像资源】上海编印《外籍人士在沪服务手册》、印发《上海市坚持对标改革持续打造国际一流营商环境行动方案》

随着上海对外开放的不断推进，越来越多的外籍人士来到上海工作、学习和生活。广大外籍人士逐渐融入上海，成为上海市民大家庭的重要成员，为上海的发展建设作出了积极贡献。2023年9月28日上午，由上海市人民政府外事办公室、上海市人民对外友好协会编印推出的《外籍人士在沪服务手册》（*International Services Shanghai*）发布暨"国际体验官"颁证仪式在沪举行，约40名在沪外籍人士出席活动。《外籍人士在沪服务手册》为外籍人士提供实用、便捷、贴心的资讯服务和办事指南，吸引更多外籍人士来到上海、融入上海、留在上海。

坚持系统集成、持续迭代升级，以市场化为鲜明主线、法治化为基础保障、国际化为重要标准，为更好地服务上海"五个中心"建设和城市核心功能提升，持续打造贸易投资便利、行政效率高效、政务服务规范、法治体系完善的国际一流营商环境,市政府办公厅于 2024 年 1 月 13 日印发《上海市坚持对标改革持续打造国际一流营商环境行动方案》。

《外籍人士在沪服务手册》的推出和《上海市坚持对标改革持续打造国际一流营商环境行动方案》的印发充分彰显了上海在践行我国坚持对外开放道路中的典型举措。

资源 3.1　【音像资源】这本新发布的"口袋书"助外籍人士更好融入上海

音像资源网址:

https://www.thepaper.cn/newsDetail_forward_24779554

（澎湃新闻记者:邹桥　李思洁）

（来源:澎湃新闻|这本新发布的"口袋书"助外籍人士更好融入上海 2023 - 09 - 28）

资源 3.2　【音像资源】上海:发布 7.0 版行动方案　持续打造国际一流营商环境

音像资源网址:

https://haokan.baidu.com/v? pd＝wisenatural＆vid＝8028703288517259833

（来源:东方卫视　东方新闻|上海:发布 7.0 版行动方案　持续打造国际一流营商环境 2024 - 02 - 18）

（建议用于第一框　第一目　知识要点四"我国坚持开放的举措"的教学）

培育核心素养

政治认同:通过了解上海编印《外籍人士在沪服务手册》和印发《上海市坚持对标改革持续打造国际一流营商环境行动方案》,从上海出发,理解我国推动对外开放工作的举措,拥护我国对外开放基本国策。

运用建议

播放视频,让学生了解上海编印的《外籍人士在沪服务手册》和印发的《上海市坚持对标改革持续打造国际一流营商环境行动方案》,理解我国推动对外开放的举措,进而拥护我国对外开放基本国策。

第一框　开放是当代中国的鲜明标识

第二目　经济全球化趋势不可逆转

▶ **资源 ④** 【音像资源】汽车的生产全球化

资源 4.1 【音像资源】一辆"全球化"汽车的诞生之路

众多零配件厂商参展,正是汽车工业产业链高度全球化的一个缩影。一辆车,我们看它的品牌,通常会理解,这是一辆日本车,或者德国车、美国车等等。但实际上,一辆整车涉及的零部件可能多达上万个,涉及十多个产业部门。正是这种全球化的分工、合作,左右着汽车生产的成本控制、技术革新等方方面面。

> 音像资源网址:
>
> https://haokan.baidu.com/v? pd=wisenatural&vid=10248988082821823888

（来源:东方卫视　进口博览会|一辆"全球化"汽车的诞生之路 2018-11-06）

资源 4.2 【音像资源】加码投资　特斯拉储能超级工厂落户上海

> 音像资源网址:
>
> https://tv.cctv.com/2023/04/10/VIDEefXMyMJTyEZkzMC4EAWj230410.shtml

（来源:CCTV2 正点财经|加码投资　特斯拉储能超级工厂落户上海 2023-04-10）

（建议用于第一框　第二目　知识要点一"经济全球化的内涵和主要表现"的教学）

培育核心素养

政治认同:通过对汽车生产全球化的了解,理解经济全球化的主要表现之一——生产全球化的内涵和积极作用,正确面对经济全球化带来的问题和挑战,积极适应经济全球化环境下的国内国际新环境。

运用建议

播放视频,让学生通过感受马路上随处可见的汽车并不是一地、一国所能制造,进而理解经济全球化的主要表现之一——生产全球化的内涵。

◉ 资源 5 【文字资源】10 年间,上海跃升为全球最大贸易口岸城市

过去 10 年,上海百亿级、千亿级商品交易平台数量倍增,已跃升为全球最大的贸易口岸城市;双向投资合作实现跨越式发展,成为跨国公司地区总部最为集中的国内城市;形成一大批首创性改革、引领性开放、开拓性创新,成为全方位高水平对外开放高地……昨天举行的"奋进新征程　建功新时代"党委专题系列新闻发布会上,相关负责人介绍了"推进更高水平对外开放,提升上海国际贸易中心能级"的进展和成效。

> 文字资源网址:
> https://info. whb. cn/mobile/2022-10-10/16035/detail-68580. html

(本报记者:徐晶卉)

(来源:文汇报|10 年间,上海跃升为全球最大贸易口岸城市 2022－10－10)

(建议用于第一框　第二目　知识要点一"经济全球化的内涵和主要表现"的教学)

培育核心素养

政治认同:通过对上海跃升为全球最大贸易口岸城市相关数据的了解,理解经济全球化的主要表现之一——贸易全球化的内涵和积极作用,正确面对经济全球化带来的问题和挑战,积极适应经济全球化环境下的国内国际新环境。

运用建议

引导学生阅读材料,通过对上海跃升为全球最大贸易口岸城市相关数据的了解,理解经济全球化的主要表现之一——贸易全球化的内涵。

◉ 资源 6 【音像资源】聚焦 2024 陆家嘴论坛　金融高水平开放为世界提供新机遇

2024 陆家嘴论坛在上海闭幕,参加论坛的中外机构表示,中国金融领域高

水平开放为世界提供新机遇,他们看好中国的经济增长潜力。

音像资源网址:

https://tv.cctv.com/2024/06/20/VIDE8sOdlWsSKzPFgYbPcLGn240620.shtml

(来源:CCTV4 中国新闻|聚焦 2024 陆家嘴论坛　金融高水平开放为世界提供新机遇 2024−06−20)

(建议用于第一框　第二目　知识要点一"经济全球化的内涵和主要表现"的教学)

培育核心素养

政治认同:通过对陆家嘴论坛中讨论的金融高水平开放为世界提供新机遇的了解,理解经济全球化的主要表现之一——金融全球化的内涵和积极作用,正确面对经济全球化带来的问题和挑战,积极适应经济全球化环境下的国内国际新环境。

运用建议

播放视频,让学生通过对陆家嘴论坛中讨论的金融高水平开放为世界提供新机遇的了解,理解经济全球化的主要表现之一——金融全球化的内涵。

▶ 资源⑦【文字资源】扬长避短,不搞"一种模式"——因地制宜发展新质生产力

发展新质生产力,习近平总书记强调,"不要搞一种模式"。任何事物都是共性和个性的统一,也就是矛盾普遍性和特殊性的统一。就发展新质生产力而言,既要遵循新质生产力的普遍规律和共同特征,又要充分考虑各地、各产业的实际情况和特殊性,准确把握共性与个性。

令人惊叹的"特斯拉速度",离不开上海在推进高水平开放上的革命性流程再造:并联审批,边建设边审批;在流程上做"减法",实行"容缺后补"等机制;在服务上做"加法",升级审批服务一体化体系……"特斯拉审批模式"倒逼规则改变,优化审批路径,被复制推广到临港新片区及整个上海,为上海加快构筑更高质量的现代化产业体系提供了有力支撑。

文字资源网址：

http://paper. people. com. cn/rmrb/html/2024-05/23/nw. D110000re

nmrb_20240523_1-05. htm

（张凡）

（来源：人民日报|扬长避短，不搞"一种模式"——因地制宜发展新质生产力 2024 -

05 - 23）

（建议用于第一框　第二目　知识要点四"我国应对经济全球化的政策及理念"的教学）

培育核心素养

政治认同：通过理解"特斯拉速度""中国速度"背后的具体做法，理解我国

应对经济全球化的政策及理念，拥护我国对外开放的基本国策。

职业精神：通过特斯拉"新质生产力"了解技术创新发展的重要意义，积极

适应经济全球化背景下的国内国际新环境，立足所学专业，在生活和未来职业

发展过程中把握机遇并应对挑战。

运用建议

1. 引导学生阅读材料，理解"特斯拉速度""中国速度"背后的具体做法，理

解我国处理中美经贸关系时的基本立场，不采取保护主义、单边主义措施，不采

取以邻为壑的自私做法，认同我国坚持合作共赢的理念，以及引导经济全球化

走向的做法。

2. 安排学生立足所学专业开展讨论，思考在生活和未来职业发展过程中

如何把握经济全球化的机遇并应对挑战。

第二框　实现更高水平的开放

第一目　"一带一路"倡议

▶ 资源 8 【音像资源】上海与"一带一路"

多年来上海以服务共建"一带一路"为切入点和突破口，持续深化互联互

通,提升平台能级,立足城市功能优势,实现了更高水平的开放合作。

表6.4 上海与"一带一路"相关资源

领域	相关资源
基础设施 民生项目	**资源8.1 【音像资源】上海扩大开放 拓展合作新领域新空间** 音像资源网址： https://tv.cctv.com/2023/10/06/VIDEO8vpVwmkhVhm6CNkaTmM 231006.shtml （编辑：杨书杰 责任编辑：刘亮） （来源：CCTV13 新闻联播|上海扩大开放 拓展合作新领域新空间 2023－10－06）
科技	**资源8.2 【音像资源】上海 2023长三角G60科创走廊高质量发展 要素对接大会举行 促长三角G60科创走廊融入"一带一路"建设** 音像资源网址： https://tv.cctv.com/2023/11/09/VIDEaTfAM2pajcIcAn5M8bzz23110 9.shtml （来源：CCTV13 新闻直播间|上海 2023长三角G60科创走廊高质量 发展要素对接大会举行 促长三角G60科创走廊融入"一带一路"建 设 2023－11－09）
贸易	**资源8.3 【音像资源】上海"丝路电商"合作先行区 创建近一年来已 取得多项制度创新成果** 音像资源网址： https://tv.cctv.com/2024/09/19/VIDETrahSGa6iZVPnecUJutz24091 9.shtml （来源：CCTV13 朝闻天下|上海"丝路电商"合作先行区 创建近一年 来已取得多项制度创新成果 2024－09－19）
文化	**资源8.4 【音像资源】上海国际电影节启动"一带一路"电影周 展现 多元文化魅力** 音像资源网址： https://tv.cctv.com/2024/06/19/VIDE7QbNFsOW0HOV1h5nURtH 240619.shtml （来源：CCTV3 文化十分|上海国际电影节启动"一带一路"电影周 展现多元文化魅力 2024－06－19）
农业	**资源8.5 【音像资源】上海："一带一路"助力水果走进来** 音像资源网址： https://tv.cctv.com/2023/04/27/VIDE1hr3EISI8tkD3CZ8kB7x23042 7.shtml （来源：CCTV17 中国"三农"报道|上海："一带一路"助力水果走进来 2023－04－27）

（建议用于第二框 第一目"'一带一路'倡议"的教学）

培育核心素养

政治认同:通过上海在基础设施、民生项目、科技、贸易、文化、农业等领域
开展的"一带一路"项目,了解"一带一路"倡议的目标和成就,理解其内涵,正确
认识、认同并支持"一带一路"倡议。

运用建议

1. 课前预习。将以上视频作为课前预习资源提供给学生,安排学生分组
结合视频查阅资料,了解上海服务"一带一路"倡议的成果,填写任务单3。

表6.5 任务单3

任务	上海服务"一带一路"倡议的成果		
组长		组员	
维度	成果		
政策沟通			
设施联通			
贸易畅通			
资金融通			
民心相通			

2. 课中一个小组主体汇报,其他小组补充,完善任务单,共同探讨上海在
"一带一路"建设中的重要贡献和成果,理解"一带一路"倡议对于世界发展的重
要意义,正确认识、认同并支持"一带一路"倡议。

第二框 实现更高水平的开放

第二目 积极参与全球经济治理

⊳ 资源9 【音像资源】上海合作组织

上海合作组织(Shanghai Cooperation Organization,简称"上合组织"),
2001年6月15日中华人民共和国、哈萨克斯坦共和国、吉尔吉斯共和国、俄罗
斯联邦、塔吉克斯坦共和国、乌兹别克斯坦共和国在中国上海宣布成立的永久
性政府间国际组织。组织秉持互信、互利、平等、协商、尊重多样文明、谋求共同

发展的"上海精神"。上海合作组织国家践行"上海精神",不断推动务实合作,始终走互利共赢、共同繁荣之路,为国家经济发展和民生改善持续注入新动力。

截至 2024 年 7 月 4 日,上合组织有 10 个正式成员国、2 个观察员国、14 个对话伙伴。成员国的总面积超过 3 700 万平方公里,约占全球陆地面积的 25%;区域内总人口近 36 亿,占世界人口的一半,组织内各国国内生产总值总和超过 23 万亿美元。

资源 9.1　【音像资源】100 秒"读懂"上海合作组织

音像资源网址:

https://news.cctv.com/2024/07/04/ARTISqWGhnDaTdjoCh6xM8Bd240704.shtml

(编辑:杨书杰　责任编辑:刘亮)

(来源:CCTV13 新闻直播间|100 秒"读懂"上海合作组织 2024－07－04)

资源 9.2　【音像资源】习近平出席"上海合作组织+"阿斯塔纳峰会并发表重要讲话

音像资源网址:

https://tv.cctv.com/2024/07/05/VIDEIEsf21CqWCcRusYZRS8v240705.shtml

(编辑:刘珊　责任编辑:刘亮)

(来源:CCTV13 新闻联播|习近平出席"上海合作组织＋"阿斯塔纳峰会并发表重要讲话 2024－07－05)

(建议用于第二框　第二目　知识要点一"我国倡导的全球经济治理观"的教学)

培育核心素养

政治认同:通过上海合作组织的全球合作、共谋发展了解我国倡导的全球经济治理观的内容和意义,理解中国积极参与全球经济治理体系改革的重要举措,认同并支持我国积极参与全球经济治理。

运用建议

1. 将上海合作组织相关视频作为课前预习资源提供给学生,安排学生结合视频,分组查阅资料,了解上海合作组织对我国倡导的"平等、开放、合作、共享"的全球经济治理观的体现,填写任务单4。

表6.6　任务单4

任务	上海合作组织对我国倡导的全球经济治理观的体现		
组长		组员	
维度	体现		
平等的全球经济治理观			
开放的全球经济治理观			
合作的全球经济治理观			
共享的全球经济治理观			

2. 课中一个小组主体汇报,其他小组补充,完善任务单,共同探讨我国倡导的全球经济治理观的内容和意义,认同并支持我国积极参与全球经济治理。

中国特色社会主义政治建设

第**7**课

党是最高政治领导力量

📍 教学资源导航图

第一框 不忘初心、牢记使命	**第一目 党的性质和宗旨**	知识要点一 党的性质 → 资源1【实物资源】中国劳动组合书记部旧址陈列馆
		知识要点二 党的根本宗旨
		知识要点三 党的执政理念 → 资源2【音像资源】"七一勋章"获得者：新中国纺织工人的优秀代表黄宝妹
	第二目 党的初心和使命	知识要点一 中国共产党人的初心和使命 → 资源3【实物资源】中国共产党第一次全国代表大会会址、中国共产党第一次全国代表大会纪念馆
		知识要点二 党践行初心和使命的历程与成就 → 资源4【实物资源】龙华烈士陵园
		知识要点三 践行初心和使命的重要意义 → 资源5【音像资源】上海：不忘初心、牢记使命 在"党的诞生地"庆祝中国共产党成立103周年
第二框 坚持和加强党的全面领导	**第一目 中国共产党领导是中国特色社会主义最本质的特征**	知识要点一 党的领导地位 → 资源6【音像资源】数览浦东发展 向新引领前行
		知识要点二 党的领导制度在中国特色社会主义制度体系中的统领地位
		知识要点三 新时代坚持和加强党的全面领导的要求
	第二目 坚定不移全面从严治党	知识要点一 全面从严治党的意义 → 资源7【实物资源】长宁区全面从严治党警示教育基地（西馆）暨尚廉新泾警示教育基地　资源8【文字资源】中共上海市纪律检查委员会 上海市监察委员会官网
		知识要点二 新时代青年的使命担当 → 资源9【文字资源】95年前的今天，这封中央指示信从上海发出……

上海本土教学资源及运用建议

第一框　不忘初心、牢记使命

第一目　党的性质和宗旨

▷ **资源1**【实物资源】中国劳动组合书记部旧址陈列馆

开馆时间：周二至周日（周一闭馆）。上午：9:00—11:30（提前半小时停止入场）；下午：13:00—16:30（提前半小时停止入场）

场馆地址：上海市静安区成都北路893弄1-11号

实地参观：可拨打电话021-62157732进行预约。

（建议用于第一框　第一目　知识要点一"党的性质"的教学）

培育核心素养

政治认同：通过对中国劳动组合书记部旧址陈列馆的参观，了解中国共产党诞生后领导全国革命运动和工人运动的典型事例，加强对党的先锋队性质的认同，拥护党的领导。

运用建议

1. 课前参观。课前安排学生实地参观中国劳动组合书记部旧址陈列馆，了解中国工人在中国共产党带领下进行革命运动的斗争历程，完成任务单1。

表7.1　任务单1

任务	实地参观中国劳动组合书记部旧址陈列馆，了解中国工人在中国共产党带领下进行革命运动的斗争历程		
姓名		参观方式	□实地　□线上
革命运动	时间	影响	
省港大罢工		1. 政治影响： 2. 经济影响： 3. 社会影响： 4. 国际影响：	

（续表）

革命运动	时间	影响
二七大罢工		1. 政治影响： 2. 经济影响： 3. 社会影响： 4. 国际影响：
安源路矿大罢工		1. 政治影响： 2. 经济影响： 3. 社会影响： 4. 国际影响：
……		

2. 课中探讨。课中带领全体学生完善任务单，通过对中国共产党领导的各项工人大罢工的梳理，理解并认同中国共产党的先锋队性质。

➤ **资源2**【音像资源】"七一勋章"获得者：新中国纺织工人的优秀代表黄宝妹

黄宝妹是原上海第十七棉纺织厂的纺织工人，是新中国第一代纺织女工。耄耋之年荣获"七一勋章"的黄宝妹，是中国共产党领导下的新中国发展的见证者、参与者、奉献者。以黄宝妹为代表的优秀中国共产党人，用他们的实际行动践行党的宗旨。

音像资源网址：

https://tv.cctv.com/2021/07/27/VIDEnPINmz2WpTJ6nrzrzani210727.shtml

（编辑：刘洁　责任编辑：刘亮）

（来源：CCTV13 新闻联播|【奋斗百年路　启航新征程】"七一勋章"获得者：新中国纺织工人的优秀代表黄宝妹 2021－07－27）

（建议用于第一框　第一目　知识要点二"党的根本宗旨"的教学）

培育核心素养

政治认同：通过学习上海"七一勋章"获得者黄宝妹的先进事迹，理解并认同中国共产党的先锋队性质和全心全意为人民服务的根本宗旨，拥护党的领导。

运用建议

带领学生观看视频,结合观看视频的亲身感受,了解优秀共产党员在工作岗位和生活中充分发挥共产党员的先锋模范作用,用行动诠释党的性质和宗旨,从而深刻理解党的性质和根本宗旨,自觉萌生向优秀共产党员学习的信念。

第一框 不忘初心、牢记使命

第二目 党的初心和使命

▷ **资源③** 【实物资源】中国共产党第一次全国代表大会会址、中国共产党第一次全国代表大会纪念馆

开馆时间:9:00—17:00(16:30 停止入馆,周一闭馆,法定节假日除外)

场馆地址:中国共产党第一次全国代表大会会址(上海市黄浦区兴业路76号/主址),中国共产党第一次全国代表大会纪念馆(上海市黄浦区黄陂南路374 号)

实地参观:免预约入馆。当馆内观众达到限流峰值时,将采取临时管控措施。开放日提供定时公益讲解,个性化导览、党性教育系列活动等在中共一大纪念馆官方微信公众号及微信小程序预约。

官方网站:https://www.zgyd1921.com/index.html

线上参观:1. 中国共产党第一次全国代表大会会址:https://360.zgyd1921.com/project/8/

2. 中国共产党第一次全国代表大会纪念馆:https://360.zgyd1921.com/project/57/index1.html? content=0&&startscene=0&startactions=lookat(-143.76,78.42,146.14,0.87,0)

(建议用于第一框　第二目"党的初心和使命"的教学)

培育核心素养

政治认同:通过实地或线上参观中国共产党第一次全国代表大会会址、中

国共产党第一次全国代表大会纪念馆,梳理并了解近代以来中国共产党带领中国人民为实现民族复兴进行的各种探索;理解并认同中国共产党人的初心和使命,自觉向优秀共产党员学习,坚定理想信念,学好本领,勇于担当。

运用建议

1. 课前参观。课前安排学生通过实地或线上的方式参观中国共产党第一次全国代表大会会址、中国共产党第一次全国代表大会纪念馆,根据两馆展示的内容,将自己印象最深的照片、人物或故事记录下来,完成任务单2。

表7.2 任务单2

任务	实地或线上参观中国共产党第一次全国代表大会会址、中国共产党第一次全国代表大会纪念馆,记录自己印象最深的照片、人物或故事		
姓名		参观方式	□实地 □线上
我印象最深的照片、人物或故事			
我的感悟			

2. 课中探讨。课中带领全体学生梳理分享任务单,理解并认同中国共产党的初心和使命,自觉向优秀共产党员学习,坚定理想信念。

▶ 资源4 【实物资源】龙华烈士陵园

陵园开放时间:6:00—17:00

纪念馆开放时间:9:00—16:00

场馆地址:龙华西路180号

官方网站:http://www.slmmm.com

(建议用于第一框 第二目 知识要点二"党践行初心和使命的历程与成就"的教学)

培育核心素养

政治认同:通过实地瞻仰龙华烈士陵园,梳理并感悟中国共产党百年奋斗取得的伟大成就及取得这些成就的原因,更好地认识"过去我们为什么能够成功""未来我们怎样才能继续成功",加深对"十个坚持"的认同。

运用建议

1. 课前参观。课前安排学生通过实地或线上的方式参观龙华烈士陵园，了解中国共产党的百年奋斗精神。

2. 课中探讨。课中带领全体学生梳理中国共产党百年奋斗的重大成就和历史经验，引导学生认识到"十个坚持"是党和人民共同创造的财富，必须在实践中坚持、丰富和发展。

▶ **资源5** 【音像资源】上海：不忘初心、牢记使命 在"党的诞生地"庆祝中国共产党成立103周年

2024年7月1日，众多观众来到中共一大、中共四大会址，见证五星红旗冉冉升起、参加系列纪念活动，共同庆祝中国共产党成立103周年。一代代共产党员在百年奋斗历程中，用实际行动诠释着入党誓词，在强化初心与使命中思考践行初心和使命的重要意义。

> 音像资源网址：
> https://haokan.baidu.com/v?pd=wisenatural&vid=8852610424348
> 952366

（来源：东方卫视 东方新闻|上海：不忘初心、牢记使命 在"党的诞生地"庆祝中国共产党成立103周年 2024-07-01）

（建议用于第一框 第二目 知识要点三"践行初心和使命的重要意义"的教学）

培育核心素养

政治认同：通过了解中共一大、四大会址庆祝中国共产党成立103周年的系列主题活动，在重温入党誓词等活动中思考践行初心和使命的重要意义，坚定理想信念，学好本领，勇于担当。

运用建议

结合自身参观、了解中共一大会址的感悟，观看2024年中国共产党成立103周年之际中共一大、四大会址组织的重温入党誓词等活动，思考为何践行初心和使命，自己的初心和使命是什么，为了践行初心和使命自己应该如何做。

第二框　坚持和加强党的全面领导

第一目　中国共产党领导是中国特色社会主义最本质的特征

▶ **资源⑥**【音像资源】数览浦东发展　向新引领前行

2024 年是新中国成立 75 周年、改革开放 46 周年,也是浦东开发开放 34 周年。75 年,风雨兼程、沧桑巨变;46 年,栉风沐雨、砥砺奋进;34 年,蹄疾步稳、奋楫破浪。迈上中国式现代化建设新征程,浦东承载着社会主义现代化建设引领区、上海自由贸易试验区和综合改革试点等多重国家战略。

回首往昔,浦东实现了一系列重大突破,经济总量跨越式增长、发展质量稳步提升!

展望未来,浦东将继续挑最重的担子、啃最硬的骨头,时不我待、争分夺秒书写引领区建设精彩华章!

音像资源网址:

https://mp. weixin. qq. com/s?__biz＝MzA5NzM4MDQ4Nw＝＝&mid=2652610876&idx＝5&sn＝485865b9ebe9bab99bd8b34fe97e9c2c&chksm＝8b4eb0d4bc3939c25b3ce0a9eaa6f5c3979a331030c157280b3edcf0a117800271b95c257279&scene＝27

(来源:浦东统计　中国统计开放日|数览浦东发展　向新引领前行 2024－09－20)

(建议用于第二框　第一目　知识要点一"党的领导地位"的教学)

培育核心素养

政治认同:通过了解浦东开发开放 34 年的历史及伟大成就,深刻理解中国共产党是中国特色社会主义的开创者和引领者,认同党的领导地位,坚定制度自信。

运用建议

通过课前预习,让学生了解浦东的历史与现实,明白浦东如今所取得的巨大成绩离不开党的正确领导,课堂上可引导学生分享自己从资源中学习的所思所想,进一步坚定对中国共产党领导是中国特色社会主义最本质特征的认识。

第二框 坚持和加强党的全面领导

第二目 坚定不移全面从严治党

▶ **资源⑦ 【实物资源】长宁区全面从严治党警示教育基地(西馆)暨尚廉新泾警示教育基地**

展馆地址:上海市长宁区迎乐路110号

开放时间:每周二、三、五,9:30—16:00

预约方式:电话预约(提前一周)

预约电话:021-52162712

（建议用于第二框 第二目 知识要点一"全面从严治党的意义"的教学）

培育核心素养

政治认同:通过参观全面从严治党警示教育基地,认识到全面从严治党是党永葆生机活力、走好新的赶考之路的必由之路,坚定跟党走的决心和信心。

运用建议

1. 课前参观。课前安排学生实地参观长宁区全面从严治党警示教育基地(西馆)暨尚廉新泾警示教育基地,结合参观内容思考全面从严治党的意义,并完成任务单3。

表7.3 任务单3

任务	实地参观长宁区全面从严治党警示教育基地(西馆)暨尚廉新泾警示教育基地,结合参观内容谈谈自己的感悟和体会	
姓名	参观时间	
内容	感悟	
印象最深的人		
印象最深的事		

2. 课中探讨。课中带领全体学生梳理任务单,引导学生分享自己的任务单,通过课堂分享更深入地认识全面从严治党的意义。

▶ 资源8 【文字资源】中共上海市纪律检查委员会　上海市监察委员会官网

官方网站:https://www.shjjjc.gov.cn

学习板块:党纪法规、监督曝光、审查调查、巡视巡察、廉洁文化等

（建议用于第二框　第二目　知识要点一"全面从严治党的意义"的教学）

培育核心素养

政治认同:通过了解中共上海市纪律检查委员会、上海市监察委员会官网,认识到全面从严治党是党永葆生机活力、走好新的赶考之路的必由之路,坚定跟党走的决心和信心。

运用建议

1. 课上或课前分组选择中共上海市纪律检查委员会、上海市监察委员会官网上"党纪法规、监督曝光、审查调查、巡视巡察、廉洁文化"等模块中的1个模块的具体内容进行学习,对学习的内容做简单介绍,并阐明学习体会,完成任务单4。

表7.4　任务单4

任务	学习中共上海市纪律检查委员会、上海市监察委员会官网内容,体会全面从严治党的意义		
小组		组员	
学习模块	学习内容简介	感悟	
□党纪法规 □监督曝光 □审查调查 □巡视巡察 □廉洁文化 □其他			

2. 教师带领学生深入解析各组的学习体会,使学生认识到全面从严治党是党永葆生机活力、走好新的赶考之路的必由之路,坚定跟党走的决心和信心。

> 资源⑨ 【文字资源】95 年前的今天,这封中央指示信从上海发出……

2024 年是古田会议召开 95 周年。1929 年 12 月召开的古田会议确立思想建党、政治建军的原则,在中国共产党和工农红军的发展史上有着极其重要的意义。而 95 年前的今天(1929 年 9 月 28 日),由陈毅起草、周恩来审定的"九月来信"从上海发出,为古田会议的胜利召开提供了重要指导,为确立党对军队的绝对领导这一根本原则提供了政治蓝本。

文字资源网址:

https://export.shobserver.com/baijiahao/html/800972.html

(作者为上海市习近平新时代中国特色社会主义思想研究中心研究员　陈云龙)

(来源:上观新闻|95 年前的今天,这封中央指示信从上海发出…… 2024 - 09 - 28)

(建议用于第二框　第二目　知识要点二"新时代青年的使命担当"的教学)

培育核心素养

政治认同:通过阅读材料,认识到在任何时刻都要始终坚持一切行动听党指挥,加强思想建设,坚持党中央集中统一领导,贯彻民主集中制,自觉在思想上政治上行动上同以习近平同志为核心的党中央保持高度一致,更加明确新时代中国青年应该坚定不移听党话、跟党走。

运用建议

课前预习,课中探讨。鉴于课中教学时间有限,可以将文字材料作为课前预习资源提供给学生,让学生从历史的视角了解听党指挥的重要意义。课中讲至此部分内容时,教师可通过提问的方式,调动学生获取已提供材料内容的关键点,如教师可提问:古田会议前出现了什么危机?"九月来信"的重大意义和启迪是什么? 作为新时代青年应该怎么做?

用制度体系保证人民当家作主

教学资源导航图

```
第一框 我          第一目 人          知识要点一 我国的国家
国的国体与          民民主专政          性质
政体              是我国的国
                 体                知识要点二 我国国家政          资源1【音像资源、实物资
                                 权的领导阶级和阶级基础          源】上海三山会馆

                                 知识要点三 人民民主专          资源2【实物资源】中国共
                                 政的内涵                  产党第一次全国代表大会
                                                        会址、中国共产党第一次
                                                        全国代表大会纪念馆

                 第二目 人          知识要点一 人民代表大          资源3【音像资源】投下庄
                 民代表大会          会制度的性质和运行方式          严一票! 人大代表换届选
                 制度是我国                                 举进行时
                 的根本政治
                 制度             知识要点二 人民代表大          资源4【文字资源】上海市
                                 会制度的地位和人民代表          人民代表大会常务委员会
                                 大会的主要职权              官网

                                 知识要点三 人民代表大          资源5【实物资源】上海淞
                                 会制度的必然性和优越性          沪抗战纪念馆、上海四行
                                                        仓库抗战纪念馆
```

```
                                    ┌─ 知识要点一  中国共产党 ──── 资源6【实物资源】上海市
                                    │  领导的多党合作和政治协       民主党派大厦
                                    │  商制度的内涵
                                    │                              资源7【音像资源】上海市
                        ┌─ 第一目 中 ┤                              政协十四届常委会第十二
                        │  国共产党领  ├─ 知识要点二  中国共产党 ──── 次会议 建好用好重大科学
                        │  导的多党合  │  和民主党派的关系            装置 进一步强化科技创新
                        │  作和政治协  │                            策源功能
                        │  商制度    ├─ 知识要点三  中国共产党 ──── 资源8【实物资源】上海宋
                        │           │  的领导地位及民主党派的        庆龄故居纪念馆
                        │           │  参政地位
                        │           │                              资源8【实物资源】上海宋
                        │           └─ 知识要点四  我国政党制 ──── 庆龄故居纪念馆
                        │              度的优越性                   资源9【文字资源】上海政
     第二框 我          │                                          协官网
     国的基本 ─────────┤           ┌─ 知识要点一  民族区域自
     政治制度           │           │  治制度的地位
                        │  第二目 民 ┤
                        ├─ 族区域自治  ├─ 知识要点二  民族区域自 ──── 资源10【实物资源】上海
                        │  制度      │  治的内涵                    博物馆
                        │           │
                        │           └─ 知识要点三  民族区域自
                        │              治制度的重要作用
                        │                                          资源11【实物资源】上海
                        │           ┌─ 知识要点一  基层群众自 ──── 的居委会、村委会
                        │           │  治制度的地位和内涵
                        │  第三目 基 │
                        └─ 层群众自治  ├─ 知识要点二  基层群众自 ──── 资源11【实物资源】上海
                           制度      │  治制度的实现方式            的居委会、村委会
                                    │
                                    └─ 知识要点三  基层群众自 ──── 资源12【音像资源】张江
                                       治制度的意义和优越性          镇:践行新时代"枫桥经
                                                                    验"创新基层治理新样本
```

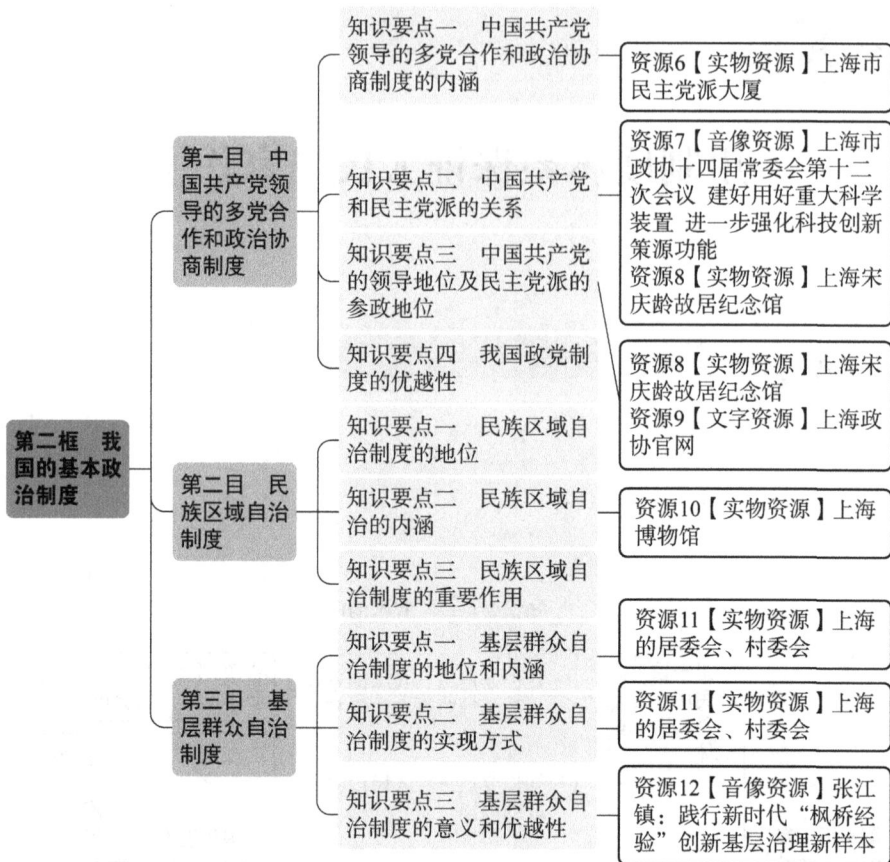

上海本土教学资源及运用建议

第一框　我国的国体与政体

第一目　人民民主专政是我国的国体

▶ 资源1 【音像资源、实物资源】上海三山会馆

地址:上海市黄浦区中山南路1551号

开放时间:9:00—16:00(15:30停止入馆)周一闭馆(法定节假日除外)

预约说明:个人免费免预约入馆

官方电话:021－63134675＊818

会馆简介:会馆是上海市唯一保存完好的上海工人三次武装起义遗址。1927 年 3 月 21 日,上海工人在中央特别委员会的领导下举行了第三次武装起义,同封建军阀进行了殊死斗争,谱写了工运史上光辉的一页。起义胜利后,上海总工会工人纠察队南市总部就设在这里。4 月 12 日,蒋介石发动反革命政变,调派反动军警在此收缴了工人纠察队的全部枪械,当时工人纠察队进行了激烈的抵抗。三山会馆内还陈列着上海工人三次武装起义的图片和文字史料。

音像资源网址:

https://www.xuexi.cn/local/normalTemplate.html?itemId=14226739845569040337

(作者单位:黄浦区文旅局)

(来源:学习强国　党史故事|上海学习平台　三山会馆)

(建议用于第一框　第一目　知识要点二"我国国家政权的领导阶级和阶级基础"的教学)

培育核心素养

政治认同:通过参观上海三山会馆,了解上海工人三次武装起义,理解我国的国家政权坚持以工人阶级为领导的缘由,增强对我国国家政权的政治认同。

运用建议

场馆教学。师生共同参观上海三山会馆,认真研读场馆内陈列的上海工人三次武装起义的图片和文字史料,结合场馆介绍视频,在沉浸的场馆环境中感受工人阶级在中国革命和社会主义建设中表现的组织性和纪律性,理解我国的国家政权坚持以工人阶级为领导的缘由,增强对我国国家政权的政治认同。

▶ 资源 ❷ 【实物资源】中国共产党第一次全国代表大会会址、中国共产党第一次全国代表大会纪念馆

开馆时间:9:00—17:00(16:30 停止入馆,周一闭馆,法定节假日除外)

场馆地址:中国共产党第一次全国代表大会会址(上海市黄浦区兴业路 76

号/主址),中国共产党第一次全国代表大会纪念馆(上海市黄浦区黄陂南路374号)

实地参观:免预约入馆。当馆内观众达到限流峰值时,将采取临时管控措施。开放日提供定时公益讲解,个性化导览、党性教育系列活动等在中共一大纪念馆官方微信公众号及微信小程序预约。

官方网站:https://www.zgyd1921.com/index.html

线上参观:1. 中国共产党第一次全国代表大会会址:https://360.zgyd1921.com/project/8/

2. 中国共产党第一次全国代表大会纪念馆:https://360.zgyd1921.com/project/57/index1.html? content=0&&startscene=0&startactions=lookat(-143.76,78.42,146.14,0.87,0)

(建议用于第一框 第一目 知识要点三"人民民主专政的内涵"的教学)

培育核心素养

政治认同:通过参观中共一大会议旧址,回顾中国共产党成立的历史背景和伟大历程,理解中国共产党领导人民取得政权、建立新中国的历史正当性和合法性,理解人民民主专政的内涵,认同并拥护人民民主专政。

运用建议

1. 课前参观。课前安排学生在中国共产党第一次全国代表大会会址、中国共产党第一次全国代表大会纪念馆中学习中共一大会议原始文件(可与第7课参观合并布置任务),包括会议决议草案、参会人员名单及部分代表的手迹信函等。这些文件直接见证了中国共产党成立的历史瞬间,展现了中国共产党自成立之初就肩负起争取民族独立、人民解放的使命,为后来建立人民民主专政打下了坚实的思想和组织基础。还可以从一些领袖用过的物品及所写的手稿中体会他们为建立人民民主专政而付出的艰辛努力和牺牲。上海一大会址纪念馆不仅让参观者重温了中国共产党创建的光辉历程,也让参观者更深入地理解了中国共产党为何选择人民民主专政作为我国的国体,它是基于对中国国情深刻认识的结果,也是中国共产党长期奋斗、不断探索适合中国道路的必然选择。结合资料查阅,将参观所获填入任务单1。

表8.1 任务单1

任务	参观中国共产党第一次全国代表大会会址、中国共产党第一次全国代表大会纪念馆,从文件原稿或者珍藏物件中发现人民民主专政的历史根源		
姓名		参观方式	□实地 □线上
馆展原始展品	学习感悟		
中共一大会议原始文件			
毛泽东同志出席一大所使用的皮箱			
李达翻译的《共产党宣言》首个中文全译本			
董必武手稿			
中共一大会址原貌模型			
早期党员使用过的日常用品			
......			

2. 课中探讨。课中带领全体学生完善任务单,通过时间线的梳理,理解并认同人民民主专政作为我国的国体是基于中国国情的必然选择,理解人民民主专政的内涵。

第一框 我国的国体与政体

第二目 人民代表大会制度是我国的根本政治制度

⊙ 资源3 【音像资源】投下庄严一票! 人大代表换届选举进行时

五年一次的人大代表换届选举是坚持和完善人民代表大会制度的一项重要任务,是全过程人民民主最生动、最直接的体现。2021年11月16日,上海16个区、108个乡镇和1270多万的选民依法选出了区和乡镇的两级人大代表1.4万余名。

音像资源网址：

https://haokan.baidu.com/v?vid=10693048165774406277

（来源：上海广播电视台新闻综合频道　上海早晨|投下庄严一票！人大代表换届选举进行时 2021-11-17）

（建议用于第一框　第二目　知识要点一"人民代表大会制度的性质和运行方式"的教学）

培育核心素养

政治认同：通过观看上海普通民众投票选举人大代表的视频，理解人民代表大会制度的运行方式。

运用建议

播放视频，从视频展现的下至刚满 18 周岁的学生，上至 97 岁的老人积极参与区和乡镇的人大代表选举中，引导学生理解自下而上的人民代表大会制度的运行方式，明确自己的权利，进而认同人民代表大会制度。

▷ 资源④ 【文字资源】上海市人民代表大会常务委员会官网

官方网站：http://www.shrd.gov.cn

（建议用于第一框　第二目　知识要点二"人民代表大会制度的地位和人民代表大会的主要职权"的教学）

培育核心素养

政治认同：教师带领学生浏览上海市人民代表大会常务委员会网站，收集近年来上海市人大通过的重要立法案例，分析这些法律条文如何体现民意、回应民生关切，以及在地方治理中发挥的关键作用，深刻理解人民代表大会制度的历史沿革、运作机理及其在当代中国政治生活中的核心作用。

运用建议

1. 课前安排学生分组浏览网站，从立法工作、监督工作、人事任免、人大代表活动、决定重大事项几个方面搜集材料,将查阅资料填入任务单2。

表8.2 任务单2

任务	浏览上海市人民代表大会网站,搜集近期以下几个方面的相关信息		
小组		组员	
维度	查阅资料提示	具体查阅资料列举	学习感悟
立法工作	查阅新近颁布的地方性法规并追踪立法进程		
监督工作	查阅监督工作报告和监督预算		
人事任免	查阅人事任免公告		
决定重大事项	查阅审议批准重大规划和项目		
人大代表活动	查阅代表风采专栏和代表联络站信息		

2. 课中按照分组情况每个小组派代表介绍网站浏览的一个方面的主题,完善任务单,感受人民代表大会权为民所赋,体现社会主义国家的本质要求,为后续理解人民代表大会制度的地位和职权做好铺垫。

⊳ 资源⑤ 【实物资源】上海淞沪抗战纪念馆、上海四行仓库抗战纪念馆

上海淞沪抗战纪念馆开馆时间:每周二至周日,9:00—16:30(16:00停止入场)

展馆地址:上海市宝山区友谊路1号临江公园

官方网站:http://www.813china.com

上海四行仓库抗战纪念馆开馆时间:周二至周日(9:00—16:30,16:00停止入场);周一全天闭馆(法定节假日除外)

展馆地址:上海市静安区光复路1号

(建议用于第一框 第二目 知识要点三"人民代表大会制度的必然性和优越性"的教学)

培育核心素养

政治认同:通过参观红色遗址或查阅相关史料,思考在饱受帝国主义列强

欺凌、军阀割据混战的旧中国无法建立真正的民主政治,而人民代表大会制度能够在新中国诞生后得以确立并发展壮大的原因。理解人民代表大会制度作为中国人民在人类政治制度史上的伟大创造,是基于对中国近现代历史教训的深刻反思而形成的,进而认同人民代表大会制度的必然性和优越性。

运用建议

1. 课前参观。课前带领学生参观两个见证了抗日战争期间上海人民英勇抵抗日本侵略者的壮烈斗争的纪念馆,在任务单3填写参观感受。

表8.3　任务单3

任务	参观上海淞沪抗战纪念馆和上海四行仓库抗战纪念馆		
班级		姓名	
场馆	场馆简介	场馆纪念战争介绍	参观感受
上海淞沪抗战纪念馆			
上海四行仓库抗战纪念馆			

2. 课中探讨。课上分组派代表分享参观感受,引导学生思考为什么人民代表大会制度是符合中国国情和实际、体现社会主义国家性质、保障人民当家作主以及保障实现中华民族伟大复兴的好制度,进而认同人民代表大会制度的必然性和优越性。

第二框　我国的基本政治制度

第一目　中国共产党领导的多党合作和政治协商制度

▶ 资源6　【实物资源】上海市民主党派大厦

大厦地址:上海市静安区陕西北路128号

上海市民主党派大厦是全国第一幢省级民主党派集中办公的大厦,目前有8个民主党派上海市级组织在此办公。主要承担市委统战部机关有关处室统战对象的联络接待、党外人士专题培训班组织联络、统战系统相关社团的联络服务等职责。

（建议用于第二框　第一目　知识要点一"中国共产党领导的多党合作和政治协商制度的内涵"的教学）

培育核心素养

政治认同:通过查阅资料了解上海市民主党派大厦的相关情况,了解我国的基本政治制度中包括的中国共产党和其他 8 个民主党派,明确其组织构成。

运用建议

教师安排学生了解上海市民主党派大厦的历史,明确目前在上海市民主党派大厦办公的 8 个民主党派分别为中国国民党革命委员会、中国民主同盟、中国民主建国会、中国民主促进会、中国农工民主党、中国致公党、九三学社、台湾民主自治同盟,明确我国基本政治制度的组织构成。为知识要点二了解中国共产党和民主党派的关系奠定基础。

▷ 资源⑦　【音像资源】上海市政协十四届常委会第十二次会议　建好用好重大科学装置　进一步强化科技创新策源功能

2024 年是上海国际科创中心建设 10 周年。10 年来上海深入贯彻落实习近平总书记关于科技创新的重要论述和考察上海重要讲话精神,推动科创中心建设从建框架向强功能不断跃升,当前上海国际科创中心建设正处于功能全面升级的关键时期,如何进一步建好用好重大科学装置成为政协委员们持续关注的议题。2024 年 6 月 27 日,市政协召开十四届常委会第十二次会议,就此开展议政建言。

音像资源网址:
https://haokan. baidu. com/v? vid=10001256968073311024

（来源:上海广播电视台新闻综合频道|上海市政协十四届常委会第十二次会议建好用好重大科学装置　进一步强化科技创新策源功能 2024 - 08 - 11）

（建议用于第二框　第一目　知识要点二"中国共产党和民主党派的关系"的教学）

培育核心素养

政治认同:通过观看视频,了解中国共产党和各民主党派的关系。

运用建议

播放视频，了解为推动上海国际科创中心建设从建框架向强功能不断跃升，上海市政协在十四届常委会第十二次会议就如何进一步建好用好重大科学装置这一议题做充分的调研、讨论，为上海国际科创中心建设建言献策，明白中国共产党是执政党，各民主党派是中国共产党的好参谋、好帮手、好同事，中国共产党和各民主党派是通力合作、共同致力于社会主义事业的亲密友党的关系。

⊙ 资源⑧ 【实物资源】上海宋庆龄故居纪念馆

上海宋庆龄故居是中华人民共和国名誉主席、中国民主革命先行者孙中山先生的夫人——宋庆龄女士生前的寓所，是全国重点文物保护单位。上海宋庆龄故居纪念馆是 AAAA 国家级旅游景区、国家二级博物馆、上海市爱国主义教育基地，馆藏的万余件珍贵文物见证了宋庆龄为国为民、奋斗不息的一生和她勇敢无畏、坚贞不屈、无私奉献的高尚品格。

宋庆龄被誉为 20 世纪的伟大女性，是中华人民共和国的缔造者之一、国家名誉主席，伟大的爱国主义、民主主义、国际主义和共产主义战士，毕生为中国革命和建设，为世界和平和人类进步作出了不可磨灭的贡献。上海宋庆龄故居承载着宋庆龄"家的记忆 国的情怀"，是她从事国务活动的主要场所之一，是她一生中最喜欢、居住时间最长的地方，是她"可爱的家"。

展馆开放时间：全年 周二至周日 9:00—17:00 开放

展馆地址：上海市徐汇区淮海中路 1843 号

官方网站：http://www.shsoong-chingling.com

（建议用于第二框 第一目 知识要点二"中国共产党和民主党派的关系"和知识要点三"中国共产党的领导地位及民主党派的参政地位"的教学）

培育核心素养

政治认同：通过实地或线上参观上海宋庆龄故居纪念馆，了解宋庆龄在推动中国民主革命、支持中国共产党领导的新民主主义革命和社会主义建设事业中的重要作用，感受中国共产党和民主党派的关系及各自发挥的作用。

运用建议

1. 课前学生通过实地或线上的方式参观上海宋庆龄故居纪念馆,了解宋庆龄在推动中国民主革命、支持中国共产党领导的新民主主义革命和社会主义建设事业中的重要作用,完成任务单4。

表8.4　任务单4

任务	参观上海宋庆龄故居纪念馆		
班级		姓名	
宋庆龄在参与国家管理过程中的典型事例		参观感受	

2. 以小组为单位选取典型事例,通过模拟采访、短剧表演等方式完成排演并录制视频,再现在处理相关事务时,中国共产党和民主党派的关系及各自发挥的作用。

3. 挑选优秀视频课上展示,引导学生总结并深度领悟中国共产党和民主党派的关系及各自发挥的作用。

▶ 资源⑨　【文字资源】上海政协官网

> 官方网站:https://www.shszx.gov.cn

学习板块:政协要闻、界别活动、提案公开、会议建言、社情民意等

(建议用于第二框　第一目　知识要点三"中国共产党的领导地位及民主党派的参政地位"的教学)

培育核心素养

政治认同:通过了解、介绍上海政协官网,了解中国共产党和民主党派各自发挥的作用。

运用建议

1. 课上或课前分组选择上海政协官网上"政协要闻、界别活动、提案公开、

会议建言、社情民意"等模块中的1个模块的具体内容进行学习,对学习的内容做简单介绍,并阐明学习体会,完成任务单5。

表8.5 任务单5

任务	学习上海政协官网,了解中国共产党和民主党派各自发挥的作用		
小组		组员	
学习模块	学习内容简介	感悟	
□政协要闻 □界别活动 □提案公开 □会议建言 □社情民意 □其他			

2. 教师带领学生深入解析各组的学习体会,使学生认识到中国共产党的领导地位及民主党派的参政地位,以及各自发挥的职能,初步感知我国政党制度的优越性。

第二框 我国的基本政治制度

第二目 民族区域自治制度

▶ 资源⑩ 【实物资源】上海博物馆

开放时间:10:00—18:00,17:00后停止入场,周二闭馆(法定节假日除外)

场馆地址:上海市黄浦区南京西路325号

官方网站:https://www.shanghaimuseum.net/mu/frontend/pg/index

(建议用于第二框 第二目 知识要点二"民族区域自治的内涵"的教学)

培育核心素养

政治认同:通过参观上海博物馆举办的各类反映中国各民族文化特色的展

140

览,直观了解中国多民族文化的多样性,从而更好地理解民族区域自治制度的内涵,尊重和保护少数民族文化,促进民族间的和谐共生。

运用建议

1. 课前让学生在上海博物馆网站浏览有关民族文化特色的展览,学生可以挑选一个或多个展览中的民族元素(如服装、音乐、手工艺)进行详细的研究,并填写任务单6。

表8.6　任务单6

任务	参观上海博物馆有关民族文化特色的展览		
姓名		参观方式	□实地 □线上
展览中的民族元素			
元素的历史背景			
元素的地域分布			
元素的制作工艺或表现形式			
元素在当代社会中的传承与发展状态			

2. 课中结合学生填写的任务单,选取学生代表分享调研感受,使学生能更直观地感受到民族区域自治制度下文化多样性的保护成果,在实践中加深对民族区域自治制度内涵的理解。

第二框　我国的基本政治制度

第三目　基层群众自治制度

▶ 资源11 【实物资源】上海的居委会、村委会

上海的居委会和村委会是基层群众自治制度的直接实践者,组织学生参观典型的社区服务中心,如普陀区长寿路街道大上海城市花园居委会、虹口区嘉兴路街道天虹居委会等,或学校所在地的社区服务中心,了解居委会的工作日常、社区治理模式以及居民参与决策的过程。

普陀区长寿路街道大上海城市花园居委会积极探索以"达人之能"为牵引,

助"社区之治"显成效,2018年成立"慧聚大上海"智囊团,通过"一元钱"解决电梯修理难题,开展世界咖啡论坛吸引年轻人参与治理议事,实施"从无到有"的停车管理制度,组建"维修资金自治小组",探索维修资金的"无痛续筹"等。多个社区治理案例成为治理样本,被纳入清华大学公共管理案例库。

(来源:上观新闻|喜报!普陀3个居委会和5名社区工作者荣获市级表彰 2023-11-29【摘取部分】)

虹口区嘉兴路街道天虹居委会位于虹口区嘉兴路街道瑞虹新城区域,是典型的高档商品房居住区。天虹居委会着眼于社区人群和形态,以居民需求为导向,精心打造"楼下坐坐"瑞虹共享会客厅,构建新型社区邻里社交、情感链接和议事协商公共空间,在这里邻里随时"楼下坐坐",每个人都可以成为会客厅的主人。坚持把社区会客厅作为"孵化器",赋能社区能人达人,并持续转化为社区治理的骨干力量。积极培育空间主理人、社群主理人、一日厅长、社区营造伙伴、志愿者等,动员一批具有专业背景的社区居民、社会组织、社区单位等共同参与社区治理,形成党建引领、居委会引导、第三方赋能、社区能人达人主理、居民参与的社区治理新格局。

(来源:上海市人民政府官网 地区动态|虹口这些集体和个人受到表彰 2023-12-04【摘取部分】)

(建议用于第二框 第三目 知识要点一"基层群众自治制度的地位和内涵"和知识要点二"基层群众自治制度的实现方式"的教学)

培育核心素养

政治认同:通过实地调研上海的居委会和村委会,了解居委会和村委会的工作日常、社区治理模式以及居民和村民参与决策的过程,直观感受基层群众自治的力量和效果,了解基层群众自治制度的地位和内涵及其实现方式。

公共参与:通过实地考察亲眼见证居委会和村委会的实际运作,了解基层决策过程、社区规划及服务项目等,提升信息甄别和处理能力,意识到自身作为社区成员的责任和作用,形成对公共事务全面而准确的理解,激发公民意识和参与社区建设的热情。

运用建议

1. 课前安排学生实地考察居委会或村委会,了解居委会或村委会的工作日常、社区治理模式以及居民或村民参与决策的过程,鼓励学生撰写观察日记或研究报告,记录居委会或村委会的工作流程、社区服务项目、居民会议讨论的重点议题等。例如,通过参与"美丽家园""幸福社区"等民生工程的实地调研,学生可以直观感受到基层群众自治的力量和效果。

2. 结合学生写的观察日记,发现学生认知中的盲区,在讲授基层群众自治制度的时候着重引导对盲区知识点的思考,重点分析基层治理中民主决策、信息公开、居民参与等方面的实践情况。

▶ **资源12** 【音像资源】张江镇:践行新时代"枫桥经验"　创新基层治理新样本

作为张江镇唯一保留的保护村,环东中心村过万的居住人口中三分之二是外来人口,多元的基层治理需求让其成为"枫桥经验"落地实践的首选地,也为推动超大城市乡村治理现代化提供了生动样本。

> 音像资源网址:
>
> https://haokan.baidu.com/v?pd＝wisenatural&vid＝7821331498942630972

(来源:浦东电视台　浦东新闻|张江镇:践行新时代"枫桥经验"　创新基层治理新样本 2024-06-12)

(建议用于第二框　第三目　知识要点三"基层群众自治制度的意义和优越性"的教学)

培育核心素养

政治认同:通过观看视频,了解基层群众自治制度的良好运行给张江镇环东中心村带来的改变,进而理解基层群众自治制度的意义和优越性。

运用建议

播放视频,让学生了解张江镇环东中心村践行新时代"枫桥经验",打造"三所两庭一厅",构建网格化基层治理体系,实现诉求处置不过夜、矛盾调解不过夜、信息反馈不过夜,真正实现人民小事不出格、大事不出村的具体做法,进而理解基层群众自治制度的意义和优越性。

第9课

发展社会主义民主政治

教学资源导航图

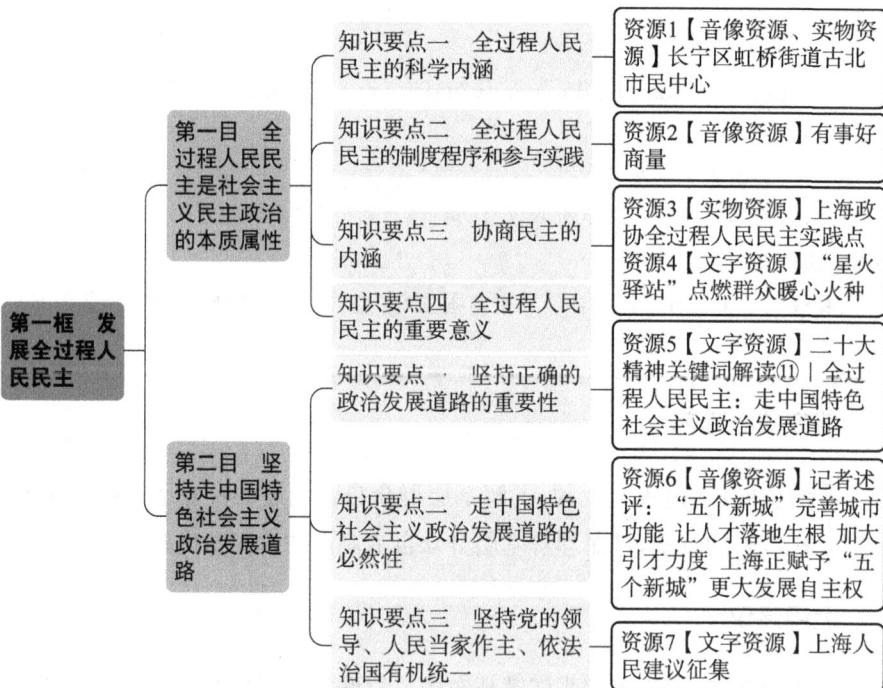

		知识要点一　全过程人民民主的科学内涵	资源1【音像资源、实物资源】长宁区虹桥街道古北市民中心
	第一目　全过程人民民主是社会主义民主政治的本质属性	知识要点二　全过程人民民主的制度程序和参与实践	资源2【音像资源】有事好商量
		知识要点三　协商民主的内涵	资源3【实物资源】上海政协全过程人民民主实践点
			资源4【文字资源】"星火驿站"点燃群众暖心火种
第一框　发展全过程人民民主		知识要点四　全过程人民民主的重要意义	
		知识要点一　坚持正确的政治发展道路的重要性	资源5【文字资源】二十大精神关键词解读⑪｜全过程人民民主：走中国特色社会主义政治发展道路
	第二目　坚持走中国特色社会主义政治发展道路	知识要点二　走中国特色社会主义政治发展道路的必然性	资源6【音像资源】记者述评："五个新城"完善城市功能　让人才落地生根　加大引才力度　上海正赋予"五个新城"更大发展自主权
		知识要点三　坚持党的领导、人民当家作主、依法治国有机统一	资源7【文字资源】上海人民建议征集

	知识要点一　"一国两制"的内涵	资源8【实物资源】上海孙中山故居纪念馆
第一目　坚持和完善"一国两制",推进祖国统一	知识要点二　"一国两制"的成功实践	资源9【文字资源】沪港经贸合作"交响曲"不断奏出新乐章　越来越多香港企业在上海发现新商机　也有越来越多上海企业通过香港开辟广阔新天地
	知识要点三　"一国两制"方针是一个完整的体系	
	知识要点四　解决台湾问题的基本方针及实现形式	
	知识要点五　祖国统一的前景	资源10【文字资源】上海与台湾官网
第二目　铸牢中华民族共同体意识	知识要点一　中华民族多元一体格局	资源11【实物资源】上海城市规划展示馆
	知识要点二　民族团结及中华民族共同体意识的重要意义	资源12【实物资源】上海城隍庙
	知识要点三　铸牢中华民族共同体意识的实践要求	资源13【音像资源】上海召开城市治理共同体与各民族互嵌共融研讨会

（第二框　维护祖国统一和民族团结）

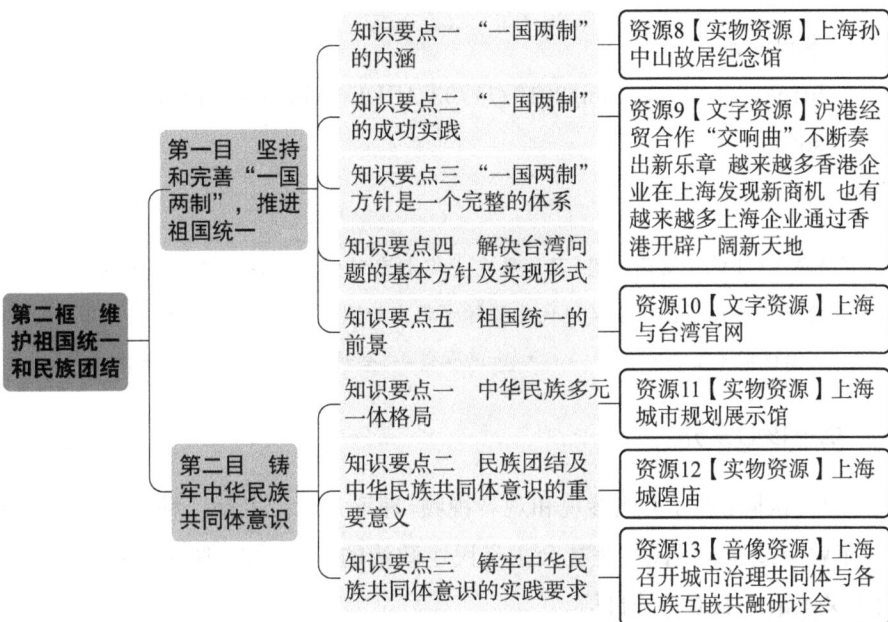

上海本土教学资源及运用建议

第一框　发展全过程人民民主

第一目　全过程人民民主是社会主义民主政治的本质属性

▷ **资源 1** 【音像资源、实物资源】长宁区虹桥街道古北市民中心

场馆地址:长宁区虹桥街道富贵东道 99 号

开放时间:上午 8:30—11:30;下午 13:30—17:00,16:00 停止入馆

预约热线:021 - 22850795

2019 年 11 月,习近平总书记在上海长宁区虹桥街道古北市民中心考察社区治理和服务情况。市民中心内,一场别开生面的法律草案意见建议征询会正在进行。习近平总书记同参加征询会的居民亲切交谈,详细询问法律草案的意见征集工作情况。习近平强调,人民民主是一种全过程的民主,所有的重大立法决策都是依照程序、经过民主酝酿,通过科学决策、民主决策产生的。

音像资源网址:

https://tv.cctv.com/2019/11/03/VIDEc9vhpciOZXLO74hwynyg191 103.shtml

(编辑:杨书杰)

(来源:CCTV13 新闻联播|习近平在上海考察时强调 深入学习贯彻党的十九届四中全会精神 提高社会主义现代化国际大都市治理能力和水平 2019 - 11 - 03)

(建议用于第一框 第一目 知识要点一"全过程人民民主的科学内涵"的教学)

培育核心素养

政治认同:通过实地参观和观看视频,理解人民民主是一种全过程人民民主,了解全过程人民民主是社会主义民主政治的本质属性,坚定对中国特色社会主义政治发展道路的自信。

运用建议

1. 课前安排学生参观全过程人民民主的首发地长宁区虹桥街道古北市民中心,了解习近平总书记在此考察时提出全过程人民民主的过程,根据参观学习的体会,理解全过程人民民主的内涵。

2. 课中播放视频,带领学生梳理习近平总书记提出的全过程人民民主的真谛,进一步深入学习全过程人民民主的内涵。

▶ 资源2 【音像资源】有事好商量

2015 年,朱国萍所在的虹桥街道被确定为全国人大基层立法联系点,她也多了一个新身份——立法信息员。在虹桥街道,4 万多居民的各种意见建议,正是通过 310 名像朱国萍这样的信息员"原汁原味"地直达国家立法机关。

这几年,虹桥街道的信息员们干了不少"大事儿"。他们不但通过"民意最大公约数"解决了老旧小区加装电梯的"老难题",还参与了 60 多部法律草案的意见征询。当地居民的上千条建议被一一记录,其中百余条被立法机构正式采纳。

党的十八大以来,习近平总书记始终坚持发展更加广泛、更加充分、更加健全的人民民主,并提出人民民主是一种全过程的民主。

今日中国，一个个环节紧密、形式丰富、覆盖广泛的民主实践场景，正为"全过程人民民主"注入着新鲜的活力……

音像资源网址：

https://news.cctv.com/2022/10/10/VIDETxUEbPibrTdceqHgkuo X221010.shtml

（来源：央视网　思想的力量|有事好商量 2022－10－10）

（建议用于第一框　第一目　知识要点二"全过程人民民主的制度程序和参与实践"的教学）

培育核心素养

政治认同：通过对视频中展现的全过程人民民主的分析和学习，深入理解全过程人民民主的制度程序，坚定对中国特色社会主义政治发展道路的自信。

运用建议

课中探讨。可在播放视频前请学生分享他们对全过程人民民主制度程序的理解，也可请学生分享参与全过程人民民主的实践体会。在播放视频后请同学结合视频中的内容再次谈自己的体会和认识，从而使学生通过对比，深入理解全过程人民民主的制度程序。

> 资源3　【实物资源】上海政协全过程人民民主实践点

场馆地址：上海市长宁区虹桥街富贵东道 268 号

（建议用于第一框　第一目　知识要点三"协商民主的内涵"的教学）

培育核心素养

政治认同：通过实地参观学习，了解更加具体化、实效化的推动全过程人民民主的方式、程序、机制，深入理解人民民主的真谛，领悟协商民主的内涵，坚定对中国特色社会主义政治发展道路的自信。

公共参与：通过实地参观学习，了解全过程人民民主的特征和协商民主的内涵，明确参与政治生活的途径、方法和意义，积极参与民主选举、民主管理、民主决策、民主监督的实践，提高对话协商、沟通合作、表达诉求和解决问题的能力,有序参与公共事务;乐于为人民服务,勇于承担社会责任。

运用建议

1. 课前参观上海政协全过程人民民主实践点,结合实践点展示的协商民主的创新实践,思考全过程人民民主中协商民主的内涵。

2. 课中教师带领学生梳理全过程人民民主中协商民主的内涵,理解民主协商和民主选举一样,也是社会主义民主的重要形式。

3. 课后学生分组调研,找到一项涉及身边群众切身利益的实际问题,结合所学内容,拟写通过协商民主解决问题的建议案。

▶ 资源④ 【文字资源】"星火驿站" 点燃群众暖心火种

"星火驿站"是金山区星火村的一个村级代表联络站,在此基础上,又延伸出了众多建在农村茶馆和埭上的代表联系点。自建成以来,星火村村民在这里向代表反映问题、倾诉心声,代表们在这收集社情民意,解决了村民一个又一个"急难愁盼"问题,"驿站"点燃了当地群众的暖心火种。如今,越来越多村民走入站点与代表说事议事,代表与群众在这里共同描绘着全过程人民民主的生动画卷。

> 文字资源网址:
> https://web.shobserver.com/sgh/detail?id=867662

(供稿:上海人大全媒体平台)

(来源:上观新闻|全过程人民民主案例专递②|"星火驿站"点燃群众暖心火种 2022-09-29)

(建议用于第一框 第一目 知识要点三"协商民主的内涵"的教学)

培育核心素养

政治认同:通过了解金山区星火村"星火驿站"的建立和倾听村民心声、帮助村民解困的实际案例,领悟协商民主的内涵,坚定对中国特色社会主义政治发展道路的自信。

运用建议

学生自主学习资料,了解金山区星火村"星火驿站"的建立和倾听村民心声、帮助村民解困的实际案例,领悟协商民主的内涵。

第一框 发展全过程人民民主

第二目 坚持走中国特色社会主义政治发展道路

▷ **资源5** 【文字资源】二十大精神关键词解读⑪|全过程人民民主:走中国特色社会主义政治发展道路

　　党的二十大报告提出,发展全过程人民民主,保障人民当家作主。坚持发展全过程人民民主,始终不渝地走中国特色社会主义政治发展道路,是党的十八大以来我们党一贯坚持的政治发展导向。三年前,习近平总书记在上海市长宁区虹桥街道古北市民中心考察,在听取了关于全国人大常委会在该中心设立的基层立法联系点工作汇报后指出,"我们走的是一条中国特色社会主义政治发展道路,人民民主是一种全过程的民主",这是关于中国特色社会主义民主理论的重要概念和重要命题。党的二十大报告进一步提出"必须坚定不移走中国特色社会主义政治发展道路""发展全过程人民民主,保障人民当家作主",这是我们全面建设社会主义现代化国家的政治保证,更是全面建设社会主义现代化国家的题中应有之义。走中国特色社会主义政治发展道路、发展全过程人民民主,反映了以习近平同志为核心的党中央推进中国特色社会主义政治发展以及社会主义民主政治的最新成果,是中国共产党人对政治发展理论和民主政治理论作出的积极探索和重要贡献。

> 文字资源网址:
>
> https://export.shobserver.com/baijiahao/html/546583.html

　　　　　　　　　　　　(作者为上海市政治学会会长、复旦大学教授　桑玉成)

　　(来源:上观新闻|二十大精神关键词解读⑪|全过程人民民主:走中国特色社会主义政治发展道路 2022-11-05)

　　(建议用于第一框　第二目　知识要点一"坚持正确的政治发展道路的重要性"的教学)

培育核心素养

政治认同:通过学习文字资料,认识到推进中国特色社会主义政治发展,坚持走中国特色社会主义政治发展道路是关系根本、关系全局的重大问题,是我们全面建设社会主义现代化国家的政治保证,更是全面建设社会主义现代化国家的重要保证,坚定走中国特色社会主义政治发展道路的信心。

运用建议

课前预习文字资料,总结坚持正确政治发展道路的重要性。

➤ 资源⑥ **【音像资源】记者述评:"五个新城"完善城市功能 让人才落地生根 加大引才力度 上海正赋予"五个新城"更大发展自主权**

纷至沓来的新嘉定人感受着嘉定新城日新月异的变化。事实上,随着人口的不断涌入,上海"五个新城"配套的住房、医疗、教育等优质公共资源都在同步建设集聚。城市的功能日益完善,特色也日益鲜明。

松江作为最早开发的新城之一,人口最多,生活配套成熟齐全,G60科创走廊是上海科创版图中关键的布局,大学城则汇聚了优质的学区资源,此外还有站城一体的客运枢纽等等都是加分项。

位于淀山湖畔的青浦新城依托环城水系公园,努力做好滨水文章,打造推窗有景、出门见绿的生活秀带。

奉贤新城也以"最生态"为指引,以绿为体,以水为脉,展开森林城市新蓝图,致力于缔造一个更理想的青春之城。

南汇新城则主打国际风、未来感、海湖韵,全力打造与特殊经济功能区相匹配的现代化新城样板间。

如何让新城既有干事创业的热度,又有现代化宜居生活的温度,如何进一步优化人才政策,都体现了走中国特色社会主义政治发展道路的必然性。

> 音像资源网址:
>
> https://haokan.baidu.com/v?pd=wisenatural&vid=1235052951564
> 7077427

(来源:东方卫视 东方新闻|记者述评:"五个新城"完善城市功能 让人才落地生根 加大引才力度 上海正赋予"五个新城"更大发展自主权 2024-04-27)

(建议用于第一框 第二目 知识要点二"走中国特色社会主义政治发展道路的必然性"的教学)

培育核心素养

政治认同：通过观看上海赋予"五个新城"更大发展自主权的视频，了解正是在党从国情和实际出发探索出的中国特色社会主义政治发展道路下，以"五个新城"为代表的上海城市发展才会如此快速，认同中国特色社会主义政治发展道路是中国共产党和中国人民的伟大创造。

运用建议

课中教师带领学生观看视频，提醒学生注意上海赋予了"五个新城"怎样的发展自主权，在这样的自主权下"五个新城"如何找到自己的定位，明确各具特色的发展方向，从而促进上海实现从"单中心"城市向"多中心""网络化"都市圈的转变，推动城市空间布局的优化和城市功能的提升。理解这样的探索正是坚持党的领导、人民当家作主、依法治国的具体体现，目标是体现人民利益、反映人民愿望、维护人民权益、增进人民福祉，引导学生理解走中国特色社会主义政治发展道路的必然性。

➤ 资源7 【文字资源】上海人民建议征集

活动网址：https://xfb.sh.gov.cn/xinfang/xfb/ywtb/loginNotice?type=zj&url=%2Fxinfang%2Fyjzj%2Fletter%2FpersonList

"人民建议征集是落实全过程人民民主理念的具体实践，是推动人民城市建设的重要举措，是创新群众工作方法的有益探索，是新时代信访工作转型升级的重要内容。"上海市委市政府信访办公室、上海市人民建议征集办公室主任王剑华表示，要进一步建好用好征集平台，用心用情办好每一条建议，将人民建议征集融入城市治理体系，推动形成人人有责、人人尽责、人人享有的社会治理共同体。

建议须知

一、请就本市民生关切、社会治理、城市发展等提出您的好建议、金点子。

二、为了便于建议的研究采纳，请注明建议主题、说明主要事由、提出对策建议，字数控制在100～2000字。

三、"人民建议征集信箱"主要收集群众建议。投诉请求、举报等请通过其他渠道反映。

城市建设更美丽需要您的"大智慧",城市生活更美好需要您的"金点子"。衷心感谢您对我们工作的关心、理解和支持!

(建议用于第一框 第二目 知识要点三"坚持党的领导、人民当家作主、依法治国有机统一"的教学)

培育核心素养

政治认同:通过参与建议征集活动,切身体会我为我的城市做贡献、我为上海出主意的主人翁地位,认同党的领导、人民当家作主、依法治国有机统一是社会主义政治发展的必然要求。

法治意识:通过参与建议征集活动,明白参与政治生活是我国宪法规定的公民享有的基本权利,也是公民应当履行的义务,增强法治观念,在党的领导下自觉参与社会主义法治国家建设。

公共参与:通过参与建议征集活动,提高表达诉求和解决问题的能力,有序参与公共事务,乐于为人民服务,勇于承担社会责任。

运用建议

1. 课前学生分组调研本市民生关切、社会治理、城市发展中存在的问题,针对问题提出好建议、金点子。按照"人民建议征集信箱"要求,注明建议主题、说明主要事由、提出对策建议,准备提交至"人民建议征集信箱"。教师提醒学生在调研的过程中注意深入思考、遵纪守法。

2. 课中学生分享建议主题、说明主要事由、提出对策建议,教师帮助学生完善建议。引导学生意识到"人民建议征集信箱"正体现了坚持党的领导、人民当家作主、依法治国有机统一的重要意义。

第二框 维护祖国统一和民族团结

第一目 坚持和完善"一国两制",推进祖国统一

▶ 资源⑧【实物资源】上海孙中山故居纪念馆

开放时间:周二至周日9:00—17:00(16:30 停止售票);周一闭馆,法定节假日除外。

场馆地址:上海市黄浦区香山路7号

官网地址:https://www.sh-sunyat-sen.net/#/home

（建议用于第二框 第一目 知识要点一"'一国两制'的内涵"的教学）

培育核心素养

政治认同:通过参观上海孙中山故居纪念馆,了解孙中山追求民族独立、民权平等、民生改善的奋斗历程,和他开创的"一国异（两）制"政治实践与政治探索;从历史脉络的宏观视角把握"一国两制"的由来及其在中国现代化进程中的重要地位,进而理解"一国两制"的内涵。

运用建议

1. 课前教师带领学生参观上海孙中山故居纪念馆,要求学生在参观前预先研读孙中山先生的生平事迹,重点了解三民主义,尤其是民族主义部分与中国统一的关系,以及"一国异（两）制"政治实践与政治探索。参观时,关注展品和介绍中与国家统一愿景有关的元素,如《建国大纲》《实业计划》等,思考孙中山追求国家完全独立、领土完整的精神与"一国两制"维护国家主权和领土完整的宗旨有何相通之处。

2. 课中结合学生参观让学生就思考题目作出回答,引导学生在深入了解孙中山先生伟大人格和卓越贡献的同时,逐步建立起对"一国两制"这一中国特色社会主义制度创新的正确认识,体会这一制度在维护国家主权、促进民族团结、保障地方繁荣稳定等方面发挥的关键作用,进而理解"一国两制"的内涵。

▶ 资源⑨ **【文字资源】沪港经贸合作"交响曲"不断奏出新乐章 越来越多香港企业在上海发现新商机 也有越来越多上海企业通过香港开辟广阔新天地**

"这家公司非常有实力,我要去认识一下!"圆桌交流会刚结束,一家上海企业代表就马上起身,拿着手机走向会议室另一侧的香港企业代表。会议结束许久,簇拥交流的企业代表们迟迟没有散去。在香港举办的第九届"一带一路高峰论坛"期间,这样一场"沪港专业服务圆桌交流会"拉近了沪港两地企业之间的距离。

文字资源网址：

https://www.jfdaily.com/staticsg/res/html/journal/detail.html?
date=2024-09-13&id=378535&page=02

（作者：吴頔）

（来源：解放日报｜沪港经贸合作"交响曲"不断奏出新乐章　越来越多香港企业在上海发现新商机　也有越来越多上海企业通过香港开辟广阔新天地 2024-09-13）

（建议用于第二框　第一目　知识要点二"'一国两制'的成功实践"的教学）

培育核心素养

政治认同：通过了解沪港合作促进两地共同发展的案例，理解两地的共同发展基于坚持一个中国原则，共同服务于国家整体发展战略的目标，认同"一国两制"方针。

运用建议

引导学生阅读相关案例，结合案例分析该合作如何在"一国两制"框架下克服制度差异，实现双方共赢发展，增强对"一国两制"方针的认同。

◎ 资源⑩【文字资源】上海与台湾官网

官方网站：https://www.shanghai-taiwan.org

（建议用于第二框　第一目　知识要点五"祖国统一的前景"的教学）

培育核心素养

政治认同：通过浏览上海与台湾官网相关模块内容，从上海与台湾两地的友好互动中坚定祖国统一的信心，相信祖国完全统一一定能够实现。

运用建议

引导学生浏览上海与台湾官网，通过了解沪台情缘、经贸合作、两岸青年职通车、历史与资料、依法严惩"台独"顽固分子等模块内容，感受以上海为代表的各个城市、地区为促进两岸友好所做的努力与台湾当地人民的心声，坚定祖国统一的信心,相信祖国完全统一一定能够实现。

第二框　维护祖国统一和民族团结

第二目　铸牢中华民族共同体意识

➤ **资源11** 【实物资源】上海城市规划展示馆

开放时间:每周四至下周二　9:00—17:00(16:00 停止入馆),周三闭馆(法定节假日除外)

预约方式:可通过上海城市规划展示馆官方微信公众号预约参观

场馆地址:上海市黄浦区人民大道 100 号

官方网站:https://www.supec.org.cn/index.html?header=index

（建议用于第二框　第二目　知识要点一"中华民族多元一体格局"的教学）

培育核心素养

政治认同:通过参观了解上海的城市发展历程,尤其是上海地区少数民族聚居区的变化,了解上海如何在城市建设中尊重和保护民族文化特色,体会"一体之中,多元共存"。

运用建议

1. 课前参观上海城市规划展示馆,了解上海的城市发展历程,尤其是上海地区少数民族聚居区的变化。学生分组选择一个或几个居住在上海的少数民族,研究他们的历史渊源、文化特色(如语言、服饰、节日、饮食)、在上海的生活现状和文化传承情况。让学生意识到上海不仅是汉族的聚集地,还有其他多个民族在此生息繁衍,每个民族都为这座城市增添了独特的文化色彩。

2. 课中结合学生课前调研对比不同民族的代表性元素,可以是比较节日庆祝方式、宗教信仰仪式或是传统艺术表现形式,分析它们的异同点。让学生学会欣赏差异美,同时也认识到在众多不同背后,往往有着人类共同的情感和追求,即"一体之中,多元共存"。

⊙ 资源12 【实物资源】上海城隍庙

地址：上海市黄浦区方浜中路 249 号

（建议用于第二框　第二目　知识要点二"民族团结及中华民族共同体意识的重要意义"的教学）

培育核心素养

政治认同：通过逛上海城隍庙，品尝城隍庙里汇聚的各民族美食，深化对民族团结及共同体意识的理解，在生活实践中深刻领悟民族团结与铸牢中华民族共同体意识的重大意义，增强对伟大祖国的深厚感情和强烈归属感。

运用建议

1. 课前参观。城隍庙周边的小吃街汇集了全国各地甚至海外的特色美食，从云南米线、四川麻辣烫到新疆烤羊肉串，每一道美食都是某个特定民族或地域文化的代表。教师可以指导学生品尝并记录不同美食的来历、制作工艺和背后的故事，通过味蕾的旅行让学生直观感受中华民族多元一体的格局在生活中的体现，理解各民族文化如何在交流中共存和发展，形成独特的"食"文化。

2. 课中结合学生的课前参观，聚焦城隍庙内展出或表演的非物质文化遗产项目，如评弹、苏绣、泥塑等，探讨这些技艺的现状、面临的挑战及保护措施，强调文化多样性对社会发展的意义。

⊙ 资源13 【音像资源】上海召开城市治理共同体与各民族互嵌共融研讨会

2024 年 8 月 29 日至 30 日，上海召开城市治理共同体与各民族互嵌共融研讨会，深入学习贯彻党的二十届三中全会精神，聚焦铸牢中华民族共同体意识主线，探讨推进新时代党的民族工作高质量发展的新经验新举措，促进各民族广泛交往交流交融。

音像资源网址：

https://haokan.baidu.com/v?pd=wisenatural&vid=6966053513474977526

（来源：上海广播电视台新闻综合频道　新闻报道|上海召开城市治理共同体与各

民族互嵌共融研讨会 2024 - 08 - 30)

（建议用于第二框　第二目　知识要点三"铸牢中华民族共同体意识的实践要求"的教学）

培育核心素养

政治认同：通过了解上海召开的城市治理共同体与各民族互嵌共融研讨会上为促进平等团结互助和谐的社会主义民族关系采取的措施，明确铸牢中华民族共同体意识的典型做法与实践要求，自觉为民族团结做贡献。

运用建议

观看视频，了解上海为促进平等团结互助和谐的社会主义民族关系而采取的以"家在上海"品牌建设活动为抓手，以地校共建、社区融入、结对认亲为主要途径，让各民族同胞发自内心地认同"上海是我家"，并逐步践行"我在上海有个家"的做法，明确铸牢中华民族共同体意识的典型做法与实践要求，自觉为民族团结做贡献。

中国特色社会主义文化建设

第10课

文化自信与文明交流互鉴

🔖 **教学资源导航图**

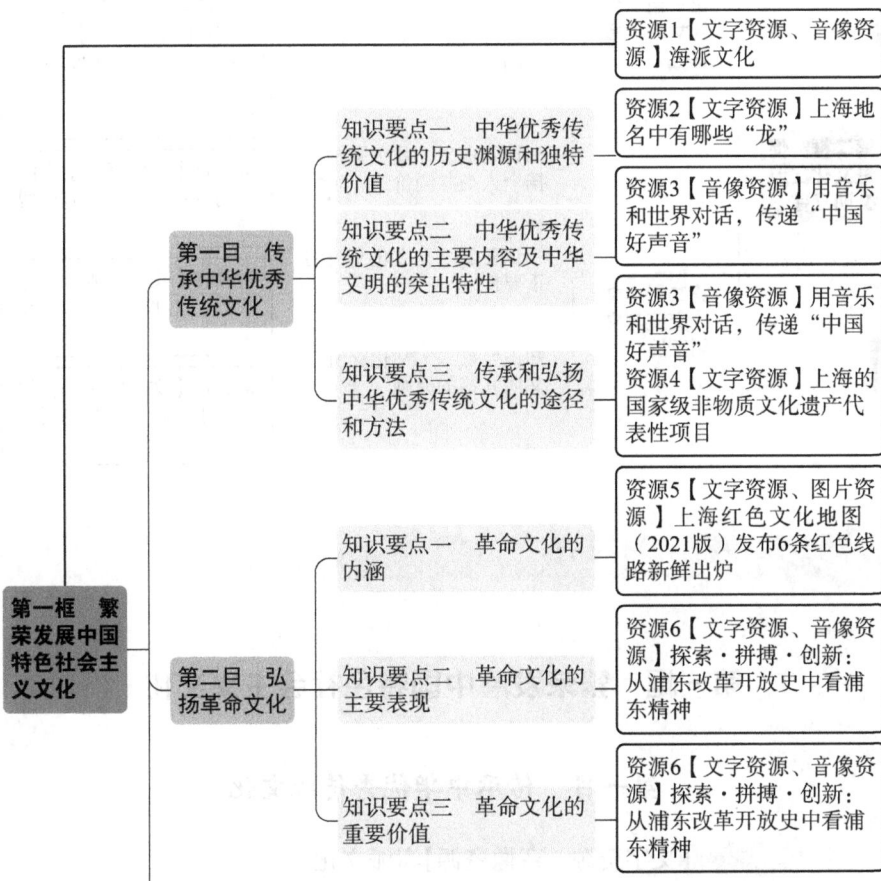

```
                                                        ┌─────────────────────────┐
                                                        │ 资源1【文字资源、音像资  │
                                                        │ 源】海派文化             │
                                                        └─────────────────────────┘
                                                        ┌─────────────────────────┐
                          知识要点一  中华优秀传         │ 资源2【文字资源】上海地  │
                          统文化的历史渊源和独特─────────│ 名中有哪些"龙"          │
                          价值                           └─────────────────────────┘
                                                        ┌─────────────────────────┐
                                                        │ 资源3【音像资源】用音乐  │
              ┌──────────┐知识要点二  中华优秀           │ 和世界对话,传递"中国    │
              │ 第一目 传 │传统文化的主要内容及中华───────│ 好声音"                 │
              │ 承中华优秀│文明的突出特性                 └─────────────────────────┘
              │ 传统文化  │                               ┌─────────────────────────┐
              └──────────┘                               │ 资源3【音像资源】用音乐  │
                          知识要点三  传承和弘扬          │ 和世界对话,传递"中国    │
                          中华优秀传统文化的途径─────────│ 好声音"                 │
                          和方法                          │ 资源4【文字资源】上海的  │
                                                        │ 国家级非物质文化遗产代  │
                                                        │ 表性项目                 │
                                                        └─────────────────────────┘
                                                        ┌─────────────────────────┐
                                                        │ 资源5【文字资源、图片资  │
                          知识要点一  革命文化的         │ 源】上海红色文化地图     │
                          内涵───────────────────────────│ (2021版)发布6条红色线  │
┌──────────┐                                            │ 路新鲜出炉               │
│ 第一框 繁 │                                            └─────────────────────────┘
│ 荣发展中国│                                            ┌─────────────────────────┐
│ 特色社会主│  ┌──────────┐                              │ 资源6【文字资源、音像资  │
│ 义文化    │  │ 第二目 弘 │知识要点二  革命文化的       │ 源】探索·拼搏·创新:    │
└──────────┘  │ 扬革命文化│主要表现───────────────────── │ 从浦东改革开放史中看浦  │
              └──────────┘                              │ 东精神                   │
                                                        └─────────────────────────┘
                                                        ┌─────────────────────────┐
                                                        │ 资源6【文字资源、音像资  │
                          知识要点三  革命文化的         │ 源】探索·拼搏·创新:    │
                          重要价值───────────────────────│ 从浦东改革开放史中看浦  │
                                                        │ 东精神                   │
                                                        └─────────────────────────┘
```

第三目 发展社会主义先进文化	知识要点一 先进文化的重要意义	资源7【文字资源、音像资源】打响"上海文化"品牌、打造浦东文化高地！
	知识要点二 建设和发展社会主义先进文化的举措和意义	资源8【音像资源】"上海文化"品牌
	知识要点三 坚定文化自信	资源8【音像资源】"上海文化"品牌

第二框 促进文化交流文明互鉴	第一目 世界文明的多样性	知识要点一 世界文明的多样性特征	资源9【实物资源】外滩万国建筑博览群 资源10【文字资源】文明因交流而精彩！近20个"一带一路"沿线国家的美物齐聚上海
		知识要点二 文明交流互鉴的重要性	资源10【文字资源】文明因交流而精彩！近20个"一带一路"沿线国家的美物齐聚上海
		知识要点三 我国坚持弘扬全人类共同价值	资源11【音像资源】影像中的百年党史：上海世博会
	第二目 文化交流与文明互鉴	知识要点一 文化交流的重要性	资源12【文字资源、音像资源】文化交流与文明互鉴
		知识要点二 文化交流与文明互鉴的原则	资源12【文字资源、音像资源】文化交流与文明互鉴

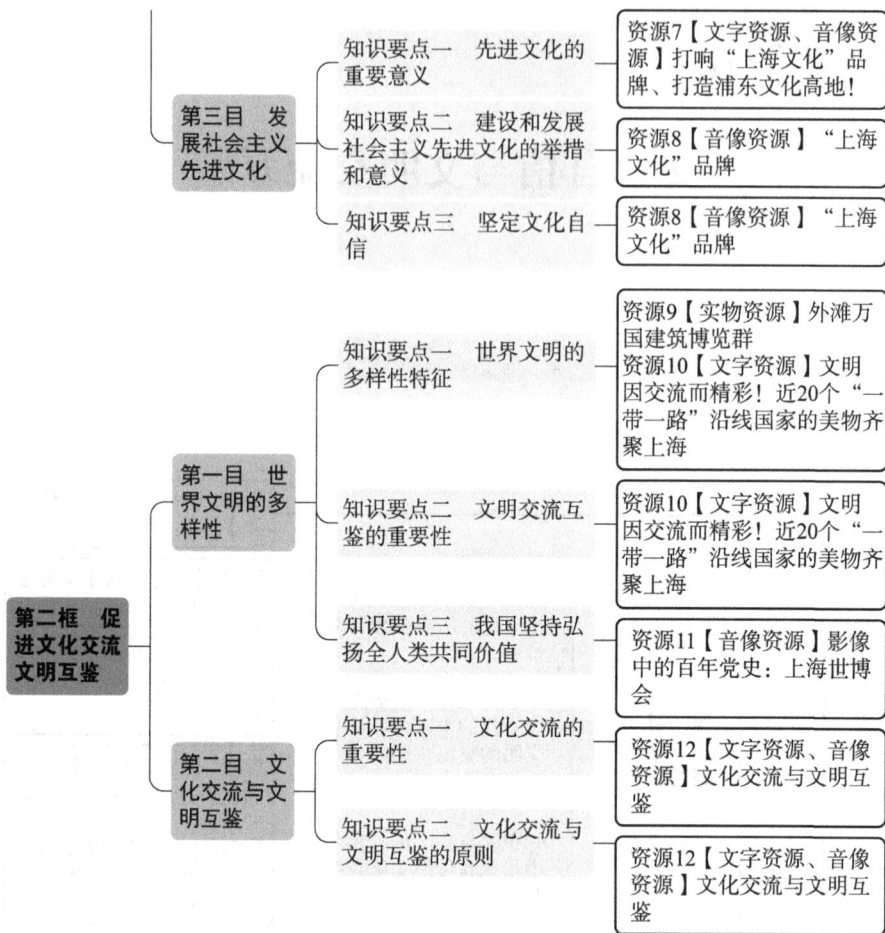

上海本土教学资源及运用建议

第一框 繁荣发展中国特色社会主义文化

第一目 传承中华优秀传统文化

▷ 资源 **1** 【文字资源、音像资源】海派文化

资源 1.1 【音像资源】海派文化 历久弥新

上海的文化被称为"海派文化"。海派文化是在中国江南传统文化（吴越文

化)的基础上,融合开埠后传入的对上海影响深远的源于欧美的近现代工业文明而逐步形成的上海特有的文化现象。海派文化既有江南文化的古典与雅致,又有国际大都市的现代与时尚,区别于中国其他文化,具有开放而又自成一体的独特风格。

> 音像资源网址:
>
> https://tv.cctv.com/2020/05/27/VIDE6zNXz1ZTqhcwMGSkJu3r20
> 0527.shtml?spm＝C52507945305.P08gpQoUNXsJ.0.0

(来源:CCTV4 远方的家|长江行(97)　海派文化　历久弥新 2020－05－27)

资源 1.2　【音像资源】非遗里的中国(第二季)　上海篇

精武武术与霹雳舞有着怎样的奇妙缘分? 一件龙凤旗袍的完美呈现需要经过多久的设计? 上海民族乐器制作技艺中二胡弓弦的选材有什么讲究? 上海绒绣与其他传统刺绣有何区别? 上海拥有丰富的非物质文化遗产,包括 63 项国家级非物质文化遗产、273 项市级非物质文化遗产。黄浦江和苏州河一纵一横的地理格局,赋予上海江海的壮阔与水乡的柔情,也孕育出上海非遗独有的海派韵味。

> 音像资源网址:
>
> https://tv.cctv.com/2024/10/12/VIDETYyFaLEqx3lRdvrl5sSi24101
> 2.shtml

(来源:CCTV1 非遗里的中国(第二季)|上海篇 2024－10－12)

资源 1.3　【文字资源】海派文化中有怎样的红色基因? 专家们有话说

"为什么红色起点在上海出现? 因为上海具有非常独特的地理位置,独特的地缘格局,独特的文化背景和独特的市民。在海派文化的土壤中,红色基因一点点发展壮大,在时代的洪流中成为一支不可忽视的力量。"11 月 18 日,第十六届海派文化学术研讨会在虹口区海派文化中心举办,上海大学副校长段勇在致辞中这样说道。

本次研讨会以"海派文化中的红色基因"为主题,旨在讨论同样发源于上海的海派文化和红色文化的渊源和关系。

文字资源网址：

https://www. shobserver. com/staticsg/res/html/web/newsDetail. html? id＝71413

（作者：周楠）

（来源：上观新闻|海派文化中有怎样的红色基因？专家们有话说 2017－11－18)

资源1.4 【文字资源】用好用活红色文化、海派文化、江南文化资源 国际文化大都市建设彰显新成效

意识形态主阵地坚如磐石、话语响亮、生机勃勃，社会主义核心价值观凝魂聚气，城市精神品格成风化人，红色文化、海派文化、江南文化繁荣兴盛。文化精品、文艺演出、文博展示、文体赛事精彩纷呈，时尚之都引领潮流，"演艺大世界"打响品牌。城市文脉延续传承，历史风貌充分保护，文化的神韵魅力有力提升上海城市软实力。

文字资源网址：

https://baijiahao. baidu. com/s? id ＝ 1736684225674509596&wfr＝spider&for＝pc

（编辑：王秋童 责任编辑：王蔚）

（来源：文汇报|上海这五年|用好用活红色文化、海派文化、江南文化资源，国际文化大都市建设彰显新成效 2022－06－26)

（建议用于第一框"繁荣发展中国特色社会主义文化"的教学）

培育核心素养

政治认同：通过收集图片资料、制作视频、交流分享等方式，了解海派文化的发源、内涵、当代发展，了解传承和弘扬以海派文化为代表的中华优秀传统文化的途径和方法，领会对中华优秀传统文化进行创造性转化和创新性发展的重要意义；挖掘海派文化与红色文化的内在联系，理解其中代表性革命文化的重要价值，坚定远大理想和革命信念；理解繁荣发展社会主义先进文化的举措和意义；感悟中华优秀传统文化、革命文化、社会主义先进文化的影响力和感召力，坚定中国特色社会主义文化自信。

公共参与：通过参与海派文化如何在新时代继续发展的课堂讨论、课后参与传承和发展海派文化的社会实践，自觉传承和弘扬中华优秀传统文化、社会主义先进文化。

运用建议

教师可以以海派文化为主线，围绕"海派文化是如何形成的？""海派文化中有怎样的红色基因？""新时代如何传承和发展海派文化？"三个议题组织第 10 课第一框第三目的教学。

1. 课前可将以上两个音像资源提供给学生，让学生以此资源为基础，结合自己搜集到的其他资源，分组通过图片资源展示或制作视频等方式，完成"海派文化是如何形成的"探究。课中完成分享，引导学生认识到海派文化不仅是上海地区的地方文化特色，而且是中华文明在特定历史条件下的一个缩影，它继承和发展了中华文明的核心价值，同时也为当代中国乃至世界的多元文化交流提供了宝贵的经验。以便学生从中了解传承和弘扬以海派文化为代表的中华优秀传统文化的途径和方法，领会对中华优秀传统文化进行创造性转化和创新性发展的重要意义。

2. 课中带领学生阅读文字资源"海派文化中有怎样的红色基因？专家们有话说"，挖掘海派文化与红色文化的内在联系，引导学生理解上海不仅是中国共产党的诞生地，也是中国工人运动的发源地之一，这些历史事件深刻影响了海派文化的内涵，并形成了独特的革命文化特质，理解其重要价值，坚定远大理想和革命信念。

3. 组织"新时代如何传承和发展海派文化？"探究活动。学生可自主阅读文字资源"用好用活红色文化、海派文化、江南文化资源，国际文化大都市建设彰显新成效"，结合本小组课前调研情况，针对新时代如何传承和发展海派文化提出自己小组的观点，课后参与传承和发展海派文化的社会实践，自觉传承和弘扬中华优秀传统文化、社会主义先进文化。

⊙ 资源2 【文字资源】上海地名中有哪些"龙"

龙文化如何在上海起源？上海地名中有哪些"龙"？上海地区的龙舞活动有哪些特色？"鲤鱼跳龙门"何以成为上海人常用的祝福语？新春之际走进上图东馆，在地方文献主题馆的书架上埋着一个个"彩蛋"。海上鱼龙跃——上海

"龙文化"历史主题展通过"'龙'形象的出现""龙在上海的起源""龙与星空""上海地名中的龙"等八个部分向读者介绍龙与上海的历史渊源,展示中华优秀传统文化与当代社会生活的紧密联系。

文字资源网址:

https://www.jfdaily.com.cn/staticsg/res/html/web/newsDetail.html?id=715645

（作者:施晨露）

（来源:上观新闻|上海地名中有哪些"龙"?"鲤鱼跳龙门"何以成为上海人常用的祝福语?2024－02－13）

（建议用于第一框 第一目 知识要点一"中华优秀传统文化的历史渊源和独特价值"的教学）

培育核心素养

政治认同:通过阅读材料,寻找"龙文化在上海"的具体体现,分析其对现在生活和社会发展的影响,理解中华优秀传统文化的历史渊源和独特价值,培养文化自信。

运用建议

1. 课前阅读。将文字材料作为课前预习资源提供给学生,安排学生结合预习资料开展自学,寻找身边体现龙文化的素材,以图片或视频的方式进行补充,填入任务单1课前预习部分,以小组为单位进行汇总并制作汇报视频或课件,初步感知中华优秀传统文化的历史渊源。

2. 课中探讨。以小组为单位,汇报自学成果后,以"龙文化"为例,进一步分析其对现在生活和社会发展的影响,填入任务单1课中汇报部分,理解中华优秀传统文化的历史渊源和独特价值,培养文化自信。

表 10.1　任务单 1

任务	上海的"龙文化"		
小组		组员	
课前预习填写		课中汇报填写	
资料中"龙文化"的体现		对现在生活和社会发展的影响	
资料中"龙文化"的历史渊源			
我寻找的"龙文化"			
我寻找的"龙文化"历史渊源			

► 资源 3　【音像资源】用音乐和世界对话，传递"中国好声音"

廖昌永，出生于四川成都。男中音歌唱家、著名歌剧表演艺术家、声乐教育家，上海音乐学院院长。

从赤脚跑进音乐殿堂，到让世界听见"中国好声音"，这位出生于郫县（今成都市郫都区）的男中音歌唱家不仅享誉世界，还融通中外。在梳理、保护、传承的基础上，他一边探索用西方技法来创作中国歌剧，一边深耕传统，通过主编《玫瑰三愿：中国艺术歌曲 16 首》等让中国艺术歌曲走向国际。日前，廖昌永在接受四川日报全媒体"文化传承发展百人谈"大型人文融媒报道记者专访时表示，将音乐中的外来文化与中国文化结合，会形成新的艺术形式，这与中华文明的历史传承规律一脉相承。如今，廖昌永通过融合中国美学、中国故事、中国旋律，希望创作出一批反映时代气象、体现中国气派的音乐作品。

音像资源网址：

https://www. xuexi. cn/lgpage/detail/index. html? id＝191536391095
954730＆amp;item_id＝191536391095954730

（记者：边钰　李婷）

（来源：川观新闻　文化传承发展百人谈|用音乐和世界对话，传递"中国好声音"
2024－06－06）

（建议用于第一框　第一目　知识要点二"中华优秀传统文化的主要内容及中华文明的突出特征"和知识要点三"传承和弘扬中华传统优秀文化的途径和方法"的教学）

培育核心素养

政治认同：通过观看廖昌永的成长轨迹和访谈对话，在分析和讨论中理解中华优秀传统文化的突出特征，领悟中华优秀传统文化的影响力和感召力，领会对中华优秀传统文化进行创造性转化和创新性发展的重要意义，坚定中国特色社会主义文化自信。

公共参与：了解传承和弘扬中华优秀传统文化的途径和方法，自觉传承和弘扬中华优秀传统文化，积极参与中国特色社会主义文化建设。

运用建议

1. 课前观看。将视频资源作为课前预习资源提供给学生，安排学生结合预习问题开展自学，初步感知中华优秀传统文化的突出特征，以及传承和弘扬优秀传统文化的途径和方法，并将自学结果填入任务单2中的课前预习部分。

2. 课中探讨。课中在自学的基础上，以小组为单位，进一步深入讨论材料中关于中华传统文化五大突出特征的具体体现；并结合自己的生活和专业，列举能体现中华传统文化突出特征的例子，列举传承和弘扬中华优秀传统文化的途径和方法，填入任务单2中的课中讨论部分，坚定学生中国特色社会主义文化自信和文化传承的使命感。

表 10.2　任务单 2

任务	在廖昌永的成长轨迹中寻找中华优秀传统文化的突出特征和廖昌永是如何传承和弘扬中华优秀传统文化的；结合自己的生活和专业，列举能体现中华传统文化突出特征的例子，列举传承和弘扬中华优秀传统文化的途径和方法		
班级		姓名	
知识要点		廖昌永的理解或做法（课前预习填写）	结合自身生活和所学专业补充你的理解和方法（课中讨论填写）
中华优秀传统文化的突出特征	突出的（　　）		

(续表)

知识要点		廖昌永的理解或做法（课前预习填写）	结合自身生活和所学专业补充你的理解和方法（课中讨论填写）
传承和弘扬中华优秀传统文化的途径和方法	推动中华优秀传统文化（　）转化、（　）发展		
	增强（　）意识，加大（　）力度		

▶ **资源 4** 【文字资源】上海的国家级非物质文化遗产代表性项目

国家级非物质文化遗产代表性项目名录，是由中华人民共和国文化和旅游部确定、经中华人民共和国国务院批准并公布的非物质文化遗产名录。截至目前，上海共 68 个项目被列入国家级非物质文化遗产代表性项目。

表 10-3　上海的国家级非物质文化遗产代表性项目

序号	批次	所属大类	项目名称	申报地区或单位
1	第一批	传统戏剧	昆曲	中国艺术研究院、江苏省、浙江省、上海市、北京市、湖南省
2			京剧	中国京剧院、北京市、天津市、辽宁省、山东省、上海市
3			越剧	浙江省、上海市
4			沪剧	上海市
5		曲艺	锣鼓书	上海市南汇区
6		民间美术	顾绣	上海市松江区
7			竹刻（嘉定竹刻）	上海市嘉定区
8		传统手工技艺	乌泥泾手工棉纺织技艺	上海市徐汇区
9		传统音乐	江南丝竹	江苏省太仓市、上海市

（续表）

序号	批次	所属大类	项目名称	申报地区或单位
10	第二批	传统音乐	码头号子（上海港码头号子）	上海市浦东新区、杨浦区
11			琵琶艺术（瀛洲古调派、浦东派）	上海市崇明区、南汇区
12			锣鼓艺术（泗泾十锦细锣鼓）	上海市松江区
13			道教音乐（上海道教乐）	上海市道教协会
14		传统戏剧	淮剧	上海淮剧团、江苏省盐城市
15		曲艺	浦东说书	上海市浦东新区
16			独脚戏	上海市黄浦区、浙江省杭州市
17		传统美术	面人（上海面人赵）	上海工艺美术研究所
18			草编（徐行草编）	上海市嘉定区
19		传统技艺	金银细工制作技艺	上海市黄浦区，江苏省南京市、江都市
20			印泥制作技艺（上海鲁庵印泥）	上海市静安区
21			酱油酿造技艺（钱万隆酱油酿造技艺）	上海市浦东新区
22			素食制作技艺（功德林素食制作技艺）	上海功德林素食有限公司
23		民俗	庙会（上海龙华庙会）	上海市徐汇区
24		民间文学	吴歌	上海市青浦区、江苏省无锡市
25		传统舞蹈	龙舞（舞草龙）	上海市松江区
26			滚灯（奉贤滚灯）	上海市奉贤区
27		曲艺	苏州评弹（苏州评话、苏州弹词）	上海市书场工作者协会

(续表)

序号	批次	所属大类	项目名称	申报地区或单位
28		传统美术	剪纸(上海剪纸)	上海市徐汇区
29			黄杨木雕	上海市徐汇区
30			灯彩(上海灯彩)	上海市卢湾区
31		传统技艺	木版水印技艺	上海书画出版社
32		传统医药	中医正骨疗法(石氏伤科疗法)	上海市黄浦区
33		民俗	端午节(罗店划龙船习俗)	上海市宝山区
34	第三批	民间文学	谚语(沪谚)	上海市闵行区
35		传统戏剧	滑稽戏	上海滑稽剧团、江苏省苏州市
36		传统美术	上海绒绣	上海市浦东新区
37		传统技艺	中式服装制作技艺(龙凤旗袍手工制作技艺、亨生奉帮裁缝技艺、培罗蒙奉帮裁缝技艺)	上海市静安区、黄浦区
38			石库门里弄建筑营造技艺	上海市黄浦区
39		传统舞蹈	龙舞(浦东绕龙灯)	上海市浦东新区
40		传统戏剧	木偶戏(海派木偶戏)	上海木偶剧团
41		传统美术	玉雕(海派玉雕)	上海市
42			木雕(紫檀雕刻)	中国紫檀博物馆、上海市
43		传统技艺	徽墨制作技艺(曹素功墨锭制作技艺)	上海市黄浦区
44			民族乐器制作技艺(上海民族乐器制作技艺)	上海市闵行区
45		传统医药	中医诊法(朱氏推拿疗法)	上海市
46			中医传统制剂方法(六神丸制作技艺)	上海市黄浦区
47		民俗	元宵节(豫园灯会)	上海市黄浦区

(续表)

序号	批次	所属大类	项目名称	申报地区或单位
48	第四批	曲艺	浦东宣卷	上海市浦东新区
49		传统体育、游艺与杂技	精武武术	上海市虹口区
50			绵拳	上海市杨浦区
51		传统技艺	古陶瓷修复技艺	上海市长宁区
52			上海本帮菜肴传统烹饪技艺	上海市黄浦区
53			传统面食制作技艺(南翔小笼馒头制作技艺)	上海市嘉定区
54		传统医药	中医诊疗法(顾氏外科疗法、古本易筋经十二势导引法)	上海市
55			中医正骨疗法(上海石氏伤科疗法)	上海市
56	第五批	传统音乐	崇明山歌	上海市崇明区
57			二胡艺术(江南孙氏二胡艺术)	上海市奉贤区
58		传统技艺	梨膏糖制作技艺(上海梨膏糖制作技艺)	上海市黄浦区
59		传统体育、游艺与杂技	太极拳(吴式太极拳)	上海市
60			心意拳(卢氏心意拳)	上海市普陀区
61		传统技艺	青铜器修复及复制技艺(上海青铜器修复技艺)	上海市
62			古陶瓷修复技艺	上海市
63		传统医药	中医诊疗法(丁氏推拿疗法)	上海市
64			中医诊疗法(朱氏妇科疗法)	上海市
65			中医正骨疗法(魏氏伤科疗法)	上海市
66			中医正骨疗法(施氏伤科疗法)	上海市黄浦区

（续表）

序号	批次	所属大类	项目名称	申报地区或单位
67		民俗	民间信俗（小白龙信俗）	上海市金山区
68			规约习俗（钱氏家训家教）	上海市

（来源：中华人民共和国中央人民政府　国务院公报）

（建议用于第一框　第一目　知识要点三"传承和弘扬中华传统优秀文化的途径和方法"的教学）

培育核心素养

政治认同：通过了解与自己专业或者生活相关的上海的国家级非物质文化遗产代表性项目的情况及其传承和发展情况，了解传承和弘扬中华优秀传统文化的途径和方法，领会对中华优秀传统文化进行创造性转化和创新性发展的重要意义，坚定中国特色社会主义文化自信。

公共参与：通过编写传承和弘扬非物质文化遗产的方案，自觉传承和弘扬中华优秀传统文化，积极参与中国特色社会主义文化建设。

运用建议

教师可结合学生所学的专业或所生活的地区，安排学生分小组了解上海的国家级非物质文化遗产代表性项目，介绍其基本情况，了解新时代非物质文化遗产的传承和弘扬情况；基于所学，编写继续传承和弘扬所选非物质文化遗产的方案；课后践行，自觉传承和弘扬中华优秀传统文化，积极参与中国特色社会主义文化建设。

第一框　繁荣发展中国特色社会主义文化

第二目　弘扬革命文化

▷ 资源⑤ 【文字资源、图片资源】上海红色文化地图（2021 版）发布 6 条红色线路新鲜出炉

在"文化和自然遗产日"到来之际，上海市文旅局发布了《上海红色文化地

图(2021 版)》,其中包括革命旧址 195 处、革命遗址 83 处、纪念设施 101 处。地图主图正面标注 379 处点位,背面印制 100 个重要点位的图片,附图正面设计了 6 条红色资源寻访路线。

图片资源网址:

https://mp.weixin.qq.com/s?__biz=MjM5NTA5NzYyMA==&mid=2654349896&idx=1&sn=46434b6ae782bccc8642d9f1029c2488&chksm=bd3f37338a48be25960c2e986efc086c77d691ccdc421669436dfaeadf16072c84d68c86d588&scene=27

(编辑:阮天霖)

(来源:上海发布|上海红色文化地图(2021 版)发布 6 条红色线路新鲜出炉 2021 - 06 - 10)

(建议用于第一框　第二目　知识要点一"革命文化的内涵"的教学)

培育核心素养

政治认同:通过阅读文字材料、实地参观上海革命旧址和红色场馆,了解发生在上海的革命故事,感受伟大的建党精神,理解革命文化的内涵。

运用建议

课前参观,课中探讨。课前组织学生以小组为单位自由选择材料中 1~2 个场馆进行参观,将参观所获填入任务单 3。课中可以请小组代表分享本组参观学习的成果,在交流分享中体会伟大建党精神,共同归纳出革命文化的内涵。

表 10.4　任务单 3

任务	参观上海革命旧址和红色场馆,完成场馆及标志性事件简介,做好记录		
小组		组员	
	场馆名称	打动你的地方	体现的精神
参观场馆一			
参观场馆二			

⟩ **资源 6** 【文字资源、音像资源】探索·拼搏·创新:从浦东改革开放史中看浦东精神

资源 6.1　【音像资源】探索·拼搏·创新:从浦东改革开放史中看浦东精神

> 音像资源网址:
>
> https://www.xuexi.cn/local/normalTemplate.html?itemId=867735
> 2442003885263

（作者:浦东新区税务局）

（来源:学习强国　四史故事|探索·拼搏·创新:从浦东改革开放史中看浦东精神
2021 - 10 - 13）

资源 6.2　【文字资源】习近平在浦东开发开放 30 周年庆祝大会上发表重要讲话强调　更好向世界展示中国理念中国精神中国道路

浦东开发开放 30 周年庆祝大会 12 日上午在上海市举行。中共中央总书记、国家主席、中央军委主席习近平在会上发表重要讲话强调,要抓住机遇、乘势而上,全面贯彻党的十九大和十九届二中、三中、四中、五中全会精神,科学把握新发展阶段,坚决贯彻新发展理念,服务构建新发展格局,坚持稳中求进工作总基调,勇于挑最重的担子、啃最硬的骨头,努力成为更高水平改革开放的开路先锋、全面建设社会主义现代化国家的排头兵、彰显“四个自信”的实践范例,更好向世界展示中国理念、中国精神、中国道路。

（来源:新华每日电讯|习近平在浦东开发开放 30 周年庆祝大会上发表重要讲话强调　更好向世界展示中国理念中国精神中国道路 2020 - 11 - 13【摘取部分】）

（建议用于第一框　第二目　知识要点二“革命文化的主要表现”和知识要点三“革命文化的重要价值”的教学）

培育核心素养

政治认同:通过观看浦东开发开放发展历程的视频、阅读习近平总书记在浦东开发开放 30 周年庆祝大会上的重要讲话,将习近平总书记的指示和浦东发展结合起来,从浦东精神体会到上海精神、中国精神,进而理解这些都是革命文化在当今时代的具体体现;理解和认同随着时代的发展,革命文化已经深深融入中华民族的血脉和灵魂,成为社会主义核心价值观的丰富滋养,成为鼓舞

和激励中国人民不断攻坚克难、从胜利走向胜利的强大精神动力。

运用建议

教师在课中带领学生先观看浦东发展历程的视频资源,使学生对浦东的巨大变化有所感知、对巨大变化背后的力量和精神有所体会和思考。随后带领学生共同阅读习近平总书记在浦东开发开放 30 周年庆祝大会上的重要讲话,将视频中体现的文化精神的力量与习近平总书记的讲话结合起来,从现实中体会革命文化在当今的具体表现,感受和认同革命文化的价值和力量。

第一框　繁荣发展中国特色社会主义文化

第三目　发展社会主义先进文化

⟩ 资源⑦【文字资源、音像资源】打响"上海文化"品牌、打造浦东文化高地!

上海图书馆东馆、上海博物馆东馆、浦东美术馆……一座座文化地标拔地而起,展现社会主义国际文化大都市的独特魅力。

"一带一路"电影周、浦东文化艺术节、浦东广场舞大赛、陆家嘴国际咖啡文化节……一个个文化品牌、一张张"浦东名片",构筑引领区公共文化服务发展的澎湃动力。

记者从昨日举行的浦东新区宣传思想文化工作会议上了解到,近年来,浦东新区始终把做好宣传思想文化工作作为重大政治责任,高举旗帜、守正创新,全力打响"上海文化"品牌,打造浦东文化高地,显著提升引领区软实力,推动引领区宣传思想文化工作高质量发展,努力成为彰显文化自信的实践范例。

> 文字、音像资源网址:
>
> https://static.zhoudaosh.com/5733AD35237212EF64F212C5E8C3544
> 39C847B9B51A188A6E8D9353A2DCEEE08

(作者:徐斌忠)

(来源:新闻晨报|打响"上海文化"品牌、打造浦东文化高地! 浦东努力成为彰显文

化自信的实践范例 2023－11－16）

(建议用于第一框　第三目　知识要点一"先进文化的重要意义"的教学)

培育核心素养

政治认同:通过阅读资料或观看视频,了解浦东开展文化建设和取得的成就,理解社会主义先进文化集中体现了当代中华民族的精神追求,认同社会主义先进文化为实现社会主义现代化和中华民族伟大复兴中国梦提供了精神动力,也是综合国力的重要体现。

运用建议

教师在课中组织学生阅读本报道资料或观看视频,学生在阅读资料或观看视频的过程中,围绕"浦东为什么要开展社会主义先进文化建设,以及社会主义先进文化为浦东的发展带来哪些裨益"等问题分析案例资料,在教师指导下完成学习任务单4。

表 10.5　任务单4

任务	浦东为什么要开展社会主义先进文化建设? 社会主义先进文化为浦东的发展带来哪些裨益?		
班级		姓名	
浦东为什么要开展社会主义文化建设			
社会主义先进文化为浦东的发展带来哪些裨益			

▶ 资源8 【音像资源】"上海文化"品牌

资源8.1　【音像资源】打响"上海文化"品牌　推进文化自信自强

全面建设社会主义现代化国家,必须坚持中国特色社会主义文化发展道路,增强文化自信。上海作为党的诞生地,坚持以文艺作品讲好中国故事,传播好红色文化,全力打响"上海文化"建设。

音像资源网址：

https://haokan.baidu.com/v?pd＝wisenatural＆vid＝18024361384695816936

（来源：浦东电视台 浦东新闻|打响"上海文化"品牌 推进文化自信自强 2022－10－24）

资源8.2 【音像资源】以新作为创造新业绩交出新答卷 打响上海文化品牌 实现文化软实力新跃升

习近平总书记在上海考察时强调，要贯彻新时代中国特色社会主义文化思想，深化文化体制改革，激发文化创新创造活力，大力提升文化软实力。上海广大干部群众和文化界人士备受鼓舞，纷纷表示将认真学习、深刻领会习近平总书记对文化自信和文化发展的谆谆教导，赓续红色血脉，弘扬城市精神品格，彰显上海文化品牌标志度和影响力，不断开创国际文化大都市建设新局面。

音像资源网址：

https://haokan.baidu.com/v?pd＝wisenatural＆vid＝4086549082782395088

（来源：上海广播电视台新闻综合频道 新闻夜线|以新作为创造新业绩交出新答卷 打响上海文化品牌 实现文化软实力新跃升 2023－12－09）

资源8.3 【音像资源】深耕厚植海派文化 加快打造文化自信自强"上海样本"

2024年的市政府工作报告提出，要进一步推进国际文化大都市建设，提升城市文化软实力。上海海纳百川，该如何加强文化传承，加快打造文化自信自强的"上海样本"。代表委员们表示，中国传统节日就是"活着的"文化，打造"上海样本"就要传承、创新、输出，持续弘扬优秀传统文化。

音像资源网址：

https://haokan.baidu.com/v?pd＝wisenatural＆vid＝16043651844640289896

（来源：上海广播电视台新闻综合频道 上海早晨|深耕厚植海派文化 加快打造

文化自信自强"上海样本"2024－01－26)

(建议用于第一框 第三目 知识要点二"建设和发展社会主义先进文化的举措和意义"和知识要点三"坚定文化自信"的教学)

培育核心素养

政治认同：通过观看三则新闻报道,以上海为例,分析文化建设的途径,了解开展社会主义先进文化建设的举措,理解和认同发展社会主义先进文化在国家和社会发展中的作用和意义,坚定文化自信。

运用建议

教师在课中发布任务单,带领学生观看关于上海开展文化建设的新闻报道,让学生边看视频边思考上海开展文化建设的举措。看完视频后,给学生一些时间继续思考并完成任务单5中开展文化建设的举措部分内容的填写。填写完成后,教师带领学生就社会主义先进文化建设的举措进行分享、讨论和归纳。接下来,教师可选择视频中的片段,进行重放,着重让学生讨论文化建设对于社会和国家发展的作用和意义,以及上海的文化自信来自哪里,帮助学生完成任务单中文化建设的作用和意义、上海的文化自信来自哪里部分内容的填写。

表 10.6 任务单 5

任务	观看上海开展文化建设的新闻报道,找出开展文化建设的举措				
小组			组员		
	举措一	举措二	举措三	举措四	举措五
开展文化建设的举措					
文化建设的作用和意义					
上海的文化自信来自哪里					

第二框　促进文化交流文明互鉴

第一目　世界文明的多样性

⊙ 资源⑨ 【实物资源】外滩万国建筑博览群

开放时间：全天开放

门票信息：免费

地址：外滩（上海市北苏州路至金陵东路）

（建议用于第二框　第一目　知识要点一"世界文明的多样性特征"的教学）

培育核心素养

政治认同：通过实地打卡外滩、拍摄万国建筑，查阅万国建筑的历史及其体现的多样文明，感悟世界文明的多样性。

运用建议

1. 课前布置调研任务。学生分小组实地打卡外滩，拍摄万国建筑，查阅万国建筑的历史及其体现的多样文明，比较各国建筑物的不同特点，准备课堂分享。

2. 课中各小组同学分享外滩不同国家的建筑风格及其体现的多样文明，感悟世界文明的多样性。

⊙ 资源⑩ 【文字资源】文明因交流而精彩！近20个"一带一路"沿线国家的美物齐聚上海

2023年是"一带一路"倡议启动十周年。由上海艺术品博物馆主办的"艺海丝路——纪念'一带一路'合作倡议十周年特展"2月8日揭幕，通过近120件展品，让观众近距离接触伊朗、奥地利、埃及、土耳其、罗马尼亚、乌克兰、阿曼、突尼斯等近20个"一带一路"沿线国家的特色文化与精湛工艺，感受各国的文明"音符"如何在激情碰撞中奏响和谐共生的华美乐章。

文字资源网址：

https://baijiahao.baidu.com/s? id ＝ 1757433352931566135&wfr ＝ spider&for＝pc

（作者：李婷）

（来源：文汇报｜文明因交流而精彩！近 20 个"一带一路"沿线国家的美物齐聚上海 2023－02－10）

（建议用于第二框　第一目　知识要点一"世界文明的多样性特征"和知识要点二 "文明交流互鉴的重要性"的教学）

培育核心素养

政治认同：通过阅读上海艺术品博物馆主办的"艺海丝路——纪念'一带一路'合作倡议十周年特展"文字材料，从多样的展品中体会每个展品背后不同国家的特色文化与精湛工艺，感受各国的文明"音符"如何在激情碰撞中奏响和谐共生的华美乐章，认同世界文明是多样的，每一种文明都有其独特意蕴，都是人类的精神瑰宝。

运用建议

教师在课中组织学生阅读本文字材料。在阅读过程中，教师先引导学生选出各个国家展出的自己最感兴趣的代表作品。阅读结束后组织学生自由分享自己喜爱之处，在学生分享与交流过程中，教师进行点评，带领学生感受不同文明之美，认同世界文明的多样性。在此基础上，可以再次引导学生重点阅读前两段，在古"丝绸之路"的历史中让学生理解从古至今世界文明都是多样的。从古"丝绸之路"到现在的"一带一路"，文明正是因多样而交流，因交流而互鉴，因互鉴而发展，实现优势互补、互利共赢，共同促进人类文明繁荣进步。

⊙ 资源⑪ 【音像资源】影像中的百年党史：上海世博会

2010 年 4 月 30 日至 10 月 30 日，上海世界博览会成功举办，这也是新中国成立以来中国举办的规模最大、持续时间最长的国际活动。围绕城市让生活更美好的主题，上海世博会创造了一场精彩纷呈、美轮美奂的世界文明大展示。

> 音像资源网址:
>
> https://www.kankanews.com/detail/dZ2ePKJdewR

（编辑：龚晓洁）

（来源：看看新闻 Knews｜影像中的百年党史：上海世博会 2021 - 06 - 24）

（建议用于第二框　第一目　知识要点三"我国坚持弘扬全人类共同价值"的教学）

培育核心素养

政治认同：通过观看上海世博会的视频资源，从我国申办世博会的初心、主题、做法以及成效方面，体会认同我国是爱好和平的国家，我国弘扬和平、发展、公平、正义、民主、自由的全人类共同价值。

运用建议

教师可以在课前布置预习作业，让学生自行查阅上海 2010 年世博会盛况的资料。课中教师带领学生共同观看此视频，回顾这段历史，在观看中引导学生思考我国申办世博会的初心、秉持的精神、主题、做法、取得的成效，以及国际展览局秘书长对我国的评价，这些都体现出我国坚持弘扬的是全人类共同价值观。在教师指导下完成任务单 6。

表 10.7　任务单 6

任务	上海 2010 年世博会简况		
小组		组员	
我国申办世博会的初心和秉持的精神		从中看出，我国秉持的价值观是＿＿＿＿＿ ＿＿＿＿＿＿＿＿＿＿＿＿＿＿＿＿ ＿＿＿＿＿＿＿＿＿＿＿＿＿＿＿＿	
2010 年上海世博会的主题和做法			
上海世博会取得的成效			

第二框　促进文化交流文明互鉴

第二目　文化交流与文明互鉴

▶ **资源12** 【文字资源、音像资源】文化交流与文明互鉴

资源 12.1　【音像资源】上海　第三届中国国际进口博览会　搭建人文交流平台　勾勒世界文明大画卷

进博会是一场汇集了全球创新产品和前沿技术的盛会,这里不仅有商品和服务的交易,同时也有文化和理念的交流,从东帝汶的特色咖啡,到秘鲁的羊驼制品,再到韵味十足的海派非遗,不同地区的文化在这里汇聚,共同勾勒出一幅美美与共的世界文明大画卷。

音像资源网址:

https://tv.cctv.com/2020/11/10/VIDEwkGkD7Ah4q15QpcsYu7s201110.shtml

(来源:CCTV13 新时代共享未来|上海　第三届中国国际进口博览会　搭建人文交流平台　勾勒世界文明大画卷 2020 - 11 - 10)

资源 12.2　【音像资源】上海古埃及文明大展——"对话世界"　推动中埃文明交流互鉴

中国和埃及同为世界文明古国,此次展览是中国官方博物馆首次与埃及政府合作,旨在促进两大文明古国交流互鉴。

音像资源网址:

https://tv.cctv.com/2024/07/20/VIDEQ6L8sKu4Q07YB7s1QP7j240720.shtml

(来源:CCTV13 新闻直播间|上海古埃及文明大展——"对话世界"　推动中埃文明交流互鉴 2024 - 07 - 20)

资源 12.3　【文字资源】中华文化为帆,"上海文化"品牌出海中出新

从个别精品"单骑走天涯"、成批佳作组团出海到在海外亮出"上海文化"品牌,从文本出海、作品出海、IP 出海、模式出海到文化出海,"上海文化"不断探

索在出海过程中出新、出圈。当上海搭台传播中华文化的题材类型日趋多样、传播半径持续延伸，这座襟江带海的国际文化大都市已成为中国故事走出去最具活力的平台之一。

文字资源网址：

https://dzb.whb.cn/2023-12-22/1/detail-835790.html

（作者：王彦）

（来源：文汇报｜中华文化为帆，"上海文化"品牌出海中出新 2023-12-22）

（建议用于第二框　第二目"文化交流与文明互鉴"的教学）

培育核心素养

政治认同：通过观看上海进博会视频资料，在进博会搭建的文明交流平台中，理解任何一种文化都不能与世隔绝，都需要在交流和互鉴中汲取养分。通过了解我国举办进博会，为众多国家和国际组织搭建交流平台，体会我国文化交流与文明互鉴的第一个原则"平等相待，尊重包容"。通过观看上海古埃及文明大展的视频资料，分析在制作彩陶的过程中两种文明的共同点和差异，体会文明间的互动，认同我国文化交流与文明互鉴的第二个原则"兼收并蓄，辩证取舍"。通过阅读文本资源，认识到"上海文化"品牌出海中出新的原因是与时俱进、创新发展，所以才能讲好上海故事、中国故事，理解认同我国文化交流与文明互鉴的第三个原则"与时俱进，创新发展"，要在同外来文化的交流互动中丰富发展我国文化。

公共参与：通过对两个视频资源和一个文字资源的学习和分析，在理解认同我国文化交流与文明互鉴原则的同时，结合自身生活和专业，培养积极参与文化交流和互鉴的意识。

运用建议

以上三个资源分别对应了统编教材中文化交流与文明互鉴的三个原则，教师可以按照这三个资源的顺序，依次提供给学生观看学习。

课中，先播放上海进博会的视频资料，让学生在观看的过程中重点思考"上海举办进博会为世界搭建了一个什么平台""在各国展出的展品中，我国为他们提供了什么帮助"等问题,让学生带着问题观看与思考,填写任务单 7。观看结束后学生自由发言,教师进行点评,使学生通过进博会视频资料和其中所呈现的案例素材,理解任何一种文化都不能与世隔绝,都需要在交流和互鉴中汲取养分。通过了解我国举办进博会,为众多国家和国际组织搭建交流平台,让学生体会我国文化交流与文明互鉴的第一个原则"平等相待,尊重包容"。

随后,教师可以播放上海古埃及文明大展的视频资源,让学生在观看的过程中重点思考"在制作彩陶的过程中,两种文明的相同和不同之处是什么""在上海举办古埃及文明大展的目的是什么",让学生带着问题观看与思考,填写任务单 7。观看结束后学生自由发言,教师进行点评,使学生体会文明在交流和互鉴中共同发展进步,认同我国文化交流与文明互鉴的第二个原则"兼收并蓄,辩证取舍"。

最后,教师可以引导学生阅读文字资源,让学生在阅读过程中重点思考和分析"上海文化"品牌出海中出新的原因是什么,找出体现"与时俱进、创新发展"的做法,从而理解认同我国文化交流与文明互鉴的第三个原则"与时俱进,创新发展"。在此基础上,教师可进一步让学生思考,作为一名中职生,如何在生活中或所学专业上弘扬、发展中国文化,填写任务单 7,并自由发言分享。

表 10.8　任务单 7

任务	观看视频和文字资源,思考问题		
小组		组员	
资源	思考问题	回答	体现出我国文化交流与文明互鉴的原则
视频一	上海举办进博会为世界搭建了一个什么平台		
	在各国展出的展品中,我国为他们提供了什么帮助		
视频二	在制作彩陶的过程中,两种文明的相同之处是什么		
	在制作彩陶的过程中,两种文明的不同之处是什么		
	在上海举办古埃及文明大展的目的是什么		
文本阅读	"上海文化"品牌出海中出新的原因是什么		
	文中体现"与时俱进、创新发展"的做法		

第 **11** 课

以社会主义核心价值观引领文化建设

教学资源导航图

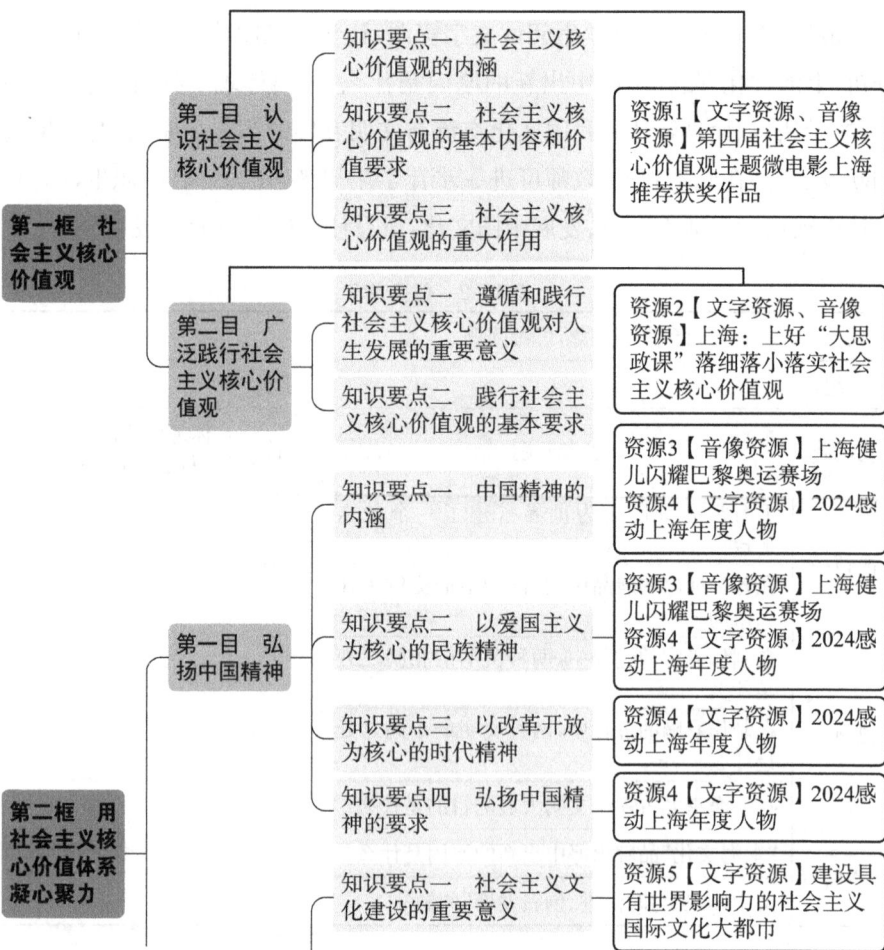

第一框 社会主义核心价值观	**第一目 认识社会主义核心价值观**	知识要点一 社会主义核心价值观的内涵	
		知识要点二 社会主义核心价值观的基本内容和价值要求	资源1【文字资源、音像资源】第四届社会主义核心价值观主题微电影上海推荐获奖作品
		知识要点三 社会主义核心价值观的重大作用	
	第二目 广泛践行社会主义核心价值观	知识要点一 遵循和践行社会主义核心价值观对人生发展的重要意义	资源2【文字资源、音像资源】上海：上好"大思政课"落细落小落实社会主义核心价值观
		知识要点二 践行社会主义核心价值观的基本要求	
第二框 用社会主义核心价值体系凝心聚力	**第一目 弘扬中国精神**	知识要点一 中国精神的内涵	资源3【音像资源】上海健儿闪耀巴黎奥运赛场 资源4【文字资源】2024感动上海年度人物
		知识要点二 以爱国主义为核心的民族精神	资源3【音像资源】上海健儿闪耀巴黎奥运赛场 资源4【文字资源】2024感动上海年度人物
		知识要点三 以改革开放为核心的时代精神	资源4【文字资源】2024感动上海年度人物
		知识要点四 弘扬中国精神的要求	资源4【文字资源】2024感动上海年度人物
		知识要点一 社会主义文化建设的重要意义	资源5【文字资源】建设具有世界影响力的社会主义国际文化大都市

```
                            知识要点二　社会主义文        资源5【文字资源】建设具
                            化建设的指导思想和要求        有世界影响力的社会主义
        第二目　推                                  国际文化大都市
        进社会主义
        文化建设      知识要点三　繁荣发展文        资源6【音像资源】上海：
                            化事业和文化产业            第四届长三角国际文化产
                                                 业博览会开幕

                            知识要点四　讲好中国故        资源6【音像资源】上海：
                            事，增强国家文化软实力        第四届长三角国际文化产
                            和中华文化影响力            业博览会开幕
```

上海本土教学资源及运用建议

第一框　社会主义核心价值观

第一目　认识社会主义核心价值观

▷ **资源1**【文字资源、音像资源】第四届社会主义核心价值观主题微电影上海推荐获奖作品

第四届社会主义核心价值观主题微电影（微视频）征集展播活动由中宣部宣教局、中央网信办传播局、中央新闻纪录电影制片厂（集团）联合组织开展。微电影以社会主义核心价值观为引领，讲好决胜全面小康、决战脱贫攻坚的故事，讲好众志成城、科学抗疫的故事，透过小场景、小故事，展示习近平新时代中国特色社会主义思想在基层的生动实践，展示干部群众自觉践行社会主义核心价值观的时代风采，传递向上向善的价值力量。上海提交的作品中有 9 项获奖。

表 11.1　第四届社会主义核心价值观主题微电影上海推荐获奖作品

序号	作品名称	所获奖项	申报单位	作品简介	资料来源
1	为爱飞翔	3分钟类二等奖	上海东方宣传教育服务中心，中国东方航空集团有限公司	2013年，胡歌受邀成为守护斑头雁的爱心大使，第一次踏上了三江源的无人区。这里人迹罕至，却有最壮丽的生命脉搏；这里空气稀薄，却有最浓烈的生命气息。在这里，胡歌第一次认识了斑头雁，世界上飞得最高的鸟。他目送它们离开，也守候它们归来	音像资源网址：https://ent.cctv.com/2021/01/20/VIDEXbA0VAE7oB9RKoxEcjbK210120.shtml? spm=C86960271485.PbMAjROLsRhy.0.0（来源：央视网综艺第四届微电影|为爱飞翔 2021-01-20）
2	升国旗的老人	3分钟类三等奖	上海东方宣传教育服务中心	在顾德明老先生的人生经历里，他没有上过战场，没有拿过钢枪，他只是在重复一件看似平凡，却鲜少有人能坚持下来的事情——升旗	音像资源网址：https://ent.cctv.com/2021/01/20/VIDEzaycRpgHoNbzEgxownHz210120.shtml? spm=C86960271485.PbMAjROLsRhy.0.0（来源：央视网综艺第四届微电影|升国旗的老人 2021-01-20）
3	小巷春来早	5分钟类二等奖	上海市杨浦区委宣传部	近年来，杨浦区加快旧区改造和城市更新，努力让工作生活在这片城区的人民群众更幸福。居委书记陈美莺践行初心，把房屋征收工作做到了群众的心坎上。她代表了千千万万深入一线的党员干部，他们的为民排忧解难之心、清正廉洁之风，传递到千家万户，真正架起了党和人民的连心桥	音像资源网址：https://ent.cctv.com/2021/01/21/VIDESXykiInAEYVjKxsFAHXo210121.shtml? spm=C86960271485.PbMAjROLsRhy.0.0（来源：央视网综艺第四届微电影|小巷春来早 2021-01-21）
4	妈妈的鱼汤	5分钟类三等奖	上海市浦东新区委员会宣传部	她是我们的"护航者"，她是我们的"治病专家"，她是我们的"知心朋友"，她是我们的"工作标杆"，她	音像资源网址：https://ent.cctv.com/2021/01/21/VIDEpT6tJT84t60jtgMmtxU9210

（续表）

序号	作品名称	所获奖项	申报单位	作品简介	资料来源
				是徐敏,是千千万万名浦东公务员中平凡的一员	121. shtml? spm=C869 60271485. PbMAjROLs Rhy. 0. 0 （来源:央视网综艺 第四届微电影|妈妈的 鱼汤 2021－01－21）
5	五份入党申请书	5分钟类三等奖	上海东方宣传教育服务中心	苏福根,已经快90岁了,是一位经历过抗美援朝的老兵,至今已有60多年党龄。他的入党历程跨越7个年头,一共递交了五份入党申请书	音像资源网址: https://ent. cctv. com/ 2021/01/21/VIDES9k5 rzWwYQkq3pNMvgMj 210121. shtml? spm=C 86960271485. PbMAjR OLsRhy. 0. 0 （来源:央视网综艺 第四届微电影|五份入 党申请书 2021－01－ 21）
6	忘	5分钟类三等奖	上海上药信谊药厂有限公司	一位父亲因为年轻时不懂儿童用药安全,导致自己的儿子以后都要戴助听器生活。此后,在近十年的光阴里,他在各小区门口摆桌,宣传儿童用药安全的注意事项	音像资源网址: https://ent. cctv. com/ 2021/01/21/VIDERZ4L Sj7RckuBzBmOx7Xw21 0121. shtml? spm=C86 960271485. PbMAjROL sRhy. 0. 0 （来源:央视网综艺 第四届微电影｜忘 2021－01－21）
7	一碗黄鱼面	15分钟类二等奖	国网上海金山供电公司	有这么个渔村,村民捕鱼为生已有百年历史,在那个艰苦朴素的年代,无电的生活成了小渔村备受煎熬的挑战。但渔村人并不服输,凭借勤劳的双手,开启了美好生活的新篇章	音像资源网址: https://ent. cctv. com/ 2021/01/21/VIDE6FpK AW9PmvFxCsIoeO652 10121. shtml? spm=C8 6960271485. PbMAjRO LsRhy. 0. 0 （来源:央视网综艺 第四届微电影｜一碗黄 鱼面 2021－01－21）

（续表）

序号	作品名称	所获奖项	申报单位	作品简介	资料来源
8	接力棒	15分钟类三等奖	上海边检总站	生活在国家级贫困县广西三江侗族自治县的滚米拉,学习成绩排在班级前列,但因为家庭原因可能要过早放弃学业。从上海来到这里支教的移民管理警察王耀光用尽浑身解数,成功让滚米拉的父亲同意他完成学业	音像资源网址: https://ent.cctv.com/ 2021/01/21/VIDEokJE mBQ7tdvvQZUYVY1i2 10121. shtml? spm＝C8 6960271485. PbMAjRO LsRhy. 0. 0 (来源:央视网综艺 第四届微电影｜接力棒 2021－01－21)
9	快递,让生活更美好	15分钟类三等奖	文汇报社	本片从《骑士》《礼物》《逆行》3个小故事,近距离呈现中国快递小哥的点点滴滴。由发生在快递小哥身上的真实故事改编,从日常见真情、以微小见大爱。此片生动诠释"快递,让生活更美好"的时代主题,并向奔忙在一线300多万快递小哥致敬	音像资源网址: https://ent.cctv.com/ 2021/01/21/VIDE2oQu KTJyYP3bc6vRaHBa21 0121. shtml? spm＝C86 960271485. PbMAjROL sRhy. 0. 0 (来源:央视网综艺 第四届微电影｜快递, 让生活更美好 2021－ 01－21)

（建议用于第一框 第一目"认识社会主义核心价值观"的教学）

培育核心素养

政治认同:通过观看第四届社会主义核心价值观主题微电影上海推荐获奖作品,从每个作品生动的诠释中理解认同社会主义核心价值观的内涵、基本内容和价值要求;通过课中分析和讨论,归纳认同社会主义核心价值观的重大作用。

运用建议

1. 课前预习。课前将第四届社会主义核心价值观主题微电影上海推荐获奖作品视频发给学生,让学生自行选择其中3个作品观看,提示学生在观看时重点关注每个作品诠释的内涵和体现的社会主义核心价值观的具体内容,填写学习任务单 1 中相应内容。

2. 课中探讨。课中教师组织学生以小组为单位，每个小组开展组内交流，每位学生向本组成员讲述自己观看的作品内容和体现的社会主义核心价值观。组内分享结束后，填写任务单 1 中社会主义核心价值观的内涵部分，每个小组选代表讲述本组成员通过观看与讨论，对社会主义核心价值观内容和内涵的理解，及时进行归纳和提炼。

3. 在归纳提炼社会主义核心价值观内容和内涵的基础上，教师引导学生以小组为单位，再次进行讨论，讨论任务为两个：一是从国家、社会和公民这三个层面，对社会主义核心价值观的内容进行划分；二是探讨社会主义核心价值观有哪些作用。学生组内讨论并完成任务单 1 中最后两部分内容的填写，每个小组选代表分享本组的讨论结果，教师进行归纳和提炼。

表 11.2　任务单 1

任务	从"微电影"看社会主义核心价值观		
小组		组员	
作品名称	诠释的内涵	体现的社会主义核心价值观	
		□富强　□民主　□文明　□和谐 □自由　□平等　□公正　□法治 □爱国　□敬业　□诚信　□友善	
		□富强　□民主　□文明　□和谐 □自由　□平等　□公正　□法治 □爱国　□敬业　□诚信　□友善	
		□富强　□民主　□文明　□和谐 □自由　□平等　□公正　□法治 □爱国　□敬业　□诚信　□友善	
社会主义核心价值观的内涵			
社会主义核心价值观分为三个层面	□富强　□民主　□文明　□和谐　_____层面 □自由　□平等　□公正　□法治　_____层面 □爱国　□敬业　□诚信　□友善　_____层面		
社会主义核心价值观的作用			

第一框 社会主义核心价值观

第二目 广泛践行社会主义核心价值观

▶ **资源2** 【文字资源、音像资源】上海：上好"大思政课" 落细落小落实社会主义核心价值观

资源2.1 【文字资源】让社会主义核心价值观入脑入心，上海这样上好"大思政课"

2014年5月，习近平总书记在上海考察时指出，上海一定要把培育和践行社会主义核心价值观工作做得更细、更实、更深入人心，努力在这方面走在全国前列。他强调，特别是要抓好青少年等重点人群。十年来，上海教育系统深入推进大中小学思想政治教育一体化建设，把弘扬社会主义核心价值观和深化学校思政工作改革创新紧密结合起来，多措并举用好红色资源，教育引导青少年传承光荣传统、赓续红色血脉。

（来源：新闻晨报 | 让社会主义核心价值观入脑入心，上海这样上好"大思政课" 2024－05－30【摘取部分】）

资源2.2 【音像资源】上海：落细落小落实社会主义核心价值观 画好"立德树人"同心圆

> 音像资源网址：
>
> https://haokan.baidu.com/v? pd＝wisenatural＆vid＝7163078390202815006

（来源：上海广播电视台新闻综合频道 新闻报道 | 上海：落细落小落实社会主义核心价值观 画好"立德树人"同心圆 2024－05－25）

（建议用于第一框 第二目"广泛践行社会主义核心价值观"的教学）

培育核心素养

政治认同：通过阅读习近平总书记的讲话资源和上海十年来落实社会主义核心价值观的做法，了解青少年时期是价值观形成和确立的重要时期，理解认同青少年时期的价值取向对其人生发展以及国家和社会发展的重要意义，掌握

践行社会主义核心价值观的基本要求。

公共参与：通过分析与讨论资源，懂得作为一名中职生，应该从我做起，自觉参与社会服务，践行社会主义核心价值观。

运用建议

教师在课中先组织学生阅读习近平总书记 2014 年考察上海市时关于社会主义核心价值观的讲话和要求，使学生了解视频资源的背景，明确习近平总书记在社会主义核心价值观方面对上海寄予的希望。随后播放上海十年来落实社会主义核心价值观的做法的视频，引导学生围绕"2014 年 5 月，习近平总书记在考察时，对于培育和践行社会主义核心价值观，为什么强调'特别是要抓好青少年等重点人群'""上海十年来是如何做的""作为一名中职学生，你认为应该如何践行社会主义核心价值观"等问题进行讨论，使学生在思考和讨论过程中，了解青少年时期是价值观形成和确立的重要时期，理解认同青少年时期的价值取向对其人生发展以及国家和社会发展的重要意义，共同归纳总结出践行社会主义核心价值观的基本要求。

第二框　用社会主义核心价值体系凝心聚力

第一目　弘扬中国精神

▷ 资源3 【音像资源】上海健儿闪耀巴黎奥运赛场

资源 3.1 【音像资源】使命在肩　奋斗有我

在第十六届东京残奥会上，中国代表团以 96 金 60 银 51 铜，共 207 枚奖牌的成绩名列金牌榜、奖牌榜双第一。希望中国代表团在第十七届残奥会上继续为国争光，期待上海残奥运动员本届比赛继续有精彩的表现，出色的发挥！上海市残疾人联合会与上海广播电视台联合制作的残奥会宣传片《使命在肩　奋斗有我》在上海广播电视台纪实人文频道播出。

> 音像资源网址：
> https://mp. weixin. qq. com/s/WzdkEdN0E78aQGwFht35GQ

（编辑：熊悦）

（来源：上海发布|巴黎残奥会中国体育代表团即将启程！《使命在肩　奋斗有我》残奥会上海宣传片来了→2024－08－20）

资源 3.2　【音像资源】上海健儿闪耀巴黎奥运赛场，一起回顾他们摘金夺银的辉煌时刻！

音像资源网址：

https://haokan.baidu.com/v?pd＝wisenatural&vid＝658487986653
34464

（来源：上海体育SHTY|上海健儿闪耀巴黎奥运赛场，一起回顾他们摘金夺银的辉煌时刻！2024－08－11）

（建议用于第二框　第一目　知识要点一"中国精神的内涵"和知识要点二"以爱国主义为核心的民族精神"的教学）

培育核心素养

政治认同：通过观看视频，从奥运健儿勇夺金牌的事迹中，理解中国精神的内涵之一是以爱国主义为核心的民族精神，对新时代中国青年来说，热爱祖国是立身之本、成才之基，明确新时代中国青年应如何爱国。

公共参与：通过对视频内容的思考和分析，由奥运健儿联想到自己，激发新时代中国青年爱党爱国之情，用行动弘扬爱国主义精神。

运用建议

课中组织学生依次观看两个视频，教师重点引导学生思考几个问题：奥运健儿们拼搏夺冠为的是什么？体现了什么精神？你觉得什么是爱国主义精神？作为一名普通中职生，我们可能没有像奥运会这样大的舞台去直接为国争光，那么我们应该怎么爱国？让学生带着问题去观看视频并思考，自由分享自己的所思所想，教师点拨提炼，使学生理解中国精神的内涵之一是以爱国主义为核心的民族精神，对新时代中国青年来说，热爱祖国是立身之本、成才之基，懂得作为一名普通中职学生也能以自己的方式热爱祖国。

▶ 资源④ 【文字资源】2024感动上海年度人物

1. 孔海南，男，汉族，1950年5月出生，中共党员，上海交通大学教授，国家水体污染控制与治理科技重大专项首席科学家,首批"全国高校黄大年式教师团队"负责人。

2. 柯水昌,男,汉族,1978 年 2 月出生,中共党员,上海锦子昌电子科技有限公司总经理。

3. 左亚军,女,汉族,1973 年 7 月出生,中共党员,上海仁会生物制药股份有限公司总经理。

4. 郭秀玲,女,汉族,1971 年 3 月出生,上海沙涓时装科技有限公司总经理、技术总监。

5. 上海外高桥造船有限公司邮轮项目部成立于 2019 年 11 月,共有成员 101 人,承担国产首制大型邮轮的建造管理任务。

> 文字资源网址:
>
> https://export. shobserver. com/baijiahao/html/799817. html

（作者:吴颐）

（来源:上观新闻|"2024 感动上海年度人物"揭晓,11 位先进个人和集体当选（附事迹）2024 - 09 - 24)

（建议用于第二框　第一目"弘扬中国精神"的教学）

培育核心素养

政治认同:通过了解感动上海人物的事迹,理解中国精神的内涵是以爱国主义为核心的民族精神、以改革创新为核心的时代精神,对新时代中国青年来说,热爱祖国是立身之本、成才之基;认同改革创新精神是我国兴旺发达的不竭动力,理解改革创新精神具体表现为与时俱进、锐意进取、勤于探索、勇于实践;理解认同改革创新精神的重要意义,使学生明白要弘扬中国精神,就要不断增强自己的精神力量,敢闯敢试、敢为人先、埋头苦干,勇当新时代的"拓荒牛"。

公共参与:通过对文字资源的思考和分析,由感动上海人物联想到自己,从现在开始自觉培育与时俱进、锐意进取、勤于探索、勇于实践的精神,热爱祖国,积极加入改革创新,主动弘扬中国精神,努力成长为能够担当民族复兴大任的时代新人。

运用建议

课中组织学生分小组合作阅读文字资源,教师重点引导学生思考几个问题:感动上海年度人物有什么共同特征? 你觉得什么是改革创新精神? 作为一名普通中职生,我们现在应该如何热爱祖国、培养自己改革创新的品质? 让学生带着问题边阅读边思考,填写任务单 2。完成后各小组选代表分享交流,教师点评提炼,使学生理解中国精神的内涵是以爱国主义为核心的民族精神、以改革创新为核心的时代精神,对新时代中国青年来说,热爱祖国是立身之本、成才之基。认同改革创新精神是我国兴旺发达的不竭动力,理解认同改革创新精神的表现和重要意义,并由感动上海人物联想到自己,激发从现在开始自觉培育与时俱进、锐意进取、勤于探索、勇于实践的精神,热爱祖国,积极改革创新。之后,教师组织学生将爱国主义精神与改革创新精神联系起来,引导学生思考如何弘扬中国精神,自由发言分享感悟,教师提炼归纳,使学生明白要弘扬中国精神,就要不断增强自己的精神力量,敢闯敢试、敢为人先、埋头苦干,勇当新时代的"拓荒牛",努力成长为能够担当民族复兴大任的时代新人。

表 11.3　任务单 2

任务	从感动上海年度人物事迹中感悟中国精神		
小组		组员	
感动上海年度人物有什么共同特征?			
你觉得什么是改革创新精神?			
作为一名普通中职生,我们现在应该如何热爱祖国、培养自己改革创新的品质?			

第二框　用社会主义核心价值体系凝心聚力

第二目　推进社会主义文化建设

⊙ 资源 ⑤ 【文字资源】建设具有世界影响力的社会主义国际文化大都市

在国家战略大格局中,推进文化自信自强的重要目标,就是建成社会主义文化强国。具体到上海,就是建设具有世界影响力的社会主义国际文化大都市。建设社会主义国际文化大都市,是习近平总书记亲自为上海提出的发展目标。多年来,全市上下牢记嘱托、砥砺奋进,不忘初心、矢志图强。

> 文字资源网址:
>
> https://baijiahao.baidu.com/s? id = 17515106017865898813&wfr =
> spider&for=pc

(作者:赵嘉鸣)

(来源:党建网|建设具有世界影响力的社会主义国际文化大都市 2022 - 12 - 07)

(建议用于第二框 第二目 知识要点一"社会主义文化建设的重要意义"和知识要点二"社会主义文化建设的指导思想和要求"的教学)

培育核心素养

政治认同:通过阅读文字资源,从上海开展文化建设、树立文化自信的成功做法中,认同文化建设的重要意义,理解文化建设的指导思想和要求。

运用建议

1. 课中组织学生阅读文字资源,在阅读过程中重点引导学生思考两个问题:文中习近平总书记的几段讲话,围绕哪个核心主题? 从文中你看出开展文化建设有哪些作用或意义? 学生通过对这两个问题的思考与分析,理解文化建设的重要意义。

2. 组织学生继续阅读,引导学生重点阅读第三自然段,指导学生从中找出文化建设的指导思想和要求。随后引导学生将第四自然段中上海的具体做法和成就与文化建设的指导思想和要求以及文化建设的意义结合起来,分析它们之间的联系,使学生从上海具体事例中再次体会上海的成功正是按照指导思想和要求去实施的结果,从而理解认同文化建设的指导思想和要求,认同文化建设的重要意义。

▶ 资源⑥ 【音像资源】上海:第四届长三角国际文化产业博览会开幕

2023 年 11 月 16 日,第四届长三角国际文化产业博览会在国家会展中心开幕,本届文博会以"担当新使命——长三角文化产业的力量"为主题,聚焦数字文化新成效,展示文化生活新内容,突出文化消费新升级。

音像资源网址:

https://www.kankanews.com/detail/1W2v5RvelwA

(来源:东方卫视 看东方|上海:第四届长三角国际文化产业博览会开幕 2023 - 11 - 17)

(建议用于第二框 第二目 知识要点三"繁荣发展文化事业和文化产业"和知识 要点四"讲好中国故事,增强国家文化软实力和中华文化影响力"的教学)

培育核心素养

政治认同:观看视频,从文化产业博览会中理解繁荣发展文化事业和文化 产业的措施,理解认同讲好中国故事,理解认同通过传承和弘扬优秀传统文化、 弘扬革命文化、发展社会主义先进文化,增强国家文化软实力和中华文化影 响力。

公共参与:通过对视频的观看与探讨,结合自身实际为增强国家文化软实 力和中华文化影响力作出贡献。

运用建议

1. 课中先组织学生学习统编教材内容,然后组织学生观看第四届长三角 国际文化产业博览会的视频资源。在观看过程中重点引导学生思考几个问题: 此次博览会运用哪些措施来促进文化事业和文化产业发展? 结合统编教材最 后一段,视频中展出的文化作品体现了哪些要弘扬和发展的文化? 学生带着问 题观看视频。观看视频时有意识去捕捉细节、思考和分析,填写任务单 3,观看 结束后组织学生自由发言与分享,教师进行点评与启发,与学生共同归纳与总 结,使学生通过视频中的实例了解繁荣发展文化事业和文化产业的措施,以及 如何讲好中国故事,增强国家文化软实力和影响力。

2. 在了解和认同的基础上,让学生以小组为单位探讨"联系自己和所学专 业,思考自己可以做些什么,加入增强国家文化软实力和中华文化影响力的队 伍",填写任务单 3,讨论结束后各小组派代表分享交流。

表 11.4　任务单 3

任务	从第四届长三角国际文化产业博览会看社会主义文化建设		
小组		组员	
此次博览会运用哪些措施来促进文化事业和文化产业发展？			
视频中展出的文化作品体现了哪些要弘扬和发展的文化？			
作为一名普通中职生,可以做些什么,加入增强国家文化软实力和中华文化影响力的队伍？			

中国特色社会主义社会建设

第**12**课

增进民生福祉

🔎 教学资源导航图

第一框　保障社会基本民生
├─ 第一目　办好人民满意的教育
│　├─ 知识要点一　优先发展教育事业的重要意义
│　├─ 知识要点二　新时代贯彻党的教育方针的要求
│　│　　資源1【文字資源】牢记嘱托 砥砺奋进｜上海：坚持立德树人 办好人民满意的教育
│　└─ 知识要点三　办好人民满意的教育的举措
│　　　資源1【文字資源】牢记嘱托 砥砺奋进｜上海：坚持立德树人 办好人民满意的教育
│　　　資源2【实物資源】世界技能博物馆
│
├─ 第二目　促进充分就业和完善收入分配结构
│　├─ 知识要点一　促进充分就业的重要作用
│　│　　資源3【文字資源】《上海市就业促进条例》今起施行
│　├─ 知识要点二　实施就业优先战略的主要举措
│　│　　資源3【文字資源】《上海市就业促进条例》今起施行
│　│　　資源4【音像資源】上海：落实就业优先战略 健全就业公共服务体系
│　└─ 知识要点三　优化收入分配结构的主要举措
│　　　資源5【音像資源】上海市技能人才年平均工资近五年增长32%
│
└─ 第三目　脱贫攻坚取得全面胜利
　　├─ 知识要点一　消除贫困是党的不懈追求
　　├─ 知识要点二　脱贫攻坚的主要举措及取得的历史性成就
　　│　　資源6【文字資源、音像資源】精准扶贫的"上海模式"
　　├─ 知识要点三　脱贫攻坚取得全面胜利的原因和意义
　　└─ 知识要点四　做好脱贫攻坚同乡村振兴有效衔接
　　　　資源7【文字資源】沪喀、沪果、沪滇职教联盟对口支援硕果累累：让"山里娃"成为大国工匠

```
                                          ┌─────────────────┬──────────────────────┐
                                          │ 知识要点一  社会保障体  │ 资源8【图片资源】一图    │
                                          │ 系的内涵、意义及建设目标 │ 读懂《上海市就业和社会   │
                          ┌─第一目 加─────┤                 │ 保障"十四五"规划》     │
                          │  强社会保障     │ 知识要点二  我国社会保  │ 资源9【图片资源】《关   │
                          │  体系建设       │ 障体系的基本构成      │ 于调整部分优抚对象等人   │
                          │               │                 │ 员抚恤和生活补助标准的   │
              ┌──────────┤               │ 知识要点三  健全多层次  │ 通知》政策图解        │
   第二框 健   │          │               │ 社会保障体系的要求和主  │
   全社会保障  ├──────────┤               │ 要举措            │
              │          │               ├─────────────────┼──────────────────────┤
              └──────────┤               │ 知识要点一  实施健康中  │ 资源10【文字资源】     │
                          │               │ 国战略的重要意义      │ 《"健康上海2030"规划   │
                          │               │                 │ 纲要》《健康上海行动    │
                          │  第二目 实     │                 │ (2019—2030年)》      │
                          └─施健康中国─────┤ 知识要点二  全面推进健  ├──────────────────────┤
                            战略          │ 康中国建设的举措      │ 资源10【文字资源】     │
                                          │                 │ 《"健康上海2030"规划   │
                                          │                 │ 纲要》《健康上海行动    │
                                          │                 │ (2019—2030年)》      │
                                          │ 知识要点三  建设体育强  ├──────────────────────┤
                                          │ 国              │ 资源11【文字资源、音像   │
                                          │                 │ 资源】上海体育        │
                                          └─────────────────┴──────────────────────┘
```

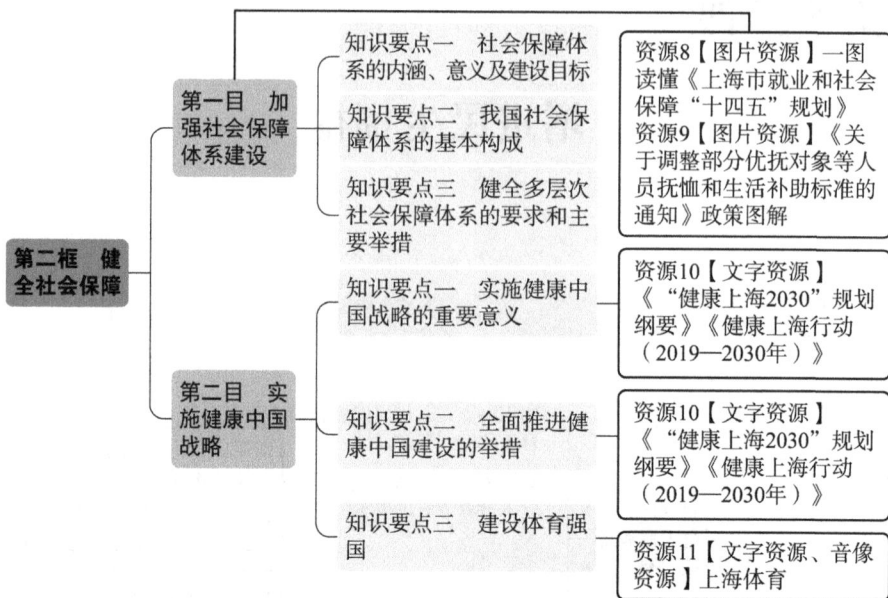

上海本土教学资源及运用建议

第一框　保障社会基本民生

第一目　办好人民满意的教育

▶ 资源 1 【文字资源】牢记嘱托　砥砺奋进│上海:坚持立德树人　办好人民满意的教育

近年来,上海深入贯彻落实习近平总书记关于教育的重要论述和考察上海重要讲话精神,加强党对教育工作全面领导,以承担教育综合改革、高考综合改革和"三全育人"综合改革等试点任务为契机,在一系列重点领域和关键环节取得重大突破,已基本达成《中国教育现代化2035》确定的教育事业发展和人力资源开发主要指标。

文字资源网址：

https://mp.weixin.qq.com/s?__biz=MjM5Mzc3NTM5Ng==&m
id=2649807681&idx=2&sn=33bb3f2dd5bad8a9fe911c685e28f03b&chks
m=be95910a89e2181c78149022c7fa0866a0631d64527b23cdffa4d814128703
76b1b1116f41cd&scene=27

（作者：徐瑞哲）

（来源：解放日报|牢记嘱托　砥砺奋进|上海：坚持立德树人　办好人民满意的教育 2022-06-25）

（建议用于第一框　第一目　知识要点二"新时代贯彻党的教育方针的要求"和知识要点三"办好人民满意的教育的举措"的教学）

培育核心素养

政治认同：通过阅读文字材料，了解在习近平新时代中国特色社会主义思想指引下上海教育改革发展的实例，理解新时代贯彻党的教育方针的要求和办好人民满意的教育的举措，珍惜学习机会，努力成为高素质劳动者和技能人才。

运用建议

教师可先让学生自由发言，从自身的受教育经历中感受上海教育改革发展的情况，再带领学生阅读文字资料，从整体上总结上海在办好人民满意的教育方面采取的措施，理解新时代贯彻党的教育方针的要求，进一步理解"九个坚持"。

资源 2 【实物资源】世界技能博物馆

开馆时间：9:00—17:00（16:00 停止入馆）；每周一休馆，每周二至周日开馆（法定假日除外）。

场馆地址：上海市杨浦区杨树浦路 1578 号

实地参观：个人参观免预约，观众可在现场直接入场参观；团队观众需提前 3 天通过电话或邮件形式预约入馆。

微信公众号：上海世界技能博物馆

（建议用于第一框　第一目　知识要点三"办好人民满意的教育的举措"的教学）

培育核心素养

政治认同：通过实地参观世界技能博物馆，了解与自己所学专业相关的世界技能大赛赛项，理解办好人民满意的教育的举措及习近平总书记对职业教育工作作出的重要指示，珍惜学习机会，努力成为高素质劳动者和技能人才。

职业精神：通过实地参观与体验，对自己所学专业的发展方向有更明确的认知，努力成为高素质劳动者和技术技能人才。

运用建议

1. 课前安排学生实地参观世界技能博物馆，通过馆内所展示的中国元素、上海符号、工匠精神，了解世界技能的过去、现在和未来，真切感受技能创新对人类文明进步的巨大推动作用，探寻上海选手在世界技能大赛中的精彩表现，结合资料查阅，将参观收获填入任务单1。

表12.1　任务单1

任务	参观世界技能博物馆，搜集历届世界技能大赛中感兴趣的上海选手的成才故事			
班级			姓名	
选手姓名	第几届	赛项名称	成才故事	我的感悟

2. 课中带领全体学生完善任务单，通过搜集历届世界技能大赛中上海选手的成才故事，感悟并认识到职业教育前途广阔、大有可为，现代化职业教育体系将培养更多高素质技能人才、能工巧匠、大国工匠。通过实地参观与体验，对

自己所学专业的发展方向有更明确的认知,努力成为高素质劳动者和技术技能人才。

第一框　保障社会基本民生

第二目　促进充分就业和完善收入分配结构

▶ **资源3** 【文字资源】《上海市就业促进条例》今起施行

《上海市就业促进条例》于 2023 年 2 月 25 日经市十六届人大常委会第一次会议表决通过,今起施行。《条例》重点规范了以下八个方面的内容:

(一) 明确指导方针与各方责任

为了贯彻落实党的二十大精神,《条例》一是明确本市坚持就业是最基本的民生,深化实施就业优先战略,强化就业优先政策,健全就业公共服务体系等促进就业工作指导方针;二是细化明确各级人民政府及相关部门职责,以及用人单位、有关群团组织、社会组织、学校等各方主体责任;三是对宣传引导、区域协作、表彰奖励等作出规定。

(二) 加强政策支持与创业扶持

为落实就业优先战略,强化就业优先政策,《条例》一是加强投资、产业、区域、财税、金融、教育、人才等政策对就业的支持,拓宽市场化社会化就业渠道,增加就业岗位,优化企业用工保障服务,提升就业质量;二是明确创业扶持措施、创业培训、创业服务、创业载体建设等内容,以创业带动就业。

(三) 创造公平就业环境

针对实践中存在的影响平等就业的不合理因素和就业歧视,《条例》一是从人力资源服务、就业性别平等、残疾人就业权益保障等方面作出规范;二是明确对传染病患者及传染病病原携带者的就业权益保障;三是对劳动者诊疗记录、医学检测报告、违法犯罪记录等信息查询作出限制。

(四) 强化就业服务与管理

为提升公共就业服务的针对性、专业性、便利性,《条例》一是健全就业公共服务体系、整合公共就业服务资源、细化服务内容和标准;二是加强公共就业服务信息平台和服务队伍建设,积极培育人力资源市场;三是对人力资源信息发

布、就业参保登记、就业监测、促进就业资金使用以及失业预警和储备政策、劳动争议纠纷多元化解等就业

（五）加强职业教育和培训

为缓解结构性就业矛盾，提升劳动者职业技能，《条例》明确健全终身职业技能培训制度，并就职业技能培训政策扶持、用人单位和相关培训机构职业技能培训、产教融合培训、公共实训、职业技能等级评价以及相关补贴措施等方面作出规定，促进劳动者提高职业技能，增强就业创业能力。

（六）加强就业援助和重点群体就业支持

为帮助就业困难人员和重点群体就业，加强兜底帮扶，《条例》明确实施就业援助制度的具体要求，强化就业援助工作。一是发挥公益性岗位安置作用，对就业困难人员和零就业家庭提供有针对性的就业援助服务；二是对青年、高校毕业生、退役军人、残疾人、刑释解矫人员等重点群体细化就业帮扶措施。

（七）完善灵活就业促进措施

为发挥灵活就业对稳就业和保居民就业的积极作用，支持多渠道灵活就业，规范新就业形态发展，《条例》一是从灵活就业服务、灵活就业人员职业技能培训、灵活就业人员权益保障等方面细化保障措施；二是针对新就业形态，明确互联网平台企业依法合规用工等内容；三是建立完善新就业形态劳动者职业伤害保障制度。

（八）强化监督管理

为督促落实促进就业工作职责，加强事中事后监管，《条例》对促进就业工作目标考核、部门监管、资金监管、人大监督等作出规定，并就违反招聘信息发布规定、虚构用工信息、失职渎职等相关违法行为设定了相应法律责任。

（来源：上海市人力资源社会保障局|《上海市就业促进条例》今起实施 2023－03－01）

（建议用于第一框 第二目 知识要点一"促进充分就业的重要作用"和知识要点二"实施就业优先战略的主要举措"的教学）

培育核心素养

政治认同：通过阅读文字资料，了解促进充分就业的重要作用，理解党和国家实施就业优先战略的主要举措。

运用建议

教师可引导学生阅读文字材料,了解党和国家实施就业优先战略的重要举措,引导学生认识实施就业优先战略对保就业、稳民生的积极意义。

　　◎ 资源④ 【音像资源】上海:落实就业优先战略　健全就业公共服务体系

就业是民生之本。党的二十大报告明确,要实施就业优先战略,强化就业优先政策,加强困难群体就业兜底帮扶,使人人都有通过勤奋劳动实现自身发展的机会。今年以来,上海人社部门不断强化就业优先导向和战略,精准对接需求,向就业困难群体提供有针对性的服务,稳住就业基本盘。

> 音像资源网址:
>
> https://www.kankanews.com/detail/kDwmz48A92l

(来源:看看新闻 Knews 综合|上海:落实就业优先战略　健全就业公共服务体系 2022 - 10 - 17)

(建议用于第一框　第二目　知识要点二"实施就业优先战略的主要举措"的教学)

培育核心素养

政治认同:通过观看视频资料,了解党和国家实施就业优先战略的重要举措。

运用建议

学生观看视频,了解小沈的就业经历,加强对党和国家实施就业优先战略中提高高校、职业院校毕业生就业匹配度和劳动参与率这一实施路径的认识。

　　◎ 资源⑤ 【音像资源】上海市技能人才年平均工资近五年增长 32%

市人社局 2024 年 9 月 23 日公布的相关数据显示,近五年本市技能人才工资呈增长态势。2023 年技能人才年平均工资为 16.88 万元,同比增长 4%,五年增长 32%,其中中级工年平均工资增长量为 5.9 万元,增幅最大,达到 46.5%。

音像资源网址：

https://haokan.baidu.com/v?pd＝wisenatural&vid＝9546968741692227796

（来源：上海广播电视台新闻综合频道　上海早晨|本市技能人才年平均工资近五年增长 32％ 2024 - 09 - 24）

（建议用于第一框　第二目　知识要点三"优化收入分配结构的主要举措"的教学）

培育核心素养

政治认同：观看视频资料，结合统编教材内容理解现阶段我国优化收入分配结构的主要举措。

职业精神：通过了解视频中技能人才平均工资增长的实例，结合自己所学专业进一步明确职业发展目标，坚定职业认同，树立正确的就业观和劳动观。

运用建议

教师可将本视频作为引导学生了解实施扩大中等收入群体行动计划的辅助资料。学生以从此视频了解到的内容为基础，畅想自己所学专业的发展前景，进一步明确职业发展目标，坚定职业认同。

第一框　保障社会基本民生

第三目　脱贫攻坚取得全面胜利

▶ **资源⑥** 【文字资源、音像资源】精准扶贫的"上海模式"

资源6.1 【文字资源】精准扶贫"上海模式"，跨越山海的情义

云贵农产品上了直播；日喀则群众家门口看好了病；果洛娃娃上了好学校……这些扶贫新鲜事背后，都离不开一个城市——上海。

2020 年，是中国实现全面脱贫之年。上海对口帮扶 7 个省 20 个州市 101 个县市区，其中包括 98 个贫困县。截至目前，已有 91 个县脱贫摘帽。

"百县百品""双线九进"消费扶贫活动、"双一百"村企结对帮扶、"组团式教

育卫生帮扶"……让人眼前一亮的"上海模式"不断涌出。

牢牢把握"精准扶贫"基本方略,2020 年,上海正全力推动所有帮扶对口地区实现脱贫。

> 文字资源网址:
>
> http://unn. people. com. cn/n1/2020/0821/c14717-31831200. html

(作者:韩庆　于新怡)

(来源:人民网|精准扶贫"上海模式",跨越山海的情义 2020 - 08 - 21)

资源 6.2　【音像资源】上海教育扶贫　从师资培训入手

教育是我国的百年大计,上海在教育扶贫方面对口支援云南全省、贵州遵义、青海果洛以及新疆喀什、西藏日喀则等地区。通过物质帮助和治理帮扶并举,职业教育和技术教育并重,保障对口支援服务受援地区经济社会的发展。

> 音像资源网址:
>
> https://tv. cctv. com/2019/04/18/VIDEuB3D269Ql6XdEYvGRQCh190418. shtml

(来源:CCTV2 第一时间|上海教育扶贫　从师资培训入手 2019 - 04 - 18)

资源 6.3　【音像资源】产销对接　上海力争年内消费扶贫 10 亿元

消费扶贫是指通过消费来自贫困地区的产品与服务,来帮助增收脱贫的一种方式。通过消费扶贫,上海对口扶贫地区的优质农产品正源源不断地来到市民餐桌。

> 音像资源网址:
>
> https://tv. cctv. com/2019/09/30/VIDEPrpxKFeF0gQYagIFmQgk190930. shtml

(来源:CCTV2 交易时间|产销对接　上海力争年内消费扶贫 10 亿元 2019 - 09 - 30)

(建议用于第一框　第三目　知识要点二"脱贫攻坚的主要举措及取得的历史性成就"的教学)

培育核心素养

政治认同：通过阅读文字材料、观看视频，了解精准扶贫的"上海模式"，进一步深入了解党带领人民脱贫攻坚的主要举措。

运用建议

教师可安排学生课前阅读文字材料、观看视频，结合材料实例梳理上海在脱贫攻坚中的举措，课上引导学生以击鼓传花等方式说出脱贫攻坚的举措，进而加深对脱贫攻坚"六个精准"和"五个一批"举措的了解。

> 资源⑦【文字资源】沪喀、沪果、沪滇职教联盟对口支援硕果累累：让"山里娃"成为大国工匠

"到2026年，通过沪喀职教联盟，将累计为喀什地区培养10名喀什工匠、100名'双师型'教师、1 000名高素质技能型优秀毕业生、1万名合格产业工人。"今年，在沪喀职教联盟会议暨喀什地区职业教育高质量发展论坛上，这样的目标令人振奋。沪喀职教联盟成立已有10年，70余家单位包括职校、企事业单位以及行业协会等自愿组成联合体，开启了职教"组团式"援疆，巩固脱贫攻坚成果，助推乡村振兴。

文字资源网址：

https://www.whb.cn/commonDetail/912815

（作者：李欣雨　赵晓伟）

（来源：文汇报|沪喀、沪果、沪滇职教联盟对口支援硕果累累：让"山里娃"成为大国工匠 2023 - 12 - 28）

（建议用于第一框　第三目　知识要点四"做好脱贫攻坚同乡村振兴有效衔接"的教学）

培育核心素养

政治认同：通过阅读文字材料，了解脱贫摘帽不是终点，以上海为代表的全国各地仍结合目前各地区发展形势和特点做好乡村振兴，保持帮扶政策总体稳定，让脱贫基础更加稳固、成效更可持续。

运用建议

教师可组织学生阅读文字材料,结合学校在教育对口支援过程中的具体事例,说明教育特别是职业教育在助力乡村振兴中发挥的作用,进一步认同我国为保证社会基本民生所采取的一系列措施及其意义。引导学生思考,结合目前所学专业,如何为乡村振兴作贡献。

第二框　健全社会保障

第一目　加强社会保障体系建设

> 资源 8　【图片资源】一图读懂《上海市就业和社会保障"十四五"规划》

图片资源网址:

https://www.shanghai.gov.cn/nw42236/20210804/382a6449cf39473ca5b5d9c0ae667967.html

(来源:上海市政府门户网站|一图读懂《上海市就业和社会保障"十四五"规划》2021-08-04)

(建议用于第二框　第一目"加强社会保障体系建设"的教学)

培育核心素养

政治认同:通过查看图片资料,了解社会保障体系的内涵、意见及建设目标,了解我国社会保障体系的基本构成。

运用建议

教师可将图片资源 8 和图片资源 9 结合使用。

> 资源 9　【图片资源】《关于调整部分优抚对象等人员抚恤和生活补助标准的通知》政策图解

为贯彻落实《烈士褒扬条例》《军人抚恤优待条例》和《退役军人事务部　财

政部关于调整部分优抚对象等人员抚恤和生活补助标准的通知》等规定,上海市退役军人事务局、市财政局近日联合下发《关于调整部分优抚对象等人员抚恤和生活补助标准的通知》,从 2023 年 8 月 1 日起,调整上海市部分优抚对象等人员抚恤和生活补助标准。

图片资源网址:

https://www. shanghai. gov. cn/nw12344/20231127/aa2ab34d4424497
7b9e22b16a48f9179. html

(来源:上海市政府门户网站《关于调整部分优抚对象等人员抚恤和生活补助标准的通知》政策图解 2023 - 11 - 27)

(建议用于第二框 第一目"加强社会保障体系建设"的教学)

培育核心素养

政治认同:通过查看图片资料,了解社会保障体系的内涵、意见及建设目标,了解我国社会保障体系的基本构成。

运用建议

教师可将图片资源 8 和图片资源 9 共同用于本框第一目我国社会保障体系主要由社会保险、社会救助、社会福利、社会优抚组成这一知识点的补充和实证材料。帮助学生进一步理解中国政府获得"社会保障杰出成就奖"(2014—2016)的原因。

第二框 健全社会保障

第二目 实施健康中国战略

⊙ 资源⑩ 【文字资源】《"健康上海 2030"规划纲要》《健康上海行动(2019—2030 年)》

《"健康上海 2030"规划纲要》网址:

> https://www. shanghai. gov. cn/nw44142/20200824/0001-44142 _
> 55477. html

(来源:上海市政府门户网站|"健康上海 2030"规划纲要 2018 - 04 - 02)

> 《健康上海行动(2019—2030 年)》网址:
> https://www. shanghai. gov. cn/nw12344/20200813/0001-12344 _
> 62691. html

(来源:上海市政府门户网站|上海市健康促进委员会关于印发《健康上海行动
(2019—2030 年)》的通知 2019 - 09 - 16)

(建议用于第二框　第二目　知识要点一"实施健康中国战略的重要意义"和知识
要点二"全面推进健康中国建设的举措"的教学)

培育核心素养

政治认同:通过查阅上海市印发的关于健康的两个文件,了解健康中国战略的重要意义,理解党和国家全面推进健康中国建设的主要举措。

健全人格:通过对文件中所倡议事项的解读,理解什么是健康的生活方式,认同要养成健康的生活习惯。

公共参与:通过将自身目前生活习惯与文件相关条目作对比,找出为达到健康目标自身需要改进的地方,自觉制定健康管理计划,养成健康生活习惯,积极参加体育锻炼,为实施健康中国行动作出贡献。

运用建议

教师可将本资源用于统编教材本部分内容的"启思导行":制定管理计划的辅助教学,引导学生阅读材料并制定个人健康管理计划,鼓励学生将计划落实到行动上,逐步养成健康的生活习惯,践行健康中国的理念。

⊛ 资源⑪【文字资源、音像资源】上海　体育

资源 11.1 【文字资源】体教融合赋能量,五育并举促成长……浦东新区这样促进校园体育发展

青少年是国家的未来和民族的希望,青少年的体质健康关乎中华民族伟大

复兴的百年大计。上海坚持"健康第一"的教育理念,出台《上海市促进中小学校体育工作高质量发展 进一步提升学生体质健康水平行动方案》(以下简称《行动方案》),旨在综合施策,进一步健全学校体育教学、赛事和评价体系,完善家校社协同共育机制,让学生在运动中享受乐趣、增强体质、健全人格、锤炼意志。近年来,浦东多所学校将武术作为特色体育项目,为校园体育发展带来新动力。

文字资源网址:

https://mp. weixin. qq. com/s?＿＿biz＝MjM5MTIxMDcwOQ＝＝＆mid＝2651626742＆idx＝1＆sn＝75efa0bba47c2822e82184ce55c74db9＆chksm＝bca4f66a1d14405ae50c477238a4181dbb8ff8a3c80511448db9d7dc35d21d2aa4fc42aa741f＆scene＝27

(编辑:陆沈毓)

(来源:上海教育|活力校园"动起来"|体教融合赋能量,五育并举促成长……浦东新区这样促进校园体育发展 2024－12－08)

资源11.2 【音像资源】上海:1100多所中小学体育场地面向市民陆续开放

为满足市民的运动需求,上海市教委有序推进学校运动场地全面向社会开放。目前,全市1100多所具备开放条件的公办中小学校正在陆续向市民开放体育场地。

音像资源网址:

https://www. kankanews. com/detail/D1yp49Ylgym

(来源:东方卫视 东方新闻|上海:1100多所中小学体育场地面向市民陆续开放 2023－04－15)

(建议用于第二框 第二目 知识要点三"建设体育强国"的教学)

培育核心素养

政治认同:通过了解各学校体育工作、观看视频,了解上海为推动体育强国建设所采取的部分措施,认同党和国家建设体育强国的理念。

公共参与:分享自身的体育爱好,结合自身弘扬中华体育精神,积极参加体育锻炼,养成良好的健康生活习惯。

运用建议

教师可引导学生结合以上两个资源,分析学校体育工作和体育资源在建设体育强国中发挥的重要作用,帮助学生理解国家建设体育强国的举措。学生分享自身的体育爱好,弘扬中华体育精神,积极参加体育锻炼,养成良好的健康生活习惯。

第**13**课

社会治理与总体国家安全观

◉ 教学资源导航图

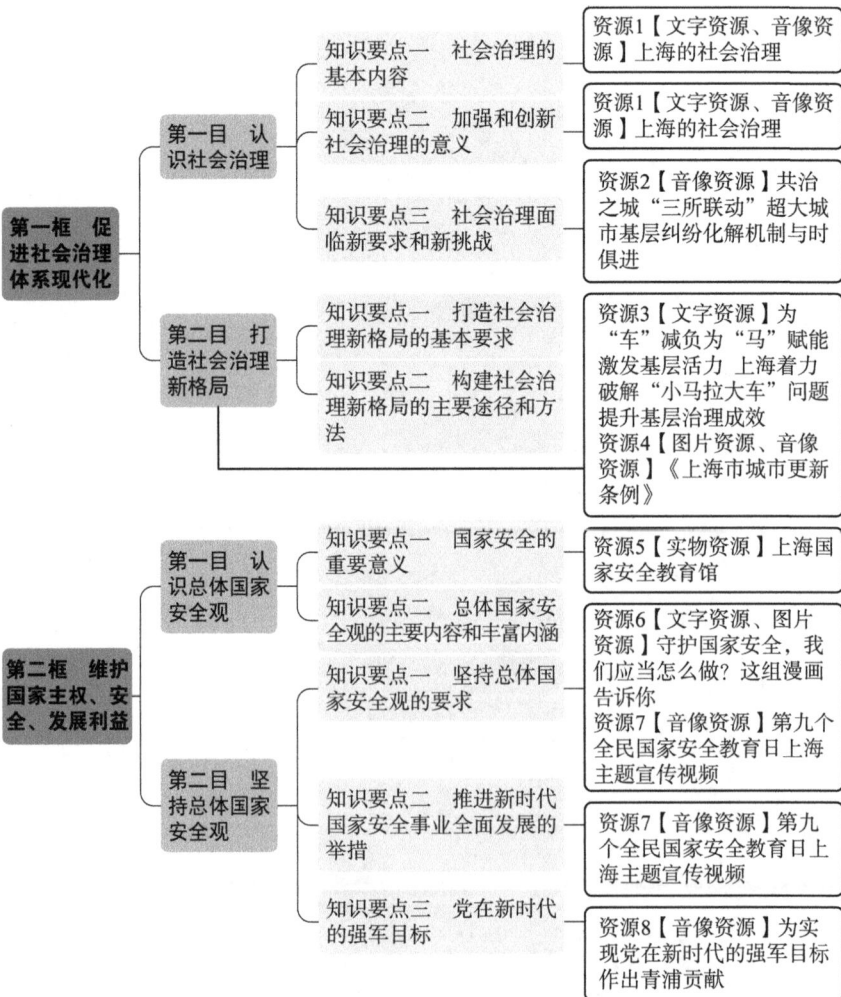

		知识要点一 社会治理的基本内容	资源1【文字资源、音像资源】上海的社会治理
第一框 促进社会治理体系现代化	第一目 认识社会治理	知识要点二 加强和创新社会治理的意义	资源1【文字资源、音像资源】上海的社会治理
		知识要点三 社会治理面临新要求和新挑战	资源2【音像资源】共治之城"三所联动"超大城市基层纠纷化解机制与时俱进
	第二目 打造社会治理新格局	知识要点一 打造社会治理新格局的基本要求	资源3【文字资源】为"车"减负为"马"赋能激发基层活力 上海着力破解"小马拉大车"问题提升基层治理成效
		知识要点二 构建社会治理新格局的主要途径和方法	资源4【图片资源、音像资源】《上海市城市更新条例》
第二框 维护国家主权、安全、发展利益	第一目 认识总体国家安全观	知识要点一 国家安全的重要意义	资源5【实物资源】上海国家安全教育馆
		知识要点二 总体国家安全观的主要内容和丰富内涵	资源6【文字资源、图片资源】守护国家安全,我们应当怎么做?这组漫画告诉你
	第二目 坚持总体国家安全观	知识要点一 坚持总体国家安全观的要求	资源7【音像资源】第九个全民国家安全教育日上海主题宣传视频
		知识要点二 推进新时代国家安全事业全面发展的举措	资源7【音像资源】第九个全民国家安全教育日上海主题宣传视频
		知识要点三 党在新时代的强军目标	资源8【音像资源】为实现党在新时代的强军目标作出青浦贡献

上海本土教学资源及运用建议

第一框　促进社会治理体系现代化

第一目　认识社会治理

▶ **资源 1** 【文字资源、音像资源】上海的社会治理

资源 1.1 【音像资源】上海市安全生产、防灾减灾和消防工作会议召开
龚正:坚决防范遏制重特大事故发生　以高水平安全服务高质量发展

上海市安全生产、防灾减灾和消防工作会议于 2023 年 2 月 24 日召开。市委副书记、市长、市安委会主任、市灾防委主任龚正指出,要全面贯彻落实党的二十大精神,认真学习贯彻习近平总书记最新批示以及关于安全生产、防灾减灾和消防工作的一系列重要指示、批示精神,按照全国安全生产电视电话会议和市委的部署要求,统筹发展和安全,树立安全发展理念,立足系统治理、依法治理、综合治理和源头治理,坚决防范遏制重特大事故发生,以高水平安全服务高质量发展,以新安全格局保障新发展格局。

音像资源网址:

https://haokan. baidu. com/v? pd＝wisenatural＆vid＝8849785771731
624989

(来源:东方卫视　东方新闻|上海市安全生产、防灾减灾和消防工作会议召开　龚正:坚决防范遏制重特大事故发生　以高水平安全服务高质量发展 2023－02－24)

资源 1.2 【音像资源】金山打造"水陆空"防护网　社会治安防控能级全面提升

近年来,金山区将社会治安防控体系建设作为平安金山建设的一号工程,积极打造"水陆空"防护网,全面提升治安防控能级,地区公众安全感和群众对公安工作满意度连续 14 年名列全市前三。

音像资源网址：

https://haokan.baidu.com/v?pd＝wisenatural＆vid＝176600559324
90187466

（来源：上海市金山区广播电视台　金视新闻|金山打造"水陆空"防护网　社会治安防控能级全面提升 2024－05－30）

资源 1.3　【文字资源】上海坚持和发展新时代"枫桥经验"　下足绣花功夫创新社会治理

上海是一座拥有 2500 万常住人口的超大城市，对外开放程度高，经济活动活跃，城区人口密度大，利益诉求多元，基层矛盾纠纷多样。立足超大城市特点，上海近年来坚持和发展新时代"枫桥经验"，在国际化、法治化、精细化、智能化上下绣花功夫，着力完善社会矛盾纠纷多元预防调处化解机制，努力把矛盾纠纷化解在基层、化解在萌芽状态。

文字资源网址：

http://paper.people.com.cn/rmrb/html/2023-11/15/nw.D110000re
nmrb_20231115_7-01.htm

（记者：巨云鹏）

（来源：人民日报|上海坚持和发展新时代"枫桥经验"　下足绣花功夫　创新社会治理 2023－11－15）

（建议用于第一框　第一目　知识要点一"社会治理的基本内容"和知识要点二"加强和创新社会治理的意义"的教学）

培育核心素养

政治认同：通过阅读材料、观看视频，了解社会治理的基本内容，认同社会治理的重要意义。

运用建议

教师可安排学生课前观看两个音像资源，让学生了解社会治理的基本内容，理解其重要意义。课中指导学生探讨分析上海坚持和发展新时代"枫桥经验"的原因,感悟社会治理现代化的意义。

➢ 资源② 【音像资源】共治之城　"三所联动"超大城市基层纠纷化解机制与时俱进

党的二十大报告提出,要在社会基层坚持和发展新时代"枫桥经验",完善正确处理新形势下人民内部矛盾机制,及时把矛盾纠纷化解在萌芽状态。上海是一座拥有 2 500 万人口、各类要素密集的超大城市,社会基层矛盾、纠纷量大面广、复杂多元。去年以来,上海试点推出了由公安派出所牵头,司法所、律师事务所参与的"三所联动"矛盾纠纷多元化解机制,并逐步在全市部署推广,着力把矛盾纠纷更多、更快、更好地化解在基层一线。

> 音像资源网址:
>
> https://www.kankanews.com/detail/PbwR0gYXgy4

（来源:东方卫视　午间 30 分|共治之城　"三所联动"超大城市基层纠纷化解机制与时俱进 2024－07－17）

（建议用于第一框　第一目　知识要点三"社会治理面临新要求和新挑战"的教学）

培育核心素养

政治认同:通过观看视频,了解化解基层矛盾的重要性,理解社会治理面临的新要求和新挑战。

运用建议

教师可将材料用于对习近平金句"要加强和创新基层社会治理,使每个社会细胞都健康活跃,将矛盾纠纷化解在基层,将和谐稳定创建在基层"的学习,通过引导学生对视频中上海"三所联动"化解基层纠纷典型实例的分析（选择部分片段重点分析）,帮助学生理解化解基层矛盾在社会治理中的重要性。

第一框　促进社会治理体系现代化

第二目　打造社会治理新格局

> **资源3**【文字资源】为"车"减负为"马"赋能激发基层活力　上海着力破解"小马拉大车"问题提升基层治理成效

基层治理是国家治理的基石。近年来,上海市坚持把破解"小马拉大车"难题作为提升超大城市基层治理成效的重要支点,紧盯"马疲车挤"的根源性问题,接续发力为"车"减负,系统施策为"马"赋能,不断激发基层动力活力、整体提升基层治理效能。

> 文字资源网址:
>
> https://www.shanghai.gov.cn/nw4411/20240909/bc088e7686844bc2abed3d15e914fa52.html

（记者:周程祎）

（来源:解放日报|为"车"减负为"马"赋能激发基层活力　上海着力破解"小马拉大车"问题提升基层治理成效 2024－09－09）

（建议用于第一框　第二目"打造社会治理新格局"的教学）

培育核心素养

政治认同:通过阅读文字材料,理解打造社会治理新格局的意义。

运用建议

教师可引导学生阅读文字材料,了解上海在社会治理方面的好做法,结合第二个"阅读与思考"——街乡吹哨,部门报到,引导学生感悟社会治理新格局对于提升社会治理效能的意义,思考如何构建社会治理新格局。为学习共建共治共享的社会治理新格局做铺垫。

> **资源4**【图片资源、音像资源】《上海市城市更新条例》

资源4.1　【音像资源】旧改攻坚之年,城市更新有了法律护航

上海的城市建设发展模式已经从大规模的增量建设转向存量更新为主的

新阶段。经过多方的努力,《上海市城市更新条例》于 2021 年 8 月 25 日正式表决通过,于 2021 年 9 月 1 日正式施行。

> 音像资源网址:
>
> https://www.kankanews.com/detail/kDwmz93z32l

(来源:上海广播电视台新闻综合频道　新闻透视|旧改攻坚之年,城市更新有了法律护航 2021－08－26)

资源 4.2　【图片资源】《上海市城市更新条例》有哪些硬核条款,看这张图!

> 图片资源网址:
>
> https://export.shobserver.com/baijiahao/html/399655.html

(作者:王海燕　黄海昕)

(来源:上观新闻|《上海市城市更新条例》有哪些硬核条款,看这张图! 2021－08－27)

(建议用于第一框　第二目"打造社会治理新格局"的教学)

培育核心素养

政治认同:通过观看视频、图片,理解加强社会治理的重要意义,了解打造共建共治共享社会治理新格局的基本要求、主要途径和方法。

公共参与:通过观看视频、图片,感悟城市治理的民主化,自觉树立主人翁意识,践行"人民城市人民建,人民城市为人民"的理念,依法有序参与社会治理。

运用建议

教师引导学生通过分析材料理解和认同打造共建共治共享社会治理新格局的基本要求,同时结合统编教材中第二个"相关链接":健全共建共治共享的社会治理制度,引导学生理解我国构建社会治理新格局的意义,进而认同党和国家在社会治理方面的政策。

第二框 维护国家主权、安全、发展利益

第一目 认识总体国家安全观

▶ **资源⑤** 【实物资源】上海国家安全教育馆

进馆时间：周一至周六 9：00—16：00（法定节假日和特殊情况临时变更，以展馆告示为准）

场馆地址：上海市青浦区沪青平公路 6888 号（东方绿洲国防园区仿真航母二层）

实地参观：展馆只接受单位团体预约，预约请提前两周

官方网址：http：//www.shhjyg.com/shaqjyg/shaqjyg/index.html

（建议用于第二框 第一目 知识要点一"国家安全的重要意义"的教学）

培育核心素养

政治认同：通过线上或实地参观上海国家安全教育馆，理解有效维护国家安全的重要意义，增强忧患意识。

公共参与：通过参观展馆的沉浸式感悟，增强"国家安全、人人有责"的主人翁意识，拥军爱国，自觉维护国家安全。

运用建议

教师安排学生课前实地参观或线上参观，学习国家安全相关法律法规，并将学习所得填入任务单 1。课中组织讨论，引导学生将统编教材中第一个"阅读与思考"的阅读材料与实地参观或线上参观看到的影像、文字资料相结合，谈一谈对"国家安全，人人有责"的感悟和理解，思考并回答维护国家安全的重要性。

表 13.1 任务单 1

任务	参观上海国家安全教育馆，学习国家安全相关法律法规，理解维护国家安全的重要性		
姓名		参观方式	□实地 □线上

（续表）

法律名称	颁布时间	主要内容

第二框　维护国家主权、安全、发展利益

第二目　坚持总体国家安全观

➤ 资源⑥【文字资源、图片资源】守护国家安全，我们应当怎么做？这组漫画告诉你

2023 年 4 月 15 日是第八个全民国家安全教育日，今年主题为"贯彻总体国家安全观，增强全民国家安全意识和素养，夯实以新安全格局保障新发展格局的社会基础"。

国家安全是国家发展的最重要基石，也是人民福祉的最基本保障。国家安全与我们每一个人、每一个家庭都息息相关。那么，危害国家安全的行为有哪些？公民该如何维护国家安全？这份原创漫画，为你划重点。

> 图片资源网址：
>
> https://www. xuexi. cn/local/normalTemplate. html? itemId＝112405
> 29712957266966

维护国家安全，人人有责。我们每个人都应不断提高维护国家安全的意识，肩负起维护国家安全的责任。

（作者：普萱）

（来源：学习强国　上海学习平台|【法治经纬】守护国家安全，我们应当怎么做？这组漫画告诉你 2023－04－13）

　　（建议用于第二框　第二目　知识要点一"坚持总体国家安全观的要求"的教学）

培育核心素养

政治认同:通过查阅漫画内容,了解坚持总体国家安全观的基本要求,增强维护国家安全人人有责的主人翁意识。

运用建议

教师可将该图文材料作为统编教材第二个"阅读与思考"——《中华人民共和国反间谍法》的补充材料,引导学生思考讨论"自觉维护国家安全应注意什么""我们能为国家安全做些什么",从而认同自觉维护国家安全是每个公民的义务,加强维护国家安全的意识。

▶ **资源⑦** 【音像资源】第九个全民国家安全教育日上海主题宣传视频

2024年是总体国家安全观提出十周年,4月15日是第九个全民国家安全教育日。国安宣工作室发布了全民国家安全教育日上海主题宣传视频。

音像资源网址:

https://www.fzzx.sh.gov.cn/szyw/20240419/d515d2e42f5e4005bcd1d84c08743452.html

(来源:上海市人民政府发展研究中心|4·15全民国家安全教育日,主题海报和上海主题宣传视频来了! 2024-04-19)

(建议用于第二框 第二目 知识要点一"坚持总体国家安全观的要求"和知识要点二"推进新时代国家安全事业全面发展的举措"的教学)

培育核心素养

政治认同:通过观看视频,了解坚持总体国家安全观的基本要求,理解推进新时代国家安全事业全面发展的举措。

运用建议

课中观看视频,了解上海在城市治理和推进国家安全发展方面的举措,引导学生认同国家安全是安邦定国的重要基石,是人民安居乐业的保证,维护国家安全是全国各族人民根本利益所在。

⊙ 资源 8 【音像资源】为实现党在新时代的强军目标作出青浦贡献

3 月 5 日,2024 年青浦区党管武装工作会议举行。区委书记、区人武部党委第一书记徐建出席会议并强调,要深入学习贯彻党的二十大精神,全面贯彻习近平强军思想,认真落实上海警备区党委会议精神,锚定实现建军一百年奋斗目标,牢记领袖嘱托、担当使命任务,全面提升党管武装和国防动员工作水平,为实现党在新时代的强军目标作出青浦贡献。

> 音像资源网址:
> https://haokan.baidu.com/v?pd＝wisenatural＆vid＝4110065143538288911

(来源:上海市青浦区广播电视台　青浦新闻|为实现党在新时代的强军目标作出青浦贡献　2024 年青浦区党管武装工作会议举行 2024－03－06)

(建议用于第二框　第二目　知识要点三"党在新时代的强军目标"的教学)

培育核心素养

政治认同:通过观看视频,了解青浦区为实现党在新时代的强军目标而实施的布局与做法,理解新时代的强军目标。

运用建议

课中播放视频,从青浦区为了实现党在新时代的强军目标而实施的布局与做法中,领悟新时代强军目标在基层的体现,进而理解新时代的强军目标。引导学生形成拥军爱国的思想,自觉维护国家安全。

中国特色社会主义生态文明建设

第14课

推进绿色发展

教学资源导航图

第一框　生态文明建设的基本理念

第一目　人与自然和谐共生

知识要点一　大自然对人类生存发展的重要作用
→ 资源1【文字资源、实物资源】崧泽文化等上海古文明遗址

知识要点二　生态变化与文明兴衰之间的关系
→ 资源2【文字资源】追寻"前京大道"的前世今生！

知识要点三　实现人与自然和谐共生的实践要求和重要成就
→ 资源3【音像资源】生态之城——上海
资源4【文字资源、实物资源】苏州河

知识要点四　习近平生态文明思想的主要方面
→ 资源3【音像资源】生态之城——上海
资源5【文字资源、音像资源】向着生态岛 一路前行

第二目　绿水青山就是金山银山

知识要点一　"两山"理论的内涵

知识要点二　经济发展和生态环境保护之间的关系

知识要点三　良好生态环境对于民生的重要意义
→ 资源6【文字资源、音像资源】上海市金山区践行"两山"理论的实践

知识要点四　坚定不移保护绿水青山

```
第二框 实现可持续发展
├─ 第一目 推进绿色生产方式
│   ├─ 知识要点一 绿色生产方式的内涵 ── 资源7【文字资源】10元一个桃子，玉米可以生吃……金山农产品凭啥能卖那么贵？
│   │                                资源8【音像资源】田野"春"动能 上海 种养生态循环 经济效益生态效益双提升
│   ├─ 知识要点二 推进生产方式绿色转型的意义 ── 资源9【文字资源】浦江"新绿"见春信——上海打造绿色低碳产业集群观察
│   └─ 知识要点三 推进生产方式绿色转型的实践要求 ── 资源10【文字资源】南北转型发展，上海这"两座山"如何发力？
└─ 第二目 形成绿色生活方式
    ├─ 知识要点一 绿色生活方式的内涵 ── 资源11【文字资源、音像资源】制止餐饮浪费的上海行动
    ├─ 知识要点二 形成绿色生活方式的意义 ── 资源12【音像资源】上海垃圾分类满五年 效果怎么样？
    └─ 知识要点三 推动形成绿色生活方式的主要举措 ── 资源13【文字资源、音像资源】绿色低碳，"无废"上海
```

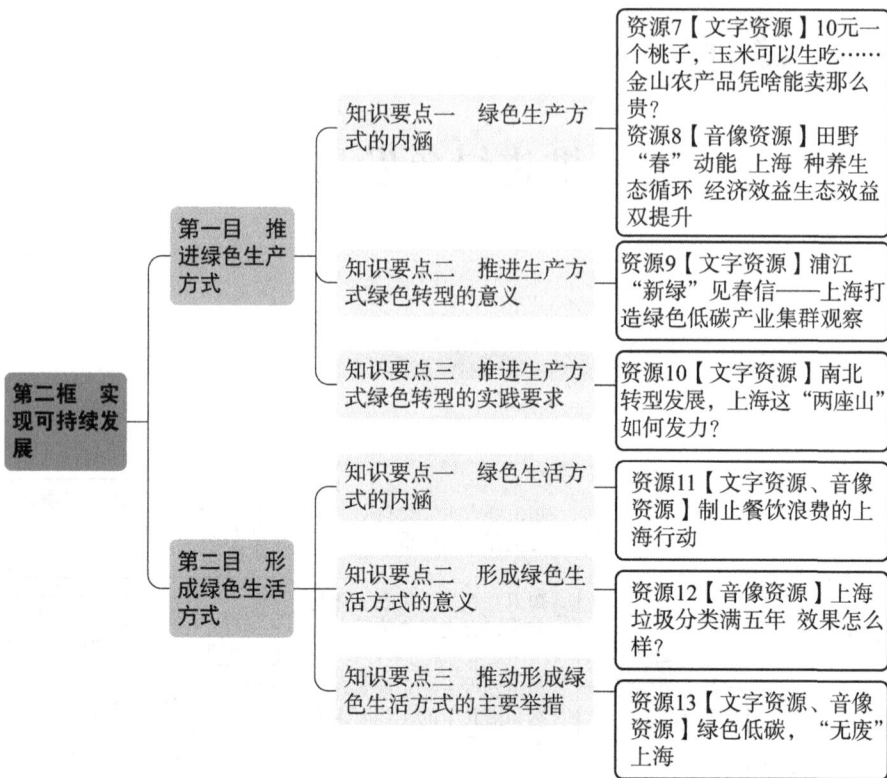

上海本土教学资源及运用建议

第一框　生态文明建设的基本理念

第一目　人与自然和谐共生

▷ 资源1 【文字资源、实物资源】崧泽文化等上海古文明遗址

资源1.1 【文字资源】上海之源——崧泽文化

崧泽文化是距今5900年至5300年间分布在太湖流域的新石器文化，上承马家浜文化，下接良渚文化，是太湖流域新石器文化的重要一环，1982年在中国考古年会上正式以首先在上海市青浦区崧泽遗址的发现而命名。因崧泽

文化是上海先民最早创造的文化类型,处于上海历史文化的发源地位,故有"上海文化之源"之称。

(来源:上海青浦博物馆|上海之源——崧泽文化)

资源 1.2 【实物资源】上海博物馆、上海青浦博物馆、广富林文化遗址、金山博物馆

上海早期人类文明发展的考古发掘资料在上海博物馆、上海青浦博物馆、广富林文化遗址、金山博物馆等场馆能查阅。

表 14.1　考古上海早期人类文明发展的场馆

序号	场馆名称	场馆地址	官方网址	开放时间
1	上海博物馆	东馆:上海市浦东新区世纪大道 1952 号 人民广场馆:上海市黄浦区人民大道 201 号	https://www. shanghaimuseu m. net/mu/front end/pg/index	东馆:10:00—18:00 17:00 后停止入场,基本陈列免预约,除法定节假日外,周二闭馆 人民广场馆:9:00—17:00 16:00 后停止入场,参观需预约,除法定节假日外,周一闭馆
2	上海青浦博物馆	上海市青浦区华青南路 1000 号	http://museum. shqp. gov. cn/mu seum/	周二至周日 9:00—16:30 (16:00 停止入场)周一全天闭馆
3	广富林文化遗址	上海市松江区广富林路 3260 弄	https://www. gflpark. com/gat eway/homepage/ showHomePage	9:00—17:00
4	金山博物馆	上海市金山区金山大道 1800 号	http://www. shjsmuseum. com/	9:00—16:30(16:00 停止入馆,周一闭馆,法定节假日除外)

(建议用于第一框　第一目　知识要点一"大自然对人类生存发展的重要作用"的教学)

培育核心素养

政治认同:通过实地或线上参观上海众多反映本地区早期文明历史的场馆、(数字)展厅、网站,认识到大自然为上海先民的生存、发展提供了生活、生产资料来源,增强对大自然的敬畏和感激之心,激发对中华民族历史源远流长的民族认同感和自豪感。

运用建议

1. 课前参观。教师可以提供相关资源线索,鼓励和安排学生根据实际居住地,选择就近实地参观或者浏览相关场馆官网数字展厅、图文、视频展览,记录印象深刻的场景和画面,并上传到在线学习平台。

2. 课中探讨。根据学生在学习平台内提交的参观收获作业,在课上提出思考题:为什么上海的先民会选择在这些地方生活,并创造了早期文明? 教师根据学生的回答进一步总结:大自然为人类生存发展提供了基本条件,孕育抚养了人类,人类也应该以自然为根,尊重自然、顺应自然、保护自然。

▶ 资源2 【文字资源】追寻"前京大道"的前世今生!

前京大道,原称中央景观大道,北起金山大道,南止卫清西路,全长1 210米。"前京"之名,包含着金山数千年行政建制更迭的沧海桑田,是上海城市历史悠远而闪耀的记忆。

史料记载,上海最早的三个县治都在金山境内:一是海盐县,二是前京县,三是胥浦县。

东晋以后,金山一带海岸受强潮顶冲,不断坍塌后退,至唐末,海岸已退到金山脚下。随后,在南宋淳熙年间的一次地震海啸中,金山沦海。有着两千多年历史的康城连同它的繁荣,从此在金山土地上消失。

> 文字资源网址:
>
> https://www.jfdaily.com/sgh/detail? id=597247

（编辑:陈忆文）

（来源:上观新闻 | 追寻"前京大道"的前世今生! 2021 - 11 - 29）

（建议用于第一框 第一目 知识要点二"生态变化与文明兴衰之间的关系"的教学）

培育核心素养

健全人格:通过了解前京县等古县城的陷落等史料,理解中华文明历史悠久,涌现出众多的文明成果,但是也有很多文明因为自然灾害、生态破坏等永远埋没在历史长河中,认识到人与自然是生命共同体,人类在大自然面前并不是万能的,要心存敬畏,要注重生态保护,否则可能会伤及自身生存。

运用建议

教师课前提供相关资源线索,鼓励和组织学生通过网络搜索了解曾经的青龙港、前京县的繁华与沉没。课中根据学生的自学情况,组织讨论,引导学生认识到生态环境的变化会对地区社会经济发展产生深刻影响,认同"生态兴则文明兴,生态衰则文明衰"的道理。

➢ 资源③【音像资源】生态之城——上海

上海地处长江三角洲地区,不仅因水而生,也因水而兴,千百年来,奔流不息的黄浦江和苏州河作为上海的母亲河,滋养着这座年轻的城市,为了让城市更加美丽宜居,上海市政府十分重视城市的生态环境建设。

> 音像资源网址:
>
> https://tv.cctv.com/2020/06/04/VIDEgDDtWQml0YYENCWq42Ru 200604.shtml

（来源:CCTV4 远方的家|长江行(103)　生态之城——上海 2020 - 06 - 04）

（建议用于第一框　第一目　知识要点三"实现人与自然和谐共生的实践要求和重要成就"和知识要点四"习近平生态文明思想的主要方面"的教学）

培育核心素养

政治认同:通过观看视频,了解上海在苏州河、长江三角洲、崇明生态岛的生态发展道路中实现人与自然和谐共生的实践要求和重要成就,初步领悟习近平生态文明思想的主要内容。

运用建议

教师可将本音像资源作为课前预习、活动布置的辅助资源,让学生在课前完成观看,对上海在苏州河、长江三角洲、崇明生态岛的生态建设中所解决的问题和取得的成效有所了解,理解其背后遵循的理念,即人与自然和谐共生,进而初步领悟习近平生态文明思想的主要内容,在此基础上完成后续实地参观、寻找素材等任务。

➢ 资源④【文字资源、实物资源】苏州河

苏州河,源自太湖,全长 125 公里,经苏州入上海,是上海除黄浦江外最重要的河流。1920 年以后,随着上海经济社会的快速发展,大量生活污水和工业废水排入苏州河,开始出现黑臭现象。到 1978 年苏州河在上海境内全部遭受污染,市区河段终年黑臭,鱼虾绝迹,路人掩鼻。20 世纪 80 年代以来,上海坚持"以治水为中心,全面规划,远近结合,突出重点,分步实施""一张蓝图干到底,一代接着一代干",让苏州河的面貌发生了根本改变。通过苏州河的治理,上海也走出了一条特大型城市治理黑臭水体的道路。

(作者:郭剑烽)

(来源:新民晚报|从黑臭河道到旅游水上航线,母亲河三十年治理见证历史 2022 - 09 - 19【摘取部分】)

(建议用于第一框 第一目 知识要点三"实现人与自然和谐共生的实践要求和重要成就"的教学)

培育核心素养

政治认同:通过实地参观或线上查阅苏州河治理的新闻报道、图片展览等,了解苏州河从黑臭水体到"水上会客厅"的治理变迁过程,了解中国共产党在大城市生态环境治理方面进行的实实在在的探索,理解并认同中国共产党在生态环境治理方面的成果。

运用建议

1. 课前安排学生通过实地参观或线上查阅图片、视频资料的方式了解苏州河治理的过程,梳理苏州河治理的主要阶段和举措,整理苏州河治理前后的对比图片。苏州河治理后的现状图片由学生自己拍摄,同一地点的历史照片可以网上查找。将参观所获填入任务单 1。

表 14.2 任务单 1

任务	苏州河今昔		
小组		组员	
参观地点	时间	现场景象	昔日景象

(续表)

参观地点	时间	现场景象	昔日景象

2. 课中由小组代表介绍他们的调研参观成果,向其他同学作现场介绍,理解并认同上海市在落实党和国家生态治理政策方面的实际成果。

> 资源⑤　【文字资源、音像资源】向着生态岛　一路前行

资源5.1　【音像资源】足迹——新动能　新发展|向着生态岛　一路前行

"要按照建设生态岛的思路,认认真真做下去,只要认准了方向,就不要动摇。"——习近平,2007 年 4 月。

这是中国的第三大岛。它位于上海北部,没有高楼大厦,远离城市喧嚣。这个遍布绿色植被和农田的地区正在逐步向生态友好的道路发展,这就是崇明岛。

2007 年,时任上海市委书记习近平提出了崇明建设生态岛的发展方针。

音像资源网址:

https://www.kankanews.com/detail/PlQaPRVO1yv

(记者:王吟)

(来源:看看新闻 Knews|足迹——新动能　新发展|向着生态岛　一路前行 2022 - 10 - 12)

资源5.2　【文字资源】打造人与自然和谐共生样板——崇明将锚定世界级生态岛远景目标,积极探索"绿水青山就是金山银山"的实践路径

进入新世纪以来,作为上海最为珍贵、不可替代、面向未来的生态战略空间,崇明以坚实的步伐走上了生态优先、绿色发展之路,20 多年的探索和实践,"世界级生态岛"建设进入新境界,一幅人与自然和谐共生的生态画卷正徐徐展开,奋力谱写着高质量发展的崭新篇章。

生态岛建设是一项没有先例可循的开创性事业,《崇明世界级生态岛发展规划纲要(2021—2035 年)》提出,到 2035 年,崇明世界级生态岛将打造成绿色生态"桥头堡"、绿色生产"先行区"、绿色生活"示范地",成为引领全国、影响全

球的国家生态文明名片、长江绿色发展标杆、人民幸福生活典范,成为人与自然和谐共生的现代化"崇明样板"。

(来源:上海市崇明区人民政府官网|打造人与自然和谐共生样板——崇明将锚定世界级生态岛远景目标,积极探索"绿水青山就是金山银山"的实践路径 2024 - 08 - 13【摘取部分】)

资源 5.3 【文字资源】"习书记对党的历史和传统的尊重是发自内心并一以贯之的"——习近平在上海(十八)

青浦区是上海的一个远郊,坐拥淀山湖,水资源比较丰富,是上海的水源地。2007 年 7 月 11 日,习书记在青浦调研时指出,要以对人民群众、对子孙后代高度负责的精神,把环境保护和生态治理放在各项工作的重要位置,下大力气解决一些环境保护方面的突出问题,坚持奋发有为、乘势而上,切实做到经济持续增长、污染持续下降、环境持续改善,努力形成人与自然和谐相处的宜居环境。在青浦的朱家角古镇,习书记还与古镇居民、游客亲切交谈,叮嘱有关部门要保留好古镇的江南水乡风貌,对古镇的历史风貌保护提出要求。十年后的 2017 年全国两会上,作为上海代表团成员的习近平总书记依然特别关注崇明生态岛建设的情况,他详细询问崇明岛生态保护情况,问题问得非常细致,"崇明岛现在是什么保护级别""有没有列入国家级自然保护区""崇明现在通大桥了吗"……听完上海代表团的介绍后,总书记再次叮嘱要做好崇明的生态保护工作。

(采访对象:缪毅容 采访组:田玉珏 李政)

(来源:学习时报|"习书记对党的历史和传统的尊重是发自内心并一以贯之的"——习近平在上海(十八) 2021 - 09 - 24【摘取部分】)

(建议用于第一框 第一目 知识要点四"习近平生态文明思想的主要方面"的教学)

培育核心素养

政治认同:通过了解习近平在上海工作时调研崇明岛生态建设和崇明岛进入新时代后加快推进世界级生态岛建设的努力方向,增进对习近平生态文明思想内容的认识,将生态文明建设与提升人民生活幸福指数结合起来,认同人民至上的治国理念。

运用建议

习近平生态文明思想是习近平新时代中国特色社会主义思想的重要组成

部分。习近平在上海任职期间深入宝山、青浦、崇明等地调研生态环境保护问题，为上海生态环境建设指明了方向。教师可以结合学校所在区域实际情况，从生态文明建设行动中所体现的习近平生态文明思想的内容展开探讨，并且将上海这座超级城市的生态文明建设和改善人民生活质量结合起来，引导学生深刻理解生态文明建设与自身生活的关系。

课前可以根据学情安排查阅文献资料和实地调研任务，课堂上分享各自的调研收获，结合习近平对上海生态文明建设的重要指示，加深对习近平生态文明思想内容体系的学习了解，进而引导学生理解"十个坚持"。

第一框 生态文明建设的基本理念

第二目 绿水青山就是金山银山

⊳ **资源6**【文字资源、音像资源】上海市金山区践行"两山"理论的实践

资源6.1【文字资源】"习书记到基层调研更像亲人到家里做客"——习近平在上海（十五）

2007年6月12日，习近平在任上海市委书记时专程到地处杭州湾畔的金山区调研。在一天的时间内，习近平专门深入基层，先后调研了村委会、农家乐、农业专业合作社、企业、工业园区和学校等9个点。

> 文字资源网址：
> https://paper.cntheory.com/cntheory/2021-09/20/content_9910877.html

（采访对象：吴尧鑫　采访组：田玉珏　路也）

（来源：学习时报｜"习书记到基层调研更像亲人到家里做客"——习近平在上海（十五）2021-09-20）

资源6.2【文字资源】"生态之城"瞭望台｜走进"两山基地"，培养生态"萌芽"

近年来，漕泾镇作为金山区重要的生态安全屏障区，大力开展"两山基地"建设，坚持绿色发展的时代责任和历史使命，打出组合拳，实施多项新政，按照"生态好、环境美、产业强、百姓富、机制优"的基本思路，以"产业生态化和生态

产业化"为导向,加强统筹规划,高位推进"两山基地"建设重点任务,工程项目总投资约 16.5 亿元。

文字资源网址:

https://baijiahao.baidu.com/s? id＝1774368605643735358＆wfr＝spider＆for＝pc

（记者:郭剑烽）

（来源:新民晚报|"生态之城"瞭望台|走进"两山基地",培养生态"萌芽" 2023－08－16）

资源 6.3 【音像资源】金山不断践行"两山"理念 持续筑牢绿色基底

日前,金山区廊下镇和亭林镇被纳入上海市第一批"绿水青山就是金山银山"实践创新基地遴选储备库。近年来,两镇不断探索"两山"转化的有效路径和模式,推动生态要素变生产要素、生态价值变经济价值、生态优势变发展优势,取得了扎实成效。

音像资源网址:

https://haokan.baidu.com/v? pd＝wisenatural＆vid＝8652125083527009556

（来源:上海市金山区广播电视台 金视新闻|金山不断践行"两山"理念 持续筑牢绿色基底 2024－10－16）

资源 6.4 【音像资源】吕巷镇:绘好新时代"三个百里"工笔画

近年来,吕巷镇坚定不移践行"三个百里"重要指示精神,集聚优势资源打造一园一路一圈核心功能区,努力做好空间转型这篇文章,不断实现生态价值、经济价值、美学价值、文化价值的叠加共振,绘好新时代"三个百里"工笔画。

音像资源网址:

https://haokan.baidu.com/v? pd＝wisenatural＆vid＝1211210228047851105

（来源:上海市金山区广播电视台 金视新闻|"活力湾区 创业沃土"2023 金山区街镇(社区)书记访谈 吕巷镇:绘好新时代"三个百里"工笔画 2023－06－16）

（建议用于第一框 第二目"绿水青山就是金山银山"的教学）

培育核心素养

政治认同:通过阅读资料、观看视频或实地调研的方式了解金山区海岸生态环境治理、利用农村生态环境优势经营农家乐发展旅游业、推动农业生产方式绿色转型、提高经济果林附加值等做法,从金山区践行"两山"理论的实践中理解"绿水青山就是金山银山"的内涵,明白经济发展和生态环境保护之间的关系,懂得良好的生态环境对民生的重要意义。

运用建议

1. 课前通过线上学习平台发布资源 6.1,让学生了解习近平总书记在上海工作时期开展工作的做法,尤其是对生态环境治理方面的关心和重视。对"绿水青山就是金山银山"的内涵有初步了解。

2. 安排学生分小组选择金山区漕泾镇、廊下镇、亭林镇、吕巷镇或其他街镇,到当地生态环境建设项目、工程等做现场调研。学生需拍摄实景照片、视频,采访当地居民(村民),将调研所得填入任务单 2,并做好课上分享准备。资源 6.2、6.3 和 6.4 可作为辅助资料提供给学生。

表 14.3　任务单 2

任务	上海市践行"两山"理论的实践调研		
小组		组员	
调研地点		调研时间	
现场实拍			
调研采访			
采访问题	被采访者的理解		我们的感悟
1. 您记得××镇××年之前的环境是什么样吗?	被采访者1:(简述被采访者的身份、年龄等基本信息) 被采访者2:		
2. 您觉得××镇现在的环境发生了哪些变化?	被采访者1: 被采访者2:		
3. 您觉得××镇现在的良好生态环境给您带来了什么?	被采访者1: 被采访者2:		
4. 您觉得经济发展和生态环境保护之间是什么关系?	被采访者1: 被采访者2:		

3. 课中组织学生分享调研所获,从被采访者的视角和各小组的感悟中进一步理解"绿水青山就是金山银山"的内涵,明白经济发展和生态环境保护之间的关系,懂得良好的生态环境对民生的重要意义,坚定不移保护绿水青山。

第二框　实现可持续发展

第一目　推进绿色生产方式

> **资源7**【文字资源】10元一个桃子,玉米可以生吃……金山农产品凭啥能卖那么贵?

10元一个的桃子要实行"计划生育"

产完桃树的桃子还要"坐月子"

近年来,金山农产品实现了从"论斤卖"到"论个卖"的"逆袭"

看 ta 们如何越做越高端?

文字资源网址:

https://mp.weixin.qq.com/s/0fqTZLnPZtHO0_mOBvZmJQ

(记者:甘力心)

(来源:i金山微信公众号|10元一个桃子,玉米可以生吃……金山农产品凭啥能卖那么贵? 2020－06－08)

(建议用于第二框　第一目　知识要点一"绿色生产方式的内涵"的教学)

培育核心素养

政治认同:通过阅读分析天母果园、漕泾镇旺卉果蔬专业合作社坚持以绿色生产方式提高桃子、玉米品质的案例,了解培育"绿色产品"认证的桃子、玉米的实践做法,理解并认同绿色生产方式的内涵。

运用建议

1. 课前教师可以安排学生了解天母果园、漕泾镇旺卉果蔬专业合作社的种植经验,也可以组织有条件的学生前往天母果园、漕泾镇旺卉果蔬专业合作社现场参观和感受果园、合作社的经营状况,品尝绿色产品。

2. 课中组织学生分享学习心得或参观体会,引导学生理解并认同绿色生产方式的内涵。

⊳ 资源⑧【音像资源】田野"春"动能　上海　种养生态循环　经济效益生态效益双提升

> 音像资源网址:
>
> https://tv.cctv.com/2024/04/14/VIDENmUoVSPiMmSYE3YBFtU
>
> K240414.shtml

(来源:CCTV17 三农长短说|田野"春"动能　上海　种养生态循环　经济效益生态效益双提升 2024−04−14)

(建议用于第二框　第一目　知识要点一"绿色生产方式的内涵"的教学)

培育核心素养

政治认同:通过观看视频了解上海超群农副产品产销专业合作社合理种植绿肥并形成生态循环的具体做法,理解并认同绿色生产方式的内涵。

运用建议

课中播放视频,让学生了解上海超群农副产品产销专业合作社合理种植绿肥并形成生态循环的具体做法,思考背后的原因,理解并认同绿色生产方式的内涵。

⊳ 资源⑨【文字资源】浦江"新绿"见春信——上海打造绿色低碳产业集群观察

走在黄浦江边,春日暖阳照射在百年历史的杨树浦电厂废弃"灰仓"上;屋顶的太阳能光伏板不断吸收热能并转化为电能,储存在江边的储能"充电宝"中;旁边,太阳花形状的咖啡厅透出柔和灯光,为游人送上一杯"零碳"咖啡……一个滨江"绿肺"正示范运行。

新质生产力是绿色生产力。不断培育新质生产力、构建现代化产业体系的上海,正以传统产业主动变"绿"、新兴产业持续造"绿"、未来产业布局新"绿"的方式,加快打造高效生态绿色产业集群。

文字资源网址：

http://www.news.cn/20240331/0dc5db59cbff4cfb8c2866221c407d5a/c.html

（记者：王永前　周琳　王默玲　王辰阳）

（来源：新华社|浦江"新绿"见春信——上海打造绿色低碳产业集群观察 2024 - 04 - 02）

（建议用于第二框　第一目　知识要点二"推进生产方式绿色转型的意义"的教学）

培育核心素养

政治认同：通过了解上海打造绿色低碳产业集群的具体做法、目标和成效，理解推进生产方式绿色转型的意义。

运用建议

阅读材料，从材料中上海打造绿色低碳产业集群所采取的让废钢不"废"、使用清洁能源等措施以提升"含绿量"带来经济发展的"含金量"等做法、目标和成效，理解推进生产方式绿色转型的意义。

◇ 资源⑩【文字资源】南北转型发展，上海这"两座山"如何发力？

上海发布《关于加快推进南北转型发展的实施意见》及支持政策，推动宝山和金山以产业转型为核心，实现空间和治理的整体性、系统性转型，将南北地区打造成为绿色低碳转型发展的主力军、传统工业地区转型的样板区、实体经济筑基的压舱石、经济社会发展的新引擎。

同样拥有基础扎实的传统产业、同样具备通江达海的枢纽功能的宝山和金山，是上海向北向南辐射长三角的节点和门户，也是"十四五"期间上海"南北转型"的重要支点。在一系列规划部署下，宝山和金山将按照投资上规模、建设上水平、产业上能级的要求，持续跑出加速度，努力建设成为促进长三角更高质量一体化发展的重要动力源泉。

（记者：贾远琨　赵逸赫　王辰阳）

（来源：新华社|南北转型发展，上海这"两座山"如何发力？ 2022 - 07 - 12【摘取部分】）

（建议用于第二框　第一目　知识要点三"推进生产方式绿色转型的实践要求"的

教学）

培育核心素养

政治认同：通过查阅资料，了解上海在未来发展中，针对宝山和金山这"两座山"的转型发展提出的规划目标，理解"南北转型"对上海全市发展和地区发展的深远意义，认同中国共产党在推进生产方式绿色转型方面的具体要求和意义。

运用建议

1. 课前安排学生通过资料查阅的方式了解宝山和金山这两个以钢铁产业和石化产业为支柱经济的区，在改革开放过程中为上海乃至全国工业化、解决"穿衣难"等方面作出的贡献，总结其传统产业发展面临的现实挑战。

2. 课中分享宝钢、上海石化建立的背景、主要发展阶段与历史贡献，增强对改革开放中公有制企业作用的认可，并思考这些企业在新时代面临的挑战和机遇，从而更好地与绿色生产方式的要求联系起来，让学生更深刻地理解推动绿色生产方式转型的意义和实践要求。

第二框　实现可持续发展

第二目　形成绿色生活方式

⊙ **资源⑪** 【文字资源、音像资源】制止餐饮浪费的上海行动

资源 11.1　【音像资源】上海文明委：将制止餐饮浪费纳入社会规范

厉行节约，反对浪费，立法工作正在进行。上海市精神文明建设委员会下发通知，率先把制止餐饮浪费纳入社会规范。

> 音像资源网址：
>
> https://tv.cctv.com/2020/08/18/VIDEHtVLOrnnFZ49b5Xy2Hqe200818.shtml

（来源：CCTV2 天下财经|上海文明委：将制止餐饮浪费纳入社会规范 2020 - 08 - 18）

资源11.2 【文字资源】上海市市场监管局公布制止餐饮浪费专项行动第八批典型案例

静安区市场监管局查处"潮汕大排档"诱导、误导消费者超量点餐造成食品浪费案

2023年4月19日,静安区市场监管局对上海潮泽餐饮有限公司("潮汕大排档")诱导、误导消费者超量点餐造成明显浪费且拒不改正的违法行为,依法责令当事人立即改正,并作出罚款5000元的行政处罚。

2023年3月31日,静安区市场监管局执法人员对位于共和新路4762号201室的上海潮泽餐饮有限公司进行监督检查,发现当事人存在消费者自选点餐完成后,仍然劝说消费者超量点餐造成餐食明显浪费的行为,当场向当事人制发《当场行政处罚决定书》,要求当事人改正违法行为,并给予警告的行政处罚。

2023年4月6日,静安区市场监管局执法人员对当事人进行"回头看"检查,现场查见当事人经营场所大厅内20号圆桌有大量菜品剩余,后厨餐厨湿垃圾箱内有被扔弃大量未食用餐食,造成食品浪费。经调查,当事人大厅20号圆桌就餐人数2人,食用菜品共计8件,消费者自助点餐5件,经当事人服务人员以菜量偏少不够吃并推荐特色菜品为由诱导消费者增加菜品3件。就餐结束后有5件菜品存在明显浪费的情况,诱导增加的3件菜品均在其内,且当事人未提供餐食打包服务。经查明,2023年3月1日起,当事人为提高销售收入、增加经营利润,设置服务人员点餐奖励,引导服务人员采用"菜量偏少、不够吃、推荐特色菜品"等理由诱导、误导消费者超量点餐,造成明显食品浪费。目前当事人已取消点餐奖励制度,同时对其从业人员开展反食品浪费宣传培训,引导消费者按需适量点餐,并增加餐食打包服务。

当事人的上述行为,违反了《中华人民共和国反食品浪费法》第七条第二款的规定。静安区市场监管局依据《中华人民共和国反食品浪费法》第二十八条第二款的规定,依法对当事人作出罚款5000元的行政处罚。

(来源:上海市市场监管局|上海市市场监管局公布制止餐饮浪费专项行动第八批典型案例2023－06－29【摘取部分】)

(建议用于第二框 第二目 知识要点一"绿色生活方式的内涵"的教学)

培育核心素养

政治认同:通过课堂辩论了解上海市在治理餐饮浪费方面的做法和要求以及这些做法的目的,理解并认同杜绝食物浪费、推行绿色生活方式的内涵。

公共参与:通过阐述、践行绿色生活方式的理念,在日常生活中践行自然、环保、节俭、健康的生活方式,提升个人修养和社会责任意识。

运用建议

1. 课前安排学生查找有关上海市餐饮浪费状况的调查结果,大致了解食物浪费方面的现实情况。

2. 课中以"自己付钱消费是否就可以浪费"为主题组织小型辩论赛,引导学生思考"作为顾客,自己花钱点餐吃得高兴,吃不掉的也是自己付过钱的,不应该处罚""开门做生意,明码标价、童叟无欺,至于顾客想点多少餐那是顾客的自由,饭店无权也无须干涉"等观点是否正确。教师引导学生将食物浪费和粮食安全联系起来,辩证地看待勤俭节约和享受美食,让学生站在更高层次上看待问题,进而理解并认同杜绝食物浪费、推行绿色生活方式的内涵。

3. 组织"头脑风暴"活动,请学生列举生活中除了拒绝餐饮浪费自己还践行了哪些绿色生活方式,哪些做得还不到位,以后应该如何做,从而引导学生在日常生活中践行自然、环保、节俭、健康的生活方式,提升个人修养和社会责任意识。

▶ **资源12** 【音像资源】上海垃圾分类满五年　效果怎么样?

2024 年 7 月 1 日,《上海市生活垃圾管理条例》实行满 5 年。2019 年该条例实施前后,上海小区的投放点、垃圾房都经历过一轮改造,以适应垃圾分类的要求,5 年的时间过去了,上海的生活垃圾分类的效果怎么样呢?

> 音像资源网址:
> https://tv.cctv.com/2024/07/01/VIDEP9t1YwgYf0LGJFsWQYBS240701.shtml

(来源:CCTV1 晚间新闻|上海垃圾分类满五年　效果怎么样? 2024-07-01)

(建议用于第二框　第二目　知识要点二"形成绿色生活方式的意义"的教学)

培育核心素养

政治认同：通过实地观察居住小区垃圾分类的实施现状，自评个人家庭生活中垃圾分类的执行情况。了解垃圾分类的方法和市民的遵守情况。结合视频中上海超大城市垃圾的产生数量、处理难度和整体效果，理解并认同《上海市生活垃圾管理条例》的重要意义。

公共参与：通过评价个人或者家庭在日常生活中对垃圾分类处理的情况，增强自觉履行垃圾分类的责任感；积极向家庭成员宣传垃圾分类的意义，鼓励大家共同携手努力创建文明家庭、文明社区和文明城市。

运用建议

1. 课前要求学生了解全市层面的垃圾分类执行情况，自评个人、家庭和所在小区居民的实际执行情况；查找资料了解2019年《上海市生活垃圾管理条例》出台前的上海垃圾日均产生数量和现在的垃圾分类成效。

2. 课中要求学生汇报自己的垃圾分类执行情况调查结果，汇总各小区在垃圾分类方面存在的不足，并提出优化建议。通过垃圾分类前后的对比，引导学生进一步查阅资料，以上海为例，了解垃圾数量不断增加对人类生存环境的危害，增强广大学生的社会环保参与意识。

⊛ **资源⑬【文字资源、音像资源】绿色低碳，"无废"上海**

资源13.1 **【音像资源】《上海市无废城市建设条例》6月5日起施行　推动无废成为绿色低碳生活新时尚**

《上海市无废城市建设条例》自2024年6月5日起施行，这是全国首部无废城市建设地方立法。目前，上海已经全面启动了全域无废城市建设工作。

作为全国最早严格实行垃圾分类的城市，上海在无废城市建设的探索中也走在前列，目前已经实现了我们原生生活垃圾的零填埋。这次实施的《上海市无废城市建设条例》聚焦源头减量，从设计、生产、消费、流通等领域以更高标准作了全面规定。

音像资源网址:

https://tv. cctv. com/2024/06/06/VIDEAX8tDUxEyP63anxrzAFC240

606. shtml

(来源:CCTV13 朝闻天下|《上海市无废城市建设条例》6 月 5 日起施行　推动无废成为绿色低碳生活新时尚 2024 - 06 - 06)

资源 13.2　【音像资源】上海生态环境数字十变:绿色生活方式更多样

上海生态环境"十大变化",全市已累计创建 1 440 家绿色学校、79 个国家级绿色商场和 144 家国家级节约型公共机构示范单位,节约资源能源、保护生态环境逐步成为全社会的行动自觉。

音像资源网址:

https://www. kankanews. com/detail/M8Q80PLn8QL

(视频编辑:杜钰愉)

(来源:看看新闻 Knews 综合|上海生态环境数字十变:绿色生活方式更多样 2023 - 09 - 10)

资源 13.3　【文字资源】向"千园之城"迈进,上海全市公园数量已达 973 座

上海正稳步迈向"千园之城",目前全市公园达到 973 座,其中城市公园 512 座,口袋公园 341 座,乡村公园 119 座,主题公园 1 座。24 小时开放的公园达到 849 座。

文字资源网址:

https://www. thepaper. cn/newsDetail_forward_29705001

(记者:陈悦)

(来源:澎湃新闻|向"千园之城"迈进,上海全市公园数量已达 973 座 2024 - 12 - 20)
(建议用于第二框　第二目　知识要点三"推动形成绿色生活方式的主要举措"的教学)

培育核心素养

政治认同:通过观看视频了解上海市在打造无废城市、形成低碳生活方式、建设口袋公园、改善人民绿色生活环境方面的主要举措,了解上海市在推动形成绿色生活方式方面的主要举措,进一步理解并认同绿色生活方式的意义。

法治意识:了解上海市出台《上海市无废城市建设条例》等举措,总结上海市在推进绿色生活方式形成方面所采取的制度化和法治化建设经验,增强对依法治理生态环境问题的认同感。

公共参与:通过参与低碳城市、低碳校园活动,将个人与低碳生活更紧密联系起来,了解无废城市和低碳社会都离不开个人的参与,理解并增强自觉在生活中参与无废城市建设的积极性。

运用建议

1. 课前安排学生了解上海推行垃圾分类取得的成果,让学生通过实地查看所在小区垃圾分类的执行情况和线上查找等方式了解全市或者所在区、镇、街道在垃圾分类处理方面的举措,了解垃圾分类的执行情况。查找并现场游览体验小区附近的口袋公园、公共绿地、郊野公园等,了解各区街道、镇在推进低碳、绿色、美丽上海建设方面的成果。

2. 课中学生分享自己的调查成果,总结上海市在推动形成绿色生活方式方面的主要举措。

3. 布置"低碳城市/低碳校园我践行"任务。根据学生实际情况,采用低碳生活知识竞赛、黑板报评比、校园绿化带养护认领、清除校园"牛皮癣"、绿色环保当铺等形式组织活动,让学生积极践行绿色生活方式,理解并增强自觉在生活中参与无废城市建设的积极性。

第15课

建设美丽中国

教学资源导航图

```
第一框 着力解决突出生态环境问题
├── 第一目 打赢蓝天碧水保卫战
│   ├── 知识要点一　打赢蓝天保卫战的原因 ──── 资源1【文字资源、音像资源】上海：从空气质量指数超300到"水晶天"
│   ├── 知识要点二　打赢蓝天保卫战的要求 ──── 资源2【文字资源】335天空气质量优良，多项污染物创历史新低，十年治理换来"水晶天"刷屏
│   ├── 知识要点三　打赢碧水保卫战的原因 ──── 资源3【文字资源】上海是一个严重缺水的城市
│   └── 知识要点四　打赢碧水保卫战的要求 ──── 资源4【文字资源、音像资源】上海是如何保障市民饮用水质量的
│                                              资源5【音像资源、实物资源】生长的城市 金山水库村
└── 第二目 深入打好净土保卫战
    ├── 知识要点一　打好净土保卫战的原因 ──── 资源6【音像资源】上海金山：提升土壤效益 端牢"中国饭碗"
    ├── 知识要点二　打好净土保卫战的必要性与紧迫性
    ├── 知识要点三　打好净土保卫战的要求与举措 ──── 资源7【文字资源、音像资源】上海打好净土保卫战的要求与举措
    └── 知识要点四　土壤污染防治是一项长期工作
```

```
                                     ┌─ 知识要点一  加大生态系
                                     │  统保护力度的原因
                                     │
                    ┌─ 第一目  加   ├─ 知识要点二  加大生态系      资源8【文字资源、音像
                    │  大生态系统     │  统保护与修复力度要坚持      资源】上海崇明"世界级
                    │  保护力度      │  系统观念                生态岛"
                    │               │
                    │               │
                    │               └─ 知识要点三  加大生态系      资源9【文字资源】上海
  第二框  优        │                  统保护与修复力度的具体      市人民政府办公厅关于印
  化生态安全  ─────┤                  要求                     发《美丽上海建设三年行
  屏障体系          │                                          动计划（2024—2026年）》
                    │                                          的通知
                    │
                    │               ┌─ 知识要点一  实行最严格
                    │               │  的生态环境保护制度的原因
                    └─ 第二目  实   │
                       行最严格的    ├─ 知识要点二  实行最严格
                       生态环境保    │  的生态环境保护制度的要求    资源10【文字资源】跨省
                       护制度        │                          非法倾倒、突破耕地红线，
                                     └─ 知识要点三  严格执行      上海上千万吨建筑垃圾去
                                        生态环境保护制度         向不明｜中央督察案例追
                                                                踪
```

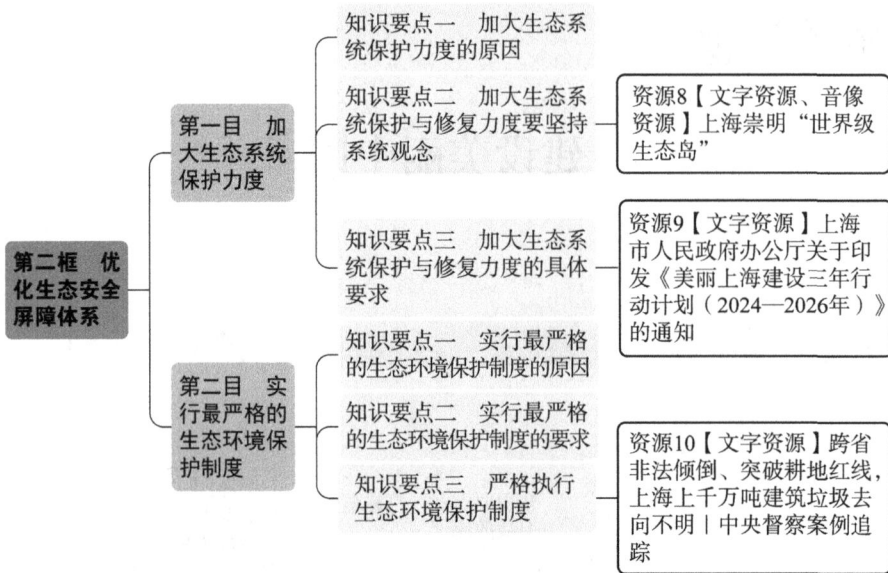

上海本土教学资源及运用建议

第一框　着力解决突出生态环境问题

第一目　打赢蓝天碧水保卫战

资源① 【文字资源、音像资源】上海：从空气质量指数超 300 到"水晶天"

资源 1.1　【音像资源】上海霾黄色预警信号升级为橙色：空气质量指数超 300　严重污染（2013 年 12 月 2 日）

> 音像资源网址：
>
> https://news.cctv.com/2013/12/02/VIDE1385973962306825.shtml

（来源：CCTV13 新闻直播间｜上海霾黄色预警信号升级为橙色：空气质量指数超 300　严重污染 2013－12－02）

资源 1.2 【文字资源】335 天空气质量优良,多项污染物创历史新低,十年治理换来"水晶天"刷屏

2 天严重污染、4 天重度污染、3 天中度污染,PM2.5 最大小时浓度超过 600 微克/立方米……2013 年 12 月,上海连续 9 天的空气污染让上海市环境监测中心副主任伏晴艳至今记忆犹新。

"污染持续时间长、影响范围大,很罕见。"伏晴艳表示,这让社会各界的相关人士深刻意识到,等污染来了再启动预警和应急减排措施,为时已晚,必须"跑到雾霾前面",推动防治方式从末端向源头转变,弄清楚成因和来源,消除"病根"。

(作者:陈玺撼)

(来源:上观新闻|335 天空气质量优良,多项污染物创历史新低,十年治理换来"水晶天"刷屏 2022－09－04【摘取部分】)

(建议用于第一框　第一目　知识要点一"打赢蓝天保卫战的原因"的教学)

培育核心素养

政治认同:通过回溯 2013 年上海遭遇的空气严重污染事件,了解空气污染对市民生活和健康、企业生产和交通运输等方面产生的深刻影响,理解并认同我国政府开展大气环境治理行动的重要意义。

运用建议

1. 教师在课前提供相关阅读材料和资源线索,要求学生在课前完成阅读,并思考:上海,为什么会发生这么严重的空气污染事件?

2. 课中组织学生讨论归纳上海形成 2013 年严重空气污染事件的可能原因,在引导学生分析雾霾等空气污染严重危害的基础上,思考我们该如何治理大气污染源头,将大气环境保护和人民生活质量联系起来,增强学生主动环保的意识。

▶ **资源2** 【文字资源】335 天空气质量优良,多项污染物创历史新低,十年治理换来"水晶天"刷屏

从 2013 年的 62 微克/立方米到 2021 年的 27 微克/立方米,PM2.5 年均浓度下降了 56%,达到"史上最低"。二氧化硫、PM10、二氧化氮的年均浓度也

在 2021 年达到有监测记录以来的最低值。

越来越频繁地刷爆上海人朋友圈的"水晶天",已成为上海不遗余力推动生态环境质量持续稳定向好,让人民群众有更多获得感、幸福感、安全感的生动写照。

文字资源网址:

https://web. shobserver. com/staticsg/res/html/web/newsDetail. html? id=524776

(作者:陈玺撼)

(来源:上观新闻|335 天空气质量优良,多项污染物创历史新低,十年治理换来"水晶天"刷屏 2022－09－04)

(建议用于第一框 第一目 知识要点二"打赢蓝天保卫战的要求"的教学)

培育核心素养

政治认同:通过查阅上海市治理大气污染的行动实践案例,了解新科技、新技术在治理大气污染方面的应用成果,梳理并汇总上海市治理大气污染的主要举措,了解并认同我国打赢蓝天保卫战的要求。

运用建议

教师组织学生查阅上海市治理大气污染的行动实践案例,归纳上海市政府所采取的各项治理措施,尤其是如何应用新科技、新技术治理大气污染。学生分享自己归纳的上海市政府治理大气污染的主要举措,并从新技术应用、立法实践等方面分析上海市治理大气污染的特点,结合自身生活体验谈谈对当前大气污染治理成效的认识,分享对未来持续打赢蓝天保卫战的新设想、新建议。

▷ 资源3 【**文字资源**】**上海是一个严重缺水的城市**

与中国北方一些城市水资源严重匮乏不同,上海有水,但缺的是好水。尽管上海的水资源总量较为充沛,但可利用的淡水资源十分有限,仅占地表水资源的 20%。从人均拥有水资源量来看,上海的人均淡水资源拥有量仅为 145 立方米,比北京还少,大大低于全国人均 2 200 立方米(世界人均 8 840 立方米)的水平,也远低于国际公认的 1 750 立方米的用水紧张线,全国排名仅为第

23 位。

文字资源网址：

http://www.jsbao.com/Article/index/aid/2316082.html

（图文由金山卫镇水务站提供）

（来源：金山报丨上海是一个严重缺水的城市 2015 - 03 - 15）

（建议用于第一框 第一目 知识要点三"打赢碧水保卫战的原因"的教学）

培育核心素养

政治认同：通过阅读上海拥有丰富的水系却也是一个缺水城市的案例，了解上海缺水的主要成因，了解上海饮用水源面临的挑战和威胁，增强对事关自身切身利益的水资源的关注，理解并认同国家提出的打赢碧水保卫战的重大意义。

运用建议

学生阅读材料，教师带领学生绘制上海的地理位置简图，标示出长江、黄浦江、苏州河等主干河流与淀山湖、杭州湾、东海等湖泊和海洋位置。思考并回答问题：上海缺水的类型属于哪一种？上海缺水的主要原因有哪些？针对上海饮用水面临的威胁，说说你的解决思路和建议有哪些？

> **资源❹【文字资源、音像资源】上海是如何保障市民饮用水质量的**
> **资源 4.1** 【文字资源】上海竟然曾"水质型缺水"？三代科学家用科技支撑上海淡水资源利用

在 2010 年之前，上海的用水主要取自黄浦江，水量不足，水质较差，需要将水源地战略性地转移至长江河口，建设河口避咸蓄淡水库。多年来，三代科学家用科技支撑上海淡水资源利用，宝钢水库、陈行水库、青草沙水库、东风西沙水库、金泽水库等相继建成投用，让源源流淌的碧水流淌进千门万户。

文字资源网址：

https://wenhui.whb.cn/third/zaker/202203/22/456109.html

（作者：储舒婷 通讯员：徐心成）

（来源：文汇网｜今天是"世界水日"｜上海竟然曾"水质型缺水"？三代科学家用科技支撑上海淡水资源利用 2022－03－22）

资源4.2 【文字资源】上海市人民政府关于印发修订后的《上海市饮用水水源保护缓冲区管理办法》的通知

第一条（目的依据）

为加强饮用水水源保护，规范饮用水水源保护缓冲区管理，统筹生态环境高水平保护和区域经济社会高质量发展，根据《中华人民共和国水污染防治法》《中华人民共和国水法》《中华人民共和国长江保护法》《中华人民共和国固体废物污染环境防治法》《上海市饮用水水源保护条例》《上海市船舶污染防治条例》《上海市水资源管理若干规定》等法律法规规定，制定本办法。

第二条（设置原则）

综合考虑本市饮用水水源保护现状，根据本市河网水系的潮汐、汇水区等特点，分层次、精细化实施水源保护区管理。在按照国家技术规范划定的饮用水水源一级保护区、二级保护区和准保护区外，设置饮用水水源保护缓冲区（以下简称"缓冲区"），进一步确保本市饮用水水源质量和安全。

······

第十条（施行时间）

本办法自 2024 年 3 月 1 日起施行，有效期至 2029 年 2 月 28 日。

（来源：上海市人民政府｜上海市人民政府关于印发修订后的《上海市饮用水水源保护缓冲区管理办法》的通知 2024－02－23【摘取部分】）

资源4.3 【音像资源】上海供水创两年新高　多措并举保供水安全

持续发布高温红色预警，上海的供水量也大幅攀升，2024 年 8 月 1 日和 2 日的日供水量均超过了 889 万立方米，接连创下了两年来新高。

音像资源网址：

https://haokan.baidu.com/v?pd＝wisenatural＆vid＝6192860060593919676

（来源：东方卫视　看东方｜上海供水创两年新高　多措并举保供水安全 2024－08－04）

（建议用于第一框　第一目　知识要点四"打赢碧水保卫战的要求"的教学）

培育核心素养

政治认同：通过文字、音像资源呈现的上海市为保障市民饮用水源安全所采取的行动举措，了解上海市政府解决关系人民群众根本利益问题的决心和态度，增强对国家、上海在打赢碧水保卫战方面的要求和举措的认同，并能积极参与其中。

法治意识：通过了解《上海市饮用水水源保护缓冲区管理办法》，明白深入打好碧水保卫战的要求，在生活中做到遵守办法，用实际行动保卫碧水。

运用建议

1. 课前安排学生自行阅读学习材料，查找或者绘制一幅标识上海市饮用水水源地的地图，并标记自己所在社区的饮用水来源地。汇总国家为保护水资源，打赢碧水保卫战所制定的系列法律法规，理解国家打赢碧水保卫战的决心。

2. 课中与同学们探讨，为改善水质型缺水，个人、家庭和企业应该从哪些方面行动，积极投身到碧水保卫战行动中，提出自己的优化建议。部分学生可以设计一份节约饮用水、保护水源地的倡议书、宣传海报，呼吁和鼓励更多的市民、学生参与饮用水保护行动。

▶ 资源❺ 【音像资源、实物资源】生长的城市 金山水库村

资源 5.1 【音像资源】生长的城市 金山水库村：从"水窠里"到"美丽乡村"典范

位于金山区漕泾镇的水库村，是一个坐落在六千年古海岸线遗址上的水上村庄。水库村，旧时也叫"水窠里"，其水域面积约占全村的 40%，遍布 40 余条河道和 70 多座小岛，曾有"客集千帆"的美誉。但随着养殖面积增加，这座水上村庄一度水体污染。近年来，以美丽乡村建设为抓手，水库村进行大力度河道治理，同时因地制宜拓展新业态，更新乡居新模式，成为上海首批乡村振兴示范村。

> 音像资源网址：
> https://haokan.baidu.com/v?pd=wisenatural&vid=7812591104508014279

（来源：上海广播电视台新闻综合频道 新闻报道|图鉴上海：生长的城市 金山水库村：从"水窠里"到"美丽乡村"典范 2024-10-04）

资源 5.2 【实物资源】金山区漕泾镇水库村村史馆

地址：上海市金山区长埝路北 50 米

简介：金山区漕泾镇水库村已经建成金山区漕泾镇的第一家村史馆，村史馆免费向公众开放。村史馆面积 184 平方米，分为四个篇章，分别是水库之源、千年之史、美丽乡村和幸福新村。通过反映渔家生活的老物件、工艺品以及还原昔日贩盐、交易、渔船出航等内容的视频，电子沙盘展示的水库村地理、历史风貌等，真实记录了水库村的发展与变迁，有助于游客了解新中国成立前当地村民的艰苦生活环境和制盐的历史，了解中华人民共和国成立后当地在党的领导下不断改革进取、脱贫致富的历程。

交通路线：莲花路地铁站北广场乘坐莲卫专线、莲漕专线转金山 203 路或金漕线。

（建议用于第一框 第一目 知识要点四"打赢碧水保卫战的要求"的教学）

培育核心素养

政治认同：通过观看视频了解金山区水库村从过去的"靠水吃水"造成严重水质污染，到在新时代践行"两山"理念，"养水富水""护水生金"的转型案例，梳理并了解水库村为治理水域环境所采取的主要举措，理解并认同打赢碧水保卫战的各项具体要求。

运用建议

1. 课前教师可安排家住金山或者有条件的学生实地至金山区水库村调研采访，了解水库村从"水窠里"到"美丽乡村"的转变，了解他们为打赢碧水保卫战所采取的各类举措，增强现实案例的说服力。

2. 课中安排学生分享调研采访所获，结合视频播放，全体学生共同梳理水库村为治理水域环境所采取的主要举措，理解并认同打赢碧水保卫战的各项具体要求。

第一框 着力解决突出生态环境问题

第二目 深入打好净土保卫战

⊙ 资源6 【音像资源】上海金山：提升土壤效益 端牢"中国饭碗"

党的二十大报告多次提到粮食安全，要求确保中国人的饭碗牢牢端在自己手中。作为全国种源农业高地，上海把藏粮于技作为迈向农业现代化的重要目标。

音像资源网址：

https://haokan.baidu.com/v?pd＝wisenatural&vid＝12944601978588427034

（来源：东方卫视 看东方｜上海金山：提升土壤效益 端牢"中国饭碗" 2022 - 10 - 18）

（建议用于第一框 第二目 知识要点一"打好净土保卫战的原因"的教学）

培育核心素养

政治认同：通过观看视频了解金山提升土壤效益的做法，分析其背后的原因，理解我国提出的深入打好净土保卫战的原因和意义。

运用建议

播放视频，教师引导学生理解党的二十大报告多次提到粮食安全，要求确保中国人的饭碗牢牢端在自己手中的原因和金山区为了端牢"中国饭碗"所做出的努力，进而理解我国提出的深入打好净土保卫战的原因和意义。

⊙ 资源7 【文字资源、音像资源】上海打好净土保卫战的要求与举措

资源 7.1 【文字资源】上海市 2024 年度土壤、固废及新污染物重点工作部署会议召开

3 月 21 日，上海市生态环境局召开 2024 年度土壤、固废及新污染物重点工作部署会议，全面总结 2023 年工作，安排部署 2024 年重点工作。

会议强调，2024 年是贯彻全面推进美丽中国建设的开局之年，也是落实全国生态环境保护大会精神的起步之年，上海市区两级生态环境部门要坚决贯彻落实市委、市政府决策部署，开拓进取、攻坚克难，更加奋发有为地做好土壤污

染防治、固体废物和新污染物治理工作。

文字资源网址：

https://sthj.sh.gov.cn/hbzhywpt1272/hbzhywpt1158/20240322/eda
db8b7a4bf43b8a6e6e307b35bd3e0.html

（来源：上海市生态环境局｜上海市 2024 年度土壤、固废及新污染物重点工作部署
会议召开 2024 - 03 - 22）

资源 7.2 【文字资源】上海市土壤污染防治条例

（2023 年 7 月 25 日上海市第十六届人民代表大会常务委员会第四次会议
通过）

第一章　总则

第一条　为了保护和改善生态环境，防治土壤污染，保障公众健康，推动土
壤资源永续利用，推进生态文明建设，促进经济社会可持续、高质量发展，建设
人与自然和谐共生的美丽上海，根据《中华人民共和国土壤污染防治法》等有关
法律、行政法规，结合本市实际，制定本条例。

第二条　本条例适用于本市行政区域内的土壤污染防治及相关活动。

本条例所称土壤污染，是指因人为因素导致某种物质进入陆地表层土壤，
引起土壤化学、物理、生物等方面特性的改变，影响土壤功能和有效利用，危害
公众健康或者破坏生态环境的现象。

第三条　土壤污染防治应当坚持预防为主、保护优先、分类管理、风险管
控、污染担责、公众参与的原则。

本市加强土壤污染防治与大气、水、固体废物等污染防治的统筹协同，实现
源头预防。

本市根据土壤和地下水生态环境状况，实行土壤污染与地下水污染一体防
治，对相关工作实施一体部署、一体推进。

……

第七章　附则

第五十五条　本条例自 2023 年 10 月 1 日起施行。

（来源：上海市人民代表大会常务委员会｜上海市土壤污染防治条例 2023 - 07 - 25
【摘取部分】）

资源 7.3 【文字资源】上海市生态环境局、上海市规划和自然资源局关于印发《上海市建设用地土壤污染责任人认定实施办法》的通知（沪环规〔2024〕12 号）

第一条 （目的依据）

为规范本市建设用地土壤污染责任人认定工作,根据《中华人民共和国土壤污染防治法》以及生态环境部、自然资源部关于建设用地土壤污染责任人认定的规定等相关法律法规和文件要求,制定本办法。

第二条 （适用范围）

本办法适用于本市生态环境部门会同规划资源部门在依法行使监督管理职责中对建设用地土壤污染责任人不明确或者存在争议时的土壤污染责任人认定活动。

涉及建设用地土壤污染责任的单位和个人之间,因建设用地土壤污染民事纠纷引发的土壤污染责任人认定活动,不适用本办法。

......

第十六条 （有效期）

本办法自 2024 年 9 月 1 日起实施,有效期至 2029 年 8 月 31 日。

（来源:上海市生态环境局 上海市规划和自然资源局|上海市生态环境局、上海市规划和自然资源局关于印发《上海市建设用地土壤污染责任人认定实施办法》的通知 2024-08-30【摘取部分】）

资源 7.4 【音像资源】全国首创! 给土地"做 CT"给企业连上"心电图"地球物探技术助力上海土壤源头管控

最近在上海宝山,土地做上了体检,拍 CT、连上 24 小时心电图,土壤的健康情况可一目了然。这项名为地球物探的技术在场地环境领域的应用属于行业首创,也为土壤的源头管控以及环境修复开发、应急处置等提供了良好的技术支撑。

> 音像资源网址:
>
> https://haokan.baidu.com/v?pd=wisenatural&vid=5687213368031524647

（来源:上海广播电视台新闻综合频道 新闻报道|全国首创! 给土地"做 CT"给企

业连上"心电图" 地球物探技术助力上海土壤源头管控 2023 - 02 - 19)

（建议用于第一框 第二目 知识要点三"打好净土保卫战的要求与举措"的教学）

培育核心素养

政治认同:通过分组查找资料,了解深入打好净土保卫战的要求,以及上海为打好净土保卫战采取的举措。

法治意识:通过查阅《上海市土壤污染防治条例》《上海市建设用地土壤污染责任人认定实施办法》等条例、办法,了解深入打好净土保卫战的要求,在生活中做到遵守条例、办法,用实际行动保卫净土。

运用建议

1. 教师可将以上资源提供给学生,让学生在此基础上,分组查找上海为打好净土保卫战采取的举措并做好归纳。

2. 学生思考自己在生活中的日常行为及观察到的现象是否符合打好净土保卫战的要求,从自身做起,改变错误行为,用实际行动保卫净土。

第二框 优化生态安全屏障体系

第一目 加大生态系统保护力度

▶ **资源⑧** 【文字资源、音像资源】上海崇明"世界级生态岛"

资源8.1 【文字资源】上海崇明:擦亮"世界级生态岛"绿色名片

位于长江入海口的崇明岛是我国第三大岛,素有"东海瀛洲"的美誉。作为长江保护的最后一道防线,崇明岛具有特殊的生态服务功能,也是上海落实长江"共抓大保护、不搞大开发"的重点区域。2017 年 6 月 23 日,上海市人大常委会通过了《关于促进和保障崇明世界级生态岛建设的决定》,以地方立法的形式明确把崇明岛建设成为具有引领示范效应的世界级生态岛。

近年来,崇明区人大常委会积极探索创新、依法履职尽责,以法治之名、人大之力,推动改善生态环境质量,促进和保障崇明世界级生态岛建设迈出新步伐、取得新成效。

文字资源网址：

http://www.npc.gov.cn/npc/c2/c30834/202407/t20240704_438032.html

（通讯员：李伟　《中国人大》全媒体记者：张维炜）

（来源：《中国人大》杂志｜上海崇明：擦亮"世界级生态岛"绿色名片 2024－07－08）

资源8.2　【音像资源】上海实现世界自然遗产"零的突破"　崇明东滩鸟类国家级自然保护区申遗成功

印度新德里举行的联合国教科文组织世界遗产委员会第 46 届大会传来喜讯，中国黄（渤）海候鸟栖息地（第二期）正式通过审议。这意味着，作为该栖息地的重要组成部分——上海崇明东滩鸟类国家级自然保护区成功晋升为上海的首个自然遗产。

音像资源网址：

https://haokan.baidu.com/v?pd＝wisenatural&vid＝6866767427081191057

（来源：东方卫视　东方新闻｜上海实现世界自然遗产"零的突破"　崇明东滩鸟类国家级自然保护区申遗成功 2024－07－26）

（建议用于第二框　第一目　知识要点二"加大生态系统保护与修复力度要坚持系统观念"的教学）

培育核心素养

政治认同：通过阅读文字资料、观看视频了解崇明区人大为响应国家要求推进崇明世界级生态岛建设所采取的实际行动，了解人大在生态环境保护方面发挥作用的形式，理解并认同生态环境保护和发展生态产业促进人民生活质量改善的观点。

法治意识：通过查阅资料，了解崇明区人大积极发挥立法职能，通过组织执法检查、听取审议专项工作报告、视察和监督政府履职等方式运用宪法赋予的权力履行责任，了解我国人大机构在国家治理体系中的具体作用，理解并认同依法建设具有引领示范效应的世界级生态岛的决定。

运用建议

教师组织学生阅读上海崇明岛建设世界级生态岛的案例内容,在地图上找到崇明岛并以小组为单位为崇明岛绘制一幅未来建成世界级生态岛的美丽画卷。引导学生思考:上海作为全国人口最多的超级大城市,为什么提出要将崇明岛建设成世界级生态岛,而不是搞大开发、大建设,缓解未来发展所紧缺的土地资源问题?根据材料对比,总结上海市人大、崇明区人大在崇明建设世界级生态岛的过程中分别发挥了哪些作用,请结合第三单元"中国特色社会主义政治文明"等已学内容归纳它们各自履行的职能有哪些。用习近平新时代中国特色社会主义思想中的"统筹山水林田湖草沙一体化保护和系统治理"观点分析崇明的做法,并为今后世界级生态岛建设提出建议。

⊳ 资源⑨ 【文字资源】上海市人民政府办公厅关于印发《美丽上海建设三年行动计划(2024—2026年)》的通知

为贯彻落实市委、市政府《关于全面推进美丽上海建设打造人与自然和谐共生的社会主义现代化国际大都市的实施意见》,努力打造美丽中国上海典范,制定本行动计划。

一、总体要求

锚定2035年美丽上海总体建成战略目标,以"十美"共建推进人与自然和谐共生现代化的上海实践。到2026年,本市国土空间开发保护格局不断优化,绿色低碳发展深入推进,生态环境质量稳步提升,生态系统服务功能不断增强,城乡人居环境面貌明显改善,生态安全有效保障,生态环境治理体系更加健全,形成一批美丽上海建设的实践示范样板。其中,全市煤炭消费占一次能源消费比重保持在30%以下,碳排放强度稳步下降;细颗粒物年均浓度力争不高于28微克/立方米,重要水体水质优良比例保持在95%左右,受污染耕地和重点建设用地安全利用率保持100%,"无废城市"建设比例达到80%左右;人均公园绿地面积达到9.5平方米,中心城区绿色交通出行比例达到75%以上。

二、重点任务

(一) 优化开发保护格局,彰显空间之美

（二）加快绿色低碳转型，彰显发展之美

（三）深化污染防治攻坚，彰显环境之美

（四）建设生态宜居家园，彰显人居之美

（五）加强系统保护修复，彰显生态之美

（六）维护生态环境安全，彰显韧性之美

（七）开展生态文化建设，彰显人文之美

（八）推动绿色技术创新，彰显科技之美

（九）推进共治共建共享，彰显和合之美

（十）健全政策制度体系，彰显善治之美

（来源：上海市人民政府办公厅｜上海市人民政府办公厅关于印发《美丽上海建设三年行动计划（2024—2026 年）》的通知 2024 - 09 - 27【摘取部分】）

（建议用于第二框　第一目　知识要点三"加大生态系统保护与修复力度的具体要求"的教学）

培育核心素养

政治认同：通过分组介绍《美丽上海建设三年行动计划（2024—2026 年）》的内容，以上海为代表了解我国加大生态保护与修复力度的要求。

运用建议

安排学生阅读《美丽上海建设三年行动计划（2024—2026 年）》和相关解读，分组对"十美"任务进行介绍，突出重点，从"十美"中了解我国加大生态保护与修复力度的要求。

第二框　优化生态安全屏障体系

第二目　实行最严格的生态环境保护制度

▶ 资源⑩ 【文字资源】跨省非法倾倒、突破耕地红线，上海上千万吨建筑垃圾去向不明｜中央督察案例追踪

建筑垃圾非法倾倒成为上海罹患的"超大城市病"之一，周边省份亦深受牵

累。督察发现,2023 年,上海市上千万吨工程渣土去向不明,其中多数被非法倾倒。上海周边城市查处的非法倾倒建筑垃圾问题,很大部分源于上海。

2024 年 5 月,中央第一生态环境保护督察组督察上海时指出,上海市建筑垃圾存在私拉乱倒现象,有关部门和一些地方监管不力,违法违规处置问题频发,污染环境、破坏生态。

文字资源网址:

https://cenews.com.cn/news.html? aid=1137308

(作者:薛丽萍)

(来源:中国环境网|跨省非法倾倒、突破耕地红线,上海上千万吨建筑垃圾去向不明 | 中央督察案例追踪 2024-06-06)

(建议用于第二框　第二目　知识要点三"严格执行环境保护制度"的教学)

培育核心素养

政治认同:通过阅读上海市部分建设单位违规违法处置建筑垃圾被国家环保督察组巡视发现并通报处理的案例,梳理上海市环境保护方面存在的问题类型,感受我国实行最严格的生态环境保护制度的决心,理解并认同我国严格执行环境保护制度坚守红线和底线的意义。

法治意识:通过查阅材料了解上海市部分建设单位明知《城市建筑垃圾管理规定》和《上海市建筑垃圾处理管理规定》要求却依旧违规违法将建筑垃圾混入生活垃圾属于典型的有法不依行为;梳理违规处置的过程,了解相关部门存在严重的执法不严和有法不依的问题,理解并认同必须强化红线和底线意识,遵守国家环保法律法规,落实生态环境保护责任制度。

公共参与:通过本案例的学习,了解媒体报道和群众举报让国家巡视组掌握案件线索得以严惩相关主体,理解生态环境保护过程中需要广大公民的积极参与,掌握揭发举报生态环境执法不严和惩处不得力的监督举报途径,自觉履行公民监督的权利和义务。

运用建议

1. 教师带领学生阅读材料,引导学生思考:为什么相关建设单位在明知国家、上海市已经制定出台了环境保护相关规定却仍旧顶风作案？负责建筑垃圾处理的相关责任主体部门为什么不仅视若无睹还存在提供便利之嫌？作为发达城市的上海在生态环境保护方面已经取得了很多成就，但仍然存在一些盲区，后续发展中该如何平衡自身发展与周边城市发展的利益关系，又该如何处理好城市化建设与生态环境保护的关系？通过对以上问题的思考，让学生认识到生态环境保护需要久久为功。

2. 教师引导学生意识到每个公民都有揭发和举报在生活中发现的生态环境执法不严和惩处不得力现象的权利和义务，并鼓励学生在生活中正确履行。

结　语

🔖 教学资源导航图

	知识要点一　中华民族近代以来最伟大的梦想	资源1【文字资源、图片资源】"从石库门到天安门"以美术作品讲述历史
第一目　实现中国梦	知识要点二　中国梦的内涵和重要意义	资源2【音像资源】上海从"一张床"筑起一个梦
	知识要点三　中国梦的实现路径	资源2【音像资源】上海从"一张床"筑起一个梦
	知识要点一　新时代赋予青年的使命	资源3【文字资源】"我是建设人民城市生力军"新时代好少年网络展正式发布！
第二目　做担当民族复兴大任的时代新人	知识要点二　新时代对青年的要求	资源4【文字资源】习近平总书记给中国国际大学生创新大赛参赛学生代表的回信激励人心、催人奋进
	知识要点三　做新时代好青年	资源5【音像资源】大国工匠 胡双钱、李斌 资源6【文字资源】上海志愿者网

上海本土教学资源及运用建议

第一目　实现中国梦

▶ 资源 1 【文字资源、图片资源】"从石库门到天安门"以美术作品讲述历史

2017 年 10 月 28 日,"从石库门到天安门"上海美术作品展在中华艺术宫拉开帷幕。此次展览以 96 幅作品象征中国共产党走过的 96 年卓越历程。

上海作为中国共产党的诞生地,城市的血脉饱含着红色基因。在漫长的岁月里,上海的文艺工作者记录时代风云、抒发满腔情感,创作了一大批歌颂党、歌颂祖国、歌颂人民的文艺作品,丰富了这座城市的红色底蕴,也为我们的党和国家积累了丰厚的精神财富。

> 文字、图片资源网址:
> https://www.thepaper.cn/newsDetail_forward_1841101

(记者:黄松)

(来源:澎湃新闻|上海国际艺术节|"从石库门到天安门"以美术作品讲述历史 2017 - 10 - 28)

(建议用于第一目　知识要点一"中华民族近代以来最伟大的梦想"的教学)

培育核心素养

政治认同:通过观赏为庆祝党的十九大胜利召开而推出的"从石库门到天安门"上海美术作品展,从美术作品中领悟实现中华民族伟大复兴是中华民族近代以来最伟大的梦想。

运用建议

1. 学生观赏"从石库门到天安门"美术作品展,以美术作品展中的四个"门"——石库门、延安窑洞门、天安门和复兴之门为节点,感受中国共产党在不断成长、走向成熟和成功的各个历史阶段的目标。

2. 学生分享观赏作品感悟。着重分享不同"门"对应的历史阶段我们的目标,领悟其背后反映的各个历史阶段所抱有的实现中华民族伟大复兴的共同梦想。

▶ 资源2 【音像资源】上海 从"一张床"筑起一个梦

在外国人眼里,上海是摩登、时尚的代名词,而本地居民感受更多的则是这座城市的温度。近年来上海积极践行人民城市理念,加大保障性租赁住房筹措建设力度。截至 2024 年 6 月底,上海共新增建设筹措保租房约 4.7 万套间,新增供应约 4.6 万套间,"十四五"期间,上海已经累计筹措保租房 37.6 万套间。目前,"十四五"规划新增保租房目标已经完成了八成,在全国一线城市当中名列前茅。下面,跟随记者镜头,走进上海的"一张床""一间房"。

> 音像资源网址:
>
> https://tv.cctv.com/2024/07/14/VIDEzAVeRN2ibFPWEthreIk4240
> 714.shtml

(来源:CCTV13 全面深化改革 中国式现代化万千气象|上海 从"一张床"筑起一个梦 2024 - 07 - 14)

(建议用于第一目 知识要点二"中国梦的内涵和重要意义"和知识要点三"中国梦的实现路径"的教学)

培育核心素养

政治认同:通过观看视频了解上海从"一张床""一间房"出发建设城市管理者之家,从而为每一个有梦的人筑起中国梦的具体实践,理解中国梦的内涵、重要意义及实现路径。

运用建议

观看视频,了解上海从"一张床""一间房"出发建设城市管理者之家,从而为每一个有梦的人筑起中国梦的具体实践,感受中国梦是把国家追求、民族向往、人民期盼融为一体的中国梦,体现的是中华民族和中国人民的整体利益。中国梦归根到底是人民的梦,具体落实到每个普通老百姓身上,就是通过奋斗可以实现自己的梦想,千千万万老百姓的梦想共同汇聚成中华民族伟大复兴的中国梦。

第二目　做担当民族复兴大任的时代新人

⊙ 资源❸ 【文字资源】"我是建设人民城市生力军"新时代好少年网络展正式发布！

　　2024 年是新中国成立 75 周年,也是人民城市重要理念提出五周年。在时代的感召下,上海青少年在这座充满爱和温暖的城市里不断成长、不断进步,他们朝气蓬勃、积极向上,以实际行动努力成为建设人民城市的生力军。

　　"我是建设人民城市生力军"新时代好少年网络展聚焦 2018 年以来本市荣获"全国新时代好少年""2020—2021 年度上海市十佳新时代好少年"和"2022—2023 年度上海市十佳新时代好少年"称号的青少年,以文字、图片、视频的形式,展示五年来 26 位新时代好少年的成长历程和参与人民城市建设的感受和期待。

　　展览网站:https://b. u. mgd5. com/c/kd3m/u6bf/index. html

　　　　　　　　　　　　　　　　　　　　　　　　(作者:上海市精神文明建设办公室)

　　(来源:文汇报|"我是建设人民城市生力军"新时代好少年网络展正式发布! 2024 -09 -30【摘取部分】)

　　　　　　　　　　　　(建议用于第二目　知识要点一"新时代赋予青年的使命"的教学)

培育核心素养

　　政治认同:通过观看"我是建设人民城市生力军"新时代好少年网络展,在26 位上海青少年的事迹中了解、感受新时代赋予青年的使命。

运用建议

　　1. 讲故事。学生课前线上浏览"我是建设人民城市生力军"新时代好少年网络展,了解 2018 年以来本市荣获"全国新时代好少年""2020—2021 年度上海市十佳新时代好少年"和"2022—2023 年度上海市十佳新时代好少年"称号的 26 位青少年的事迹,选择其中一位青少年的事迹,以故事讲述人的身份讲他/她的故事、说自己的体会,并录制成视频上传到线上学习平台。可对学生讲故事的视频组织线上投票,激发学生学习、展示的积极性。

　　2. 谈体会。课上邀请获得票数较高的 1～2 位学生现场讲新时代好少年的故事,教师引导学生结合自己的学习情况谈体会,总结、感受新时代赋予青年的使命,即成为实现中华民族伟大复兴的生力军,肩负国家和民族的希望。

> 资源④ 【文字资源】习近平总书记给中国国际大学生创新大赛参赛学生代表的回信激励人心、催人奋进

近日,中共中央总书记、国家主席、中央军委主席习近平给中国国际大学生创新大赛参赛学生代表回信,对他们予以亲切勉励并提出殷切希望。

中国国际大学生创新大赛(2024)总决赛及同期活动于2024年10月12至15日在上海举行。

"收到习近平总书记的回信,我内心十分激动,也更加坚定了科研报国的志向。"本届中国国际大学生创新大赛中,上海交通大学生物医学工程学院博士生伍宗誉带领团队开发的深病灶检测定位技术获得金奖,"得益于本次大赛提供的平台,我们与全国多所高校医学院和医疗企业洽谈合作,为产品迈入更广阔的应用场景提供了助力。未来,我们将继续深耕医疗领域,为守护人民群众生命健康提供更多创新方案。"

(文字:吴丹　姜泓冰　丁雅诵　吴月　闫伊乔)

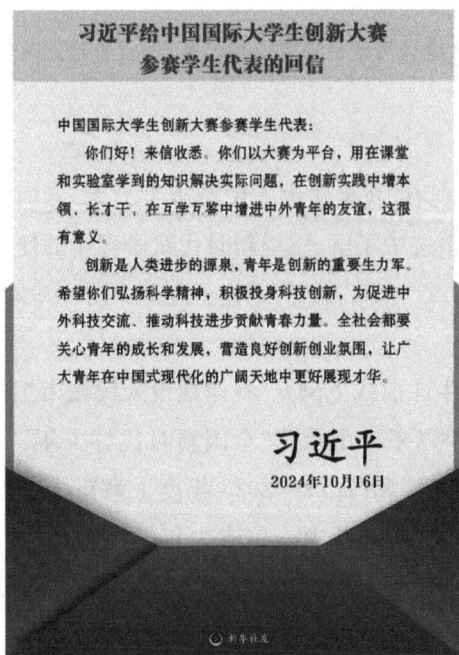

(来源:人民日报|习近平总书记给中国国际大学生创新大赛参赛学生代表的回信

激励人心、催人奋进 2024 - 10 - 18【摘取部分】）

（建议用于第二目　知识要点二"新时代对青年的要求"的教学）

培育核心素养

政治认同：通过阅读习近平总书记给中国国际大学生创新大赛参赛学生代表的回信，了解参赛代表的心声与创新成果，知道新时代对青年的要求。

运用建议

1. 阅读习近平总书记给中国国际大学生创新大赛参赛学生代表的回信，了解新时代对青年的要求。

2. 了解参赛代表的心声与创新成果，思考自己在有理想、有本领、有担当三个方面如何作为，从而为实现中华民族伟大复兴的中国梦贡献自己的力量。

资源⑤ 【音像资源】大国工匠　胡双钱、李斌

资源 5.1　【音像资源】榜样的力量——胡双钱

42 年来，他加工过数十万个飞机零件，从没有出现过一个次品。从一名仰望蓝天的少年到"大国工匠"，从普通群众成长为光荣的中国共产党党员，他用坚守和恒心实现了筑梦蓝天的夙愿，他就是中国商飞上海飞机制造有限公司"技能大师"胡双钱。

音像资源网址：

https://tv.cctv.com/2022/07/01/VIDEnr5YV0h5UO9sJH4xBg9422
0701.shtml

（来源：CCTV12 道德观察|榜样的力量——胡双钱 2022 - 07 - 01）

资源 5.2　【音像资源】李斌：37 年坚守生产一线　创新成果不断涌现

作为上海电气液压气动有限公司的一名工段长，李斌 37 年坚守岗位，创新成果不断涌现，先后申请了 19 项技术发明专利。

音像资源网址：

https://www.kankanews.com/detail/J4Q7bNlDMyd

（看看新闻 Knews 记者：葛孝兰）

（来源：上海广播电视台新闻综合频道　新闻报道|李斌：37 年坚守生产一线　创新成果不断涌现 2017 - 10 - 16）

（建议用于第二目　知识要点三"做新时代好青年"的教学）

培育核心素养

政治认同：通过学习"大国工匠"胡双钱、李斌的事迹，明确目标，从自身所学专业出发，把握机遇、勇担使命，坚定理想、提升本领，在实现中国梦的伟大实践中创造自己的精彩人生，做新时代好青年。

运用建议

观看视频，学习"大国工匠"胡双钱、李斌的事迹，了解他们从技校毕业后一路学习、一路成长，最终成为"大国工匠"的经历和为飞机制造业、机械制造业所作的贡献，引导学生明确目标，从自身所学专业出发，谈谈自己如何把握机遇、勇担使命，坚定理想、提升本领，在实现中国梦的伟大实践中创造自己的精彩人生，做新时代好青年。

⊃ 资源⑥【文字资源】上海志愿者网

官方网站：https://www.volunteer.sh.cn//index.shtml

（建议用于第二目　知识要点三"做新时代好青年"的教学）

培育核心素养

政治认同：通过了解上海志愿者官网，从志愿服务角度树立勇担使命、提升本领的目标，在多维度实现中国梦的伟大实践中创造自己的精彩人生，做新时代好青年。

公共参与：通过注册成为上海志愿者，参与环境保护、助老扶幼等公益活动，切身感受作为公民对社区乃至社会的责任和义务，从而加强自身的公民意识和道德修养，学会尊重他人、爱护环境、奉献社会。

运用建议

1. 课前组织学生了解上海志愿者官网，注册成为上海志愿者，参与社区志愿者活动。在志愿服务前后,组织学生开展讨论,让他们从不同角度思考自己作为社会成员应承担的责任,包括关爱弱势群体、保护环境等,进而培养其对国家和社会的高度责任感。

2. 课中围绕社区服务中遇到的具体问题(如老年人的需求、环境保护的有效途径等),组织一场小型辩论赛,让学生从多个角度思考和讨论可能的解决方案,激发学生未来为社会服务的参与热情,在多维度实现中国梦的伟大实践中创造自己的精彩人生,做新时代好青年。